根据十八届四中全会决定中提出的
国家机关“谁执法谁普法”精神最新编写

卫生计生
法律知识读本

中国社会科学院法学研究所法治宣传教育与公法研究中心◎组织编写

总顾问：张苏军　总主编：陈泽宪
本册主编：王乐兵　姬升雷　赵　波

以案释法版

谁执法谁普法

中国出版集团
中国民主法制出版社
全国百佳图书出版单位

图书在版编目（CIP）数据

卫生计生法律知识读本 ： 以案释法版 / 中国社会科学院法学研究所法治宣传教育与公法研究中心组织编写. --北京 ： 中国民主法制出版社，2016.10

（谁执法谁普法系列丛书）

ISBN 978-7-5162-1261-5

Ⅰ.①卫… Ⅱ.①中… Ⅲ.①卫生法－基本知识－中国 Ⅳ.①D922.164

中国版本图书馆CIP数据核字（2016）第189819号

所有权利保留。

未经许可，不得以任何方式使用。

责任编辑 / 郭槿桉
装帧设计 / 郑文娟

书　　名 / 卫生计生法律知识读本（以案释法版）
作　　者 / 王乐兵　姬升雷　赵　波

出版·发行 / 中国民主法制出版社
社　　址 / 北京市丰台区右安门外玉林里7号（100069）
电　　话 / 010-62152088
传　　真 / 010-62168123
经　　销 / 新华书店
开　　本 / 16开　710mm×1000mm
印　　张 / 12.75
字　　数 / 225千字
版　　本 / 2017年1月第1版　　2017年1月第1次印刷
印　　刷 / 北京精乐翔印刷有限公司

书　　号 / ISBN 978-7-5162-1261-5
定　　价 / 28.00元
出版声明 / 版权所有，侵权必究。

（如有缺页或倒装，本社负责退换）

丛书编委会名单

总 顾 问：张苏军

主　　任：李　林　刘海涛

委　　员：李　林　陈　甦　陈泽宪　孙宪忠　刘作翔　李明德
王敏远　周汉华　邹海林　莫纪宏　田　禾　熊秋红
张　生　沈　涓　刘海涛　赵卜慧　陈百顺　沙崇凡
艾其来　丛文胜　吴丽华　宋玉珍　陈禄强

办公室主任：莫纪宏　陈百顺

办公室成员：谢增毅　廖　凡　李　忠　李洪雷　陈欣新　陈根发
翟国强　刘小妹　李　霞　戴瑞君　聂秀时　李长涛
邵　波　赵　波　胡俊平　陈　娟　严月仙　罗　卉
张静西　杨　文　刘佳迪　郭槿桉　熊林林　肖术芹

总　序

搞好法治宣传教育
营造良好法治氛围

全面推进依法治国，是坚持和发展中国特色社会主义，努力建设法治中国的必然要求和重要保障，事关党执政兴国、人民幸福安康、国家长治久安。

我们党长期重视依法治国，特别是党的十八大以来，以习近平同志为核心的党中央对全面依法治国作出了重要部署，对法治宣传教育提出了新的更高要求，明确了法治宣传教育的基本定位、重大任务和重要措施。十八届三中全会要求“健全社会普法教育机制”；十八届四中全会要求“坚持把全民普法和守法作为依法治国的长期基础性工作，深入开展法治宣传教育”；十八届五中全会要求“弘扬社会主义法治精神，增强全社会特别是公职人员尊法学法守法用法观念，在全社会形成良好法治氛围和法治习惯”。习近平总书记多次强调，领导干部要做尊法学法守法用法的模范。法治宣传教育要创新形式、注重实效，为我们做好工作提供了基本遵循。

当前，我国正处于全面建成小康社会的决定性阶段，依法治国在党和国家工作全局中的地位更加突出，严格执法、公正司法的要求越来越高，维护社会公平正义的责任越来越大。按照全面依法治国新要求，深入开展法治宣传教育，充分发挥法治宣传教育在全面依法治国中的基础作用，推动全社会树立法治意识，为“十三五”时期经济社会发展营造良好法治环境，为实现“两个一百年”奋斗目标和中华民族伟大复兴的中国梦作出新贡献，责任重大、意义深远。

为深入贯彻党的十八大和十八届三中、四中、五中、六中全会精神和习近平总书记系列重要讲话精神，以及中共中央、国务院转发《中央宣传部、司法部关于在公民中开展法治宣传教育的第七个五年规划（2016—2020年）》，扎实推进“七五”普法工作，中国社会科学院法学研究所联合中国民主法制出版社，组织国内有关方面的专家学者，在新一轮的五年普法规划实施期间，郑重推出“全面推进依法治国精品书库（六大系列）”，即《全国“七五”普法系列教材（以案释法版，25册）》《青少年法治教育系列教材（法治实践版，30册）》《新时期法治宣传教育工作理论与实务丛书（30册）》《“谁执法（主管）谁普法”系列丛书（以案释法版，80册）》《“七五”普法书架——以案释法系列丛书（60册）》和《“谁执法（主管）谁普法”系列宣传册（漫画故事版，100册）》。

其中“谁执法谁普法，谁主管谁负责”工作是一项涉及面广、工作要求高的系统工程。它以法律所调整的不同社会关系为基础，以行业监管或主管所涉及的法律法规为主体，充分发挥行业优势和主导作用，在抓好部门、行业内部法治宣传教育的同时，面向普法对象，普及该专属领域所涉及的法律法规的一种创新性普法方式。

实行“谁执法谁普法，谁主管谁负责”是贯彻落实中央精神、贯彻实施“七五”普法规划、深入推进新一轮全国法治宣传教育活动的重要举措。这一重要举措的切实实施，有利于充分发挥执法部门、行业主管的职能优势和主导作用，扩大普法依法治理工作覆盖面，增强法治宣传教育的针对性、专业性，促进执法与普法工作的有机结合，有利于各部门、各行业分工负责、各司其职、齐抓共管的大普法工作格局的形成。

为了深入扎实地做好“谁执法谁普法，谁主管谁负责”工作，我们组织编写了这套《“谁执法（主管）谁普法”系列丛书（以案释法版，80册）》。该丛书内容包括全面推进依法治国重大战略布局、宪法、行政法以及行业管理所涉及的法律法规制度。全书采取宣讲要点、以案释法的形式，紧紧围绕普法宣传的重点、法律规定的要点、群众关注的焦点、社会关注的热点、司法实践的难点，结合普法学习、法律运用和司法实践进行全面阐释，深入浅出，通俗易懂，具有较强的实用性和操作性，对于提高行业行政执法和业务管理人员能力水平，增强管理对象的法治意识具有积极意义。

衷心希望丛书的出版，能够为深入推进行业普法起到应有作用，更好地营造尊法学法守法用法的良好氛围。

本书编委会

2016年10月

目　　录

第一章

全面推进依法治国的重大战略布局

导　读

依法治国，就是广大人民群众在党的领导下，依照宪法和法律规定，通过法定形式管理国家事务，管理经济文化事业，管理社会事务，保证国家各项工作都依法进行，逐步实现民主制度化、法律化，建设社会主义法治国家。全面推进依法治国，是我们党从坚持和发展中国特色社会主义，实现国家治理体系和治理能力现代化，提高党的执政能力和执政水平出发，总结历史经验、顺应人民愿望和时代发展要求作出的重大战略布局。全面推进依法治国，必须坚持中国共产党的领导，坚持人民主体地位、坚持法律面前人人平等，坚持依法治国和以德治国相结合，坚持从中国实际出发。坚持依法治国、依法执政、依法行政共同推进，坚持法治国家、法治政府、法治社会一体建设，实现科学立法、严格执法、公正司法、全民守法，促进国家治理体系和治理能力现代化。

第一节　全面推进依法治国方略

依法治国，从根本上讲，就是广大人民群众在党的领导下，依照宪法和法律规定，通过法定形式管理国家事务、管理经济文化事业、管理社会事务，保证国家各项工作都依法进行，逐步实现民主制度化、法律化，建设社会主义法治国家。

一、全面推进依法治国的形成与发展过程

全面推进依法治国的提出，是对我们党严格执法执纪优良传统作风的传承，是对党的十五大报告提出的“依法治国，建设社会主义法治国家”的深化。历史地看，我们党依法治国基本方略的形成和发展，经历了一个长期的探索发展过程。早在革

命战争年代，我党领导下的革命根据地红色政权就陆续制定和颁布过《中华苏维埃共和国宪法大纲》《中国土地法大纲》《陕甘宁边区施政纲领》等一系列法律制度规定，为新生红色政权的依法产生和依法办事，为调动一切抗日力量抵御外来侵略者，为解放全中国提供了宪法性依据和法律遵循。遵守法纪、依法办事成为这一时期党政工作的一大特色。尽管从总体上看，为适应战时需要，当时主要实行的还是政策为主、法律为辅，但在战争年代，尤其是军事力量对比实力悬殊的情况下，我们党依然能够在革命根据地和解放区坚持探索和实践法制建设，充分显示了一个无产阶级政党领导人民翻身解放、当家作主的博大胸怀。1949年中华人民共和国成立，开启了中国法治建设的新纪元。从1949年到20世纪50年代中期，是中国社会主义法制的初创时期。这一时期中国制定了具有临时宪法性质的《中国人民政治协商会议共同纲领》和其他一系列法律、法令，对巩固新生的共和国政权，维护社会秩序和恢复国民经济，起到了重要作用。1954年第一届全国人民代表大会第一次会议制定的《中华人民共和国宪法》以及随后制定的有关法律，规定了国家的政治制度、经济制度和公民的权利与自由，规范了国家机关的组织和职权，确立了国家法制的基本原则，初步奠定了中国法治建设的基础。20世纪50年代后期至70年代初，特别是“文化大革命”的十年，中国社会主义法制遭到严重破坏。20世纪70年代末，中国共产党总结历史经验，特别是汲取“文化大革命”的惨痛教训，作出把“党和国家的工作重心转移到社会主义现代化建设上来”的重大决策，实行改革开放政策，明确了一定要靠法制治理国家的原则。为了保障人民民主，必须加强社会主义法制，使民主制度化、法律化，使这种制度和法律具有稳定性、连续性和权威性，使之不因领导人的改变而改变，不因领导人的看法和注意力的改变而改变，做到有法可依，有法必依，执法必严，违法必究，成为改革开放新时期法治建设的基本理念。在发展社会主义民主、健全社会主义法制的基本方针指引下，现行宪法以及刑法、刑事诉讼法、民事诉讼法、民法通则、行政诉讼法等一批基本法律出台，中国的法治建设进入了全新发展阶段。20世纪90年代，中国开始全面推进社会主义市场经济建设，由此进一步奠定了法治建设的经济基础，法治建设面临新的更高要求。1997年召开的中国共产党第十五次全国代表大会，将“依法治国”确立为治国基本方略，将“建设社会主义法治国家”确定为社会主义现代化的重要目标，并提出了建设中国特色社会主义法律体系的重大任务。1999年修宪，“中华人民共和国实行依法治国，建设社会主义法治国家”载入宪法，中国的法治建设开启了新篇章。进入21世纪，中国的法治建设继续向前推进。2002年召开的中国共产党第十六次全国代表大会，将“社会主义民主更加完善，社会主义法制更加完备，依法治国基本方略得到全面落实”作为全面建设小康社会的重要目标。2004年修宪，“国家尊重和保障人权”载入宪法。2007年召开的中国共产党第十七次全国代表大会，明确提出全面落实依法治国基本方略，加快建设社会主义法治国家，并对加强社会主义法治建设作出了全面部署。2012年中共十八大召开以来，党中央高度重视依法治国。2014年10月，十八届四中全会专门作出《中共中央关于全面推进依法治国若干重大问题的决定》，描绘了全面推进依法治国的总蓝图、路线图、施工图，标志着依法治国按下了“快进键”、进入了“快车道”，对我国社会主义法治建设具有里程碑意义。在新的历史起点上，我们党更加重视全面依法治国和社会主义法治建设，强调落实依法治国基本方略，加快建设社会主义法治国家，全面推进科学立法、严格执法、公正司法、全民守法进程，强调坚持党的领导，更加注重改进党的领导方式和执政方式；依法治国，首先是依宪治国；依法执政，关键是依宪执政；新形势下，我们党要履行好执政兴国的重大职责，必须依据党章从严治党、依据宪法治国理政；党领导人民制定宪法和法律，党领导人民执行宪法和法律，党自身必须在宪法和法律范围内活动，真正做到党领导立法、保证执法、带头守法。当前，我国全面建成小康社会进入决定性阶段，改革进入攻坚期和深水区。我们党面临的改革发展稳定任务之重前所未有、矛盾风险挑战之多前所未有，依法治国在党和国家工作全局中的地位更加突出、作用更加重大。全面推进依法治国是关系我们党执政兴国、关系人民幸福安康、关系党和国家长治久安的重大战略问题，是完善和发展中国特色社会主义制度、推进国家治理体系和治理能力现代化的重要方面。我们要实现党的十八大和十八届三中、四中、五中全会作出的一系列战略部署，全面建成小康社会、实现中华民族伟大复兴的中国梦，全面深化改革、完善和发展中国特色社会主义制度，就必须在全面推进依法治国上作出总体部署、采取切实措施、迈出坚实步伐。

以案释法 01

严格依法办事、坚持从严治党

2015年5月22日，天津市第一中级人民法院鉴于周永康案中一些犯罪事实证据涉及国家秘密，依法对周永康案进行不公开审理。天津市第一中级人民法院经审理认为，周永康受贿数额特别巨大，但其归案后能如实供述自己的罪行，认罪悔罪，绝大部分贿赂系其亲属收受且其系事后知情，案发后主动要求亲属退赃且受贿款物全部追缴，具有法定、酌定从轻处罚情节；滥用职权，犯罪情节特别严重；故意泄露国家秘密，犯罪情节特别严重，但未造成特别严重的后果。根据周永康犯罪的事实、性质、情节和对于社会的危害程度，天津市第一中级人民法院于2015年6月11日宣判，周永康犯受贿罪，判处无期徒刑，剥夺政治权利终身，并处没收个人财产；犯滥用职权罪，判处有期徒刑七年；犯故意泄露国家秘密罪，判处有期徒刑四年，三罪并罚，决定执行无期徒刑，剥夺政治权利终身，并处没收个人财产。周永康在庭审最后陈述时说：“我接受检方指控，基本事实清楚，我表示认罪悔罪；有关人员对我家人的贿赂，实际上是冲着我的权力来的，我应负主要责任；自己不断为私情而违法违纪，违法犯罪的事实是客观存在的，给党和国家造成了重大损失；对我问题的依纪依法处理，体现了中国共产党全面从严治党、全面依法治国的决心。”

释解

周永康一案涉及新中国成立以来第一例因贪腐被中纪委立案审查的正国级领导干部。周永康的落马充分反映了我们党全面从严治党、全面依法治国的坚定决心。说明反腐没有“天花板”，无论任何人，不管位有多高，权有多大，只要违法乱纪，一样要严惩不贷。周永康一案的宣判表明，无论是位高权重之人，还是基层党员干部，都应始终敬畏党纪、敬畏国法，不以权谋私，切忌把权力当成自家的“后花园”。通过办案机关依法办案、文明执法，讲事实、讲道理，周永康也认识到自己违法犯罪的事实给党的事业造成的损失，给社会造成了严重影响，并多次表示认罪悔罪。综观周永康一案从侦办、审理到宣判，整个过程都坚持依法按程序办案，很好地体现了“以法治思维和法治方式反对腐败”的基本理念。这充分说明，我们党敢于直面问题、纠正错误，勇于从严治党、依法治国。周永康案件再次表明，党纪国法绝不是“橡皮泥”“稻草人”，无论是因为“法盲”导致违纪违法，还是故意违规违法，都要受到追究，否则就会形成“破窗效应”。法治之下，任何人都不能心存侥幸，也不能指望法外施恩，没有免罪的“丹书铁券”，也没有“铁帽子王”。

二、全面推进依法治国必须坚持的基本原则

全面推进依法治国是一项系统工程，是国家治理领域一场广泛而深刻的革命，需要付出长期艰苦努力，这一过程中，既要避免不作为，又要防范乱作为。为此，党的十八届四中全会明确提出了全面推进依法治国必须要坚持的基本原则，即坚持中国共产党的领导，坚持人民主体地位，坚持法律面前人人平等，坚持依法治国和以德治国相结合，坚持从中国实际出发。

（一）党的领导原则

党的领导是中国特色社会主义最本质的特征，是社会主义法治最根本的保证。把党的领导贯彻到依法治国全过程和各方面，是我国社会主义法治建设的一条基本经验。我国宪法确立了中国共产党的领导地位。坚持党的领导，是社会主义法治的根本要求，是党和国家的根本所在、命脉所在，是全国各族人民的利益所系、幸福所系。实践证明，只有把依法治国基本方略的贯彻实施同依法执政的基本方式统一起来，把党领导立法、保证执法、支持司法、带头守法统一起来，把党总揽全局、协调各方同人大、政府、政协、审判机关、检察机关依法依章程履行职能、开展工

作统一起来，把党领导人民制定和实施宪法法律同党坚持在宪法法律范围内活动统一起来，才能确保法治中国的建设有序推进、深入开展。

（二）人民主体原则

在我国，人民是依法治国的主体和力量源泉，法治建设以保障人民根本权益为出发点和落脚点。法治建设的宗旨是为了人民、依靠人民、保护人民、造福人民。因此，全面推进依法治国，必须要保证人民依法享有广泛的权利和自由、承担应尽的义务，维护社会公平正义，促进共同富裕。全面推进依法治国，就是为了更好地实现人民在党的领导下，依照法律规定，通过各种途径和形式管理国家事务，管理经济文化事业，管理社会事务。法律既是保障公民权利的有力武器，也是全体公民必须一体遵循的行为规范，因此全面推行依法治国，必须要坚持人民主体原则，切实增强全社会学法尊法守法用法意识，使法律为人民所掌握、所遵守、所运用。

（三）法律面前人人平等原则

平等是社会主义法律的基本属性。法律面前人人平等，要求任何组织和个人都必须尊重宪法法律权威，都必须在宪法法律范围内活动，都必须依照宪法法律行使权力或权利、履行职责或义务，都不得有超越宪法法律的特权。全面推行依法治国，必须维护国家法制统一、尊严和权威，切实保证宪法法律有效实施，任何人都不得以任何借口任何形式以言代法、以权压法、徇私枉法。必须规范和约束公权力，加大监督力度，做到有权必有责、用权受监督、违法必追究。坚决纠正有法不依、执法不严、违法不究行为。

（四）依法治国和以德治国相结合原则

法律和道德同为社会行为规范，在支撑社会交往、维护社会稳定、促进社会发展方面，发挥着各自不同的且不可替代的交互作用，国家和社会治理离不开法律和道德的共同发挥作用。全面推进依法治国，必须要既重视发挥法律的规范作用，又重视发挥道德的教化作用，要坚持一手抓法治、一手抓德治，大力弘扬社会主义核心价值观，弘扬中华传统美德，培育社会公德、职业道德、家庭美德、个人品德。法治要体现道德理念、强化对道德建设的促进作用，道德要滋养法治精神、强化对法治文化的支撑作用，以实现法律和道德相辅相成、法治和德治相得益彰。

（五）从实际出发原则

全面推进依法治国是中国特色社会主义道路、理论、制度实践的必然选择。建设法治中国，必须要从我国基本国情出发，同改革开放不断深化相适应，总结和运用党领导人民实行法治的成功经验，围绕社会主义法治建设重大理论和实践问题，深入开展法治建设，推进法治理论创新。

三、全面推进依法治国的总体要求

十八届四中全会是我党历史上第一次通过全会的形式专题研究部署、全面推进依法治国问题。全会在对全面推进依法治国的重要意义、重大作用、指导思想和基本原则作了系统阐述的基础上，站在总揽全局、协调各方的高度，对全面推进依法治国进程中的人大、政府、政协、审判、检察等各项工作提出了工作要求。

（一）加强立法工作，完善中国特色社会主义法律体系建设和以宪法为核心的法律制度实施

1.建设中国特色社会主义法治体系，坚持立法先行，发挥立法的引领和推动作用，抓住提高立法质量这个关键

立法工作要恪守以民为本、立法为民理念，贯彻社会主义核心价值观，要符合宪法精神、反映人民意志、得到人民拥护。要把公正、公平、公开原则贯穿立法全过程，完善立法体制机制，坚持立改废释并举，增强法律法规的及时性、系统性、针对性、有效性。坚持依法治国，首先要坚持依宪治国、坚持依宪执政。一切违反宪法的行为都必须予以追究和纠正。为了强化宪法意识，党和国家还确定，每年12月4日定为国家宪法日。在全社会普遍开展宪法教育，弘扬宪法精神。建立宪法宣誓制度，凡经人大及其常委会选举或者决定任命的国家工作人员正式就职时公开向宪法宣誓。

2.完善党对立法工作中重大问题决策的程序

凡立法涉及重大体制和重大政策调整的，必须报党中央讨论决定。党中央向全国人大提出宪法修改建议，依照宪法规定的程序进行宪法修改。法律制定和修改的重大问题由全国人大常委会党组向党中央报告。健全有立法权的人大主导立法工作的体制机制。建立由全国人大相关专门委员会、全国人大常委会法制工作委员会组织有关部门参与起草综合性、全局性、基础性等重要法律草案制度。增加有法治实践经验的专职常委比例。依法建立健全专门委员会、工作委员会立法专家顾问制度。加强和改进政府立法制度建设，完善行政法规、规章制定程序，完善公众参与政府立法机制。重要行政管理法律法规由政府法制机构组织起草。明确立法权力边界，从体制机制和工作程序上有效防止部门利益和地方保护主义法律化。明确地方立法权限和范围，依法赋予设区的市地方立法权。

3.深入推进科学立法、民主立法

加强人大对立法工作的组织协调，健全立法起草、论证、协调、审议机制，健全向下级人大征询立法意见机制，建立基层立法联系点制度，推进立法精细化。更多发挥人大代表参与起草和修改法律的作用。充分发挥政协委员、民主党派、工商联、无党派人士、人民团体、社会组织在立法协商中的作用，拓宽公民有序参与立法途径，广泛凝聚社会共识。

4. 加强重点领域立法

依法保障公民权利，加快完善体现权利公平、机会公平、规则公平的法律制度，保障公民人身权、财产权、基本政治权利等各项权利不受侵犯，保障公民经济、文化、社会等各方面权利得到落实，实现公民权利保障法治化。增强全社会尊重和保障人权意识，健全公民权利救济渠道和方式。

（二）深入推进依法行政，加快建设法治政府

各级政府必须坚持在党的领导下、在法治轨道上开展工作，创新执法体制，完善执法程序，推进综合执法，严格执法责任，建立权责统一、权威高效的依法行政体制，加快建设职能科学、权责法定、执法严明、公开公正、廉洁高效、守法诚信的法治政府。

1. 依法全面履行政府职能

完善行政组织和行政程序法律制度，推进机构、职能、权限、程序、责任法定化行政机关要坚持法定职责必须为、法无授权不可为，勇于负责、敢于担当，坚决纠正不作为、乱作为，坚决克服懒政、怠政，坚决惩处失职、渎职。行政机关不得法外设定权力，没有法律法规依据不得作出减损公民、法人和其他组织合法权益或者增加其义务的决定。

2. 健全依法决策机制

把公众参与、专家论证、风险评估、合法性审查、集体讨论决定确定为重大行政决策作出的法定程序，确保决策制度科学、程序正当、过程公开、责任明确。建立重大决策终身责任追究制度及责任倒查机制，对决策严重失误或者依法应该及时作出决策但久拖不决造成重大损失、恶劣影响的，严格追究行政首长、负有责任的其他领导人员和相关责任人员的法律责任。

3. 深化行政执法体制改革

根据不同层级政府的事权和职能，按照减少层次、整合队伍、提高效率的原则，合理配置执法力量。推进综合执法，大幅减少市县两级政府执法队伍种类，重点在食品药品安全、工商质检、公共卫生、安全生产、文化旅游、资源环境、农林水利、交通运输、城乡建设、海洋渔业等领域内推行综合执法，有条件的领域可以推行跨部门综合执法；严格实行行政执法人员持证上岗和资格管理制度，未通过经执法资格考试，不得授予执法资格，不得从事执法活动。严格执行罚缴分离和收支两条线管理制度，严禁收费罚没收入同部门利益直接或者变相挂钩。

4. 坚持严格规范公正文明执法

依法惩处各类违法行为，加大关系群众切身利益的重点领域执法力度。完善执法程序，建立执法全过程记录制度。明确具体操作流程，重点规范行政许可、行政处罚、行政强制、行政征收、行政收费、行政检查等执法行为。严格执行重大执法决定法制审核制度。全面落实行政执法责任制，严格确定不同部门及机构、岗位执法人员执法责任和责任追究机制，加强执法监督，坚决排除对执法活动的干预，防止和克服地方和部门保护主义，惩治执法腐败现象。

5. 强化对行政权力的制约和监督

加强党内监督、人大监督、民主监督、行政监督、司法监督、审计监督、社会监督、舆论监督制度建设，努力形成科学有效的权力运行制约和监督体系，增强监督合力和实效。加强对政府内部权力的制约，对财政资金分配使用、国有资产监管、政府投资、政府采购、公共资源转让、公共工程建设等权力集中的部门和岗位实行分事行权、分岗设权、分级授权，定期轮岗，强化内部流程控制，防止权力滥用。改进上级机关对下级机关的监督，建立常态化监督制度。完善纠错问责机制，健全责令公开道歉、停职检查、引咎辞职、责令辞职、罢免等问责方式和程序。完善审计制度，保障依法独立行使审计监督权。对公共资金、国有资产、国有资源和领导干部履行经济责任情况实行审计全覆盖。

6. 全面推进政务公开

坚持以公开为常态、不公开为例外原则，推进决策公开、执行公开、管理公开、服务公开、结果公开。各级政府及其工作部门依据权力清单，向社会全面公开政府职能、法律依据、实施主体、职责权限、管理流程、监督方式等事项。重点推进财政预算、公共资源配置、重大建设项目批准和实施、社会公益事业建设等领域的政府信息公开。涉及公民、法人或其他组织权利和义务的规范性文件，按照政府信息公开要求和程序予以公布。推行行政执法公示制度。推进政务公开信息化，加强互联网政务信息数据服务平台和便民服务平台建设。

（三）保证公正司法，提高司法公信力

必须完善司法管理体制和司法权力运行机制，规范司法行为，加强对司法活动的监督，努力让人民群众在每一个司法案件中感受到公平正义。

1. 完善确保依法独立公正行使审判权和检察权的制度

建立领导干部干预司法活动、插手具体案件处理的记录、通报和责任追究制度。任何党政机关和领导干部都不得让司法机关做违反法定职责、有碍司法公正的事情，任何司法机关都必须执行党政机关和领导干部不得违法干预司法活动的要求。对干预司法机关办案的，给予党纪政纪处分；造成冤假错案或者其他严重后果的，依法追究刑事责任。

2. 优化司法职权配置

健全公安机关、检察机关、审判机关、司法行政机关各司其职，侦查权、检察权、审判权、执行权相互配合和制约的体制机制。完善审级制度，一审重在解决事实认

定和法律适用，二审重在解决事实法律争议、实现二审终审，再审重在依法纠错、维护裁判权威；建立司法机关内部人员过问案件的记录制度和责任追究制度。完善主审法官、合议庭、主任检察官、主办侦查员办案责任制，落实谁办案谁负责。

3. 推进严格司法

健全事实认定符合客观真相、办案结果符合实体公正、办案过程符合程序公正的法律制度。加强和规范司法解释和案例指导，统一法律适用标准。全面贯彻证据裁判规则，严格依法收集、固定、保存、审查、运用证据，完善证人、鉴定人出庭制度，保证庭审在查明事实、认定证据、保护诉权、公正裁判中发挥决定性作用。明确各类司法人员工作职责、工作流程、工作标准，实行办案质量终身负责制和错案责任倒查问责制，确保案件处理经得起法律和历史检验。

4. 保障人民群众参与司法

坚持人民司法为人民，依靠人民推进公正司法，通过公正司法维护人民权益。在司法调解、司法听证、涉诉信访等司法活动中保障人民群众参与。推进审判公开、检务公开、警务公开、狱务公开，依法及时公开执法司法依据、程序、流程、结果和生效法律文书，杜绝暗箱操作。

5. 加强人权司法保障

强化诉讼过程中当事人和其他诉讼参与人的知情权、陈述权、辩护辩论权、申请权、申诉权的制度保障。健全落实罪刑法定、疑罪从无、非法证据排除等法律原则的法律制度。完善对限制人身自由司法措施和侦查手段的司法监督，加强对刑讯逼供和非法取证的源头预防，健全冤假错案有效防范、及时纠正机制。

6. 加强对司法活动的监督

完善检察机关行使监督权的法律制度，加强对刑事诉讼、民事诉讼、行政诉讼的法律监督。完善人民监督员制度，重点监督检察机关查办职务犯罪的立案、羁押、扣押和冻结财物、起诉等环节的执法活动。依法规范司法人员与当事人、律师、特殊关系人、中介组织的接触、交往行为。严禁司法人员私下接触当事人及律师、泄露或者为其打探案情、接受吃请或者收受其财物、为律师介绍代理和辩护业务等违法违纪行为，坚决惩治司法掮客行为，防止利益输送。

（四）增强全民法治观念，推进法治社会建设

弘扬社会主义法治精神，建设社会主义法治文化，增强全社会厉行法治的积极性和主动性，形成守法光荣、违法可耻的社会氛围，使全体人民都成为社会主义法治的忠实崇尚者、自觉遵守者、坚定捍卫者。

1. 推动全社会树立法治意识

坚持把全民普法和守法作为依法治国的长期基础性工作，深入开展法治宣传教育，引导全民自觉守法、遇事找法、解决问题靠法。坚持把领导干部带头学法、模范守法作为树立法治意识的关键，完善国家工作人员学法用法制度，把法治教育纳入国民教育体系，从青少年抓起，在中小学设立法治知识课程。健全普法宣传教育机制，各级党委和政府要加强对普法工作的领导，宣传、文化、教育部门和人民团体要在普法教育中发挥职能作用。实行国家机关“谁执法谁普法”的普法责任制，建立法官、检察官、行政执法人员、律师等以案释法制度。把法治教育纳入精神文明创建内容，开展群众性法治文化活动，健全媒体公益普法制度，加强新媒体新技术在普法中的运用，提高普法实效；加强社会诚信建设，健全公民和组织守法信用记录，完善守法诚信褒奖机制和违法失信行为惩戒机制，使尊法守法成为全体人民的共同追求和自觉行动；加强公民道德建设，弘扬中华优秀传统文化，增强法治的道德底蕴，强化规则意识，倡导契约精神，弘扬公序良俗。发挥法治在解决道德领域突出问题中的作用，引导人们自觉履行法定义务、社会责任、家庭责任。

2. 推进多层次多领域依法治理

深入开展多层次多领域法治创建活动，深化基层组织和部门、行业依法治理，支持各类社会主体自我约束、自我管理。发挥市民公约、乡规民约、行业规章、团体章程等社会规范在社会治理中的积极作用。建立健全社会组织参与社会事务、维护公共利益、救助困难群众、帮教特殊人群、预防违法犯罪的机制和制度化渠道，发挥社会组织对其成员的行为导引、规则约束、权益维护作用。

3. 建设完备的法律服务体系

完善法律援助制度，扩大援助范围，健全司法救助体系，保证人民群众在遇到法律问题或者权利受到侵害时获得及时有效的法律帮助。

4. 健全依法维权和化解纠纷机制

强化法律在维护群众权益、化解社会矛盾中的权威地位，引导和支持人们理性表达诉求、依法维护权益。建立健全社会矛盾预警机制、利益表达机制、协商沟通机制、救济救助机制，畅通群众利益协调、权益保障法律渠道。把信访纳入法治化轨道，保障合理合法诉求依照法律规定和程序就能得到合理合法的结果。健全社会矛盾纠纷预防化解机制，完善调解、仲裁、行政裁决、行政复议、诉讼等有机衔接、相互协调的多元化纠纷解决机制。完善立体化社会治安防控体系，有效防范、化解、管控影响社会安定的问题，保障人民生命财产安全。依法严厉打击暴力恐怖、涉黑犯罪、邪教和黄赌毒等违法犯罪活动，绝不允许其形成气候。依法强化危害食品药品安全、影响生产安全、损害生态环境、破坏网络安全等重点问题治理。此外，十八届四中全会还就法治工作队伍建设、党对全面推进依法治国的领导等重大问题提出了加强和改进要求。

以案释法 02

让人民群众在司法案件中感受到公平正义

欠债还钱，天经地义，支付罚息，也理所应当。但是，银行却在本金、罚息之外，另收“滞纳金”，并且还是按复利计算，结果经常导致“滞纳金”远高于本金，成了实际上的“驴打滚”。中国银行某高新技术产业开发区支行起诉信用卡欠费人沙女士，请求人民法院判令沙女士归还信用卡欠款共计375079.3元（包含本金339659.66元及利息、滞纳金共计35419.64元）。银行按每日万分之五的利率计算的利息，以及每个月高达5%的滞纳金，这就相当于年利率高达78%。受理本案的人民法院认为，根据合同法、商业银行法，我国的贷款利率是受法律限制的，最高人民法院在关于民间借贷的司法解释中明确规定：最高年利率不得超过24%，否则就算“高利贷”，不受法律保护。但问题在于，最高法的司法解释针对的是“民间高利贷”，而原告是根据中国人民银行的《银行卡业务管理办法》收取滞纳金的，该如何审理?

释解

在我国社会主义法律体系中，宪法是国家的根本大法，处于最高位阶，一切法律、行政法规、司法解释、地方性法规和规章、自治条例和单行条例都不得与宪法规定精神相违背。依法治国首先必须依宪治国。十八届四中全会重申了宪法第五条关于“一切违反宪法和法律的行为，必须予以追究”的原则，强调要“努力让人民群众在每一个司法案件中感受到公平正义”。此案中，法官引述了宪法第三十三条第二款规定：“中华人民共和国公民在法律面前一律平等。”法官认为：“平等意味着对等待遇，除非存在差别对待的理由和依据。一方面，国家以贷款政策限制民间借款形成高利；另一方面，在信用卡借贷领域又形成超越民间借贷限制一倍或者几倍的利息。这显然极可能形成一种‘只准州官放火，不许百姓点灯’的外在不良观感。”法官从宪法“平等权”等多个层面，提出应对法律作系统性解释，认为“商业银行错误将相关职能部门的规定作为自身高利、高息的依据，这有违于合同法及商业银行法的规定”，从而最终驳回了银行有关滞纳金的诉讼请求，仅在本金339659.66元、年利率24%的限度内予以支持。

第二节 建设中国特色社会主义法治体系

十八届四中全会提出："全面推进依法治国，总目标是建设中国特色社会主义法治体系，建设社会主义法治国家。"这是我们党的历史上第一次提出建设中国特色社会主义法治体系的新目标。从"法律体系"到"法治体系"是一个质的飞跃，是一个从静态到动态的过程，是一个从平面到立体的过程。

一、中国特色社会主义法治体系的主要内容

中国特色社会主义法治体系包括完备的法律规范体系、高效的法治实施体系、严密的法治监督体系、有力的法治保障体系、完备的党内法规体系五个子系统。

（一）完备的法律规范体系

建设中国特色社会主义法治体系，全面推进依法治国，需要充分的规范供给为全社会依法办事提供基本遵循。一方面，要加快完善法律、行政法规、地方性法规体系；另一方面，也要完善包括市民公约、乡规民约、行业规章、团体章程在内的社会规范体系。恪守原有单一的法律渊源已无法满足法治实践的需求，有必要适当扩大法律渊源，甚至可以有限制地将司法判例、交易习惯、法律原则、国际惯例作为裁判根据，以弥补法律供给的不足，同时还应当建立对法律扩大或限缩解释的规则，通过法律适用过程填补法律的积极或消极的漏洞。为了保证法律规范的质量和提升立法科学化的水平，应当进一步改善立法机关组成人员的结构，提高立法程序正当化水平，构建立法成本效益评估前置制度，建立辩论机制，优化协商制度，提升立法技术，规范立法形式，确定法律规范的实质与形式标准，设立法律规范的事前或事后的审查过滤机制，构建实施效果评估机制，完善法律修改、废止和解释制度，等等。尤其要着力提高立法过程的实质民主化水平，要畅通民意表达机制以及民意与立法的对接机制，设定立法机关组成人员联系选民的义务，规范立法机关成员与"院外"利益集团的关系，完善立法听取意见（包括听证等多种形式）、整合吸纳意见等制度，建立权力机关内部的制约协调机制，建立立法成员和立法机关接受选民和公众监督的制度，等等。

（二）高效的法治实施体系

法治实施是一个系统工程。首先，要认真研究如何使法律规范本身具有可实施性，不具有实施可能性的法律规范无疑会加大实施成本，甚至即使执法司法人员费尽心机也难以实现。因此，要特别注意法律规范的可操作性、实施资源的配套性、法律规范本身的可接受性以及法律规范自我实现的动力与能力。其次，要研究法律实施所必需的体制以及法律设施，国家必须为法律实施提供强有力的体制、设施与物质保障。再次，要认真研究法律实施所需要的执法和司法人员的素质与能力，要

为法律实施所需要的素质和能力的培训与养成提供必要的条件和机制。又次，要研究法律实施的环境因素，并为法律实施创造必要的执法和司法环境。最后，要研究如何克服法律实施的阻碍和阻力，有针对性地进行程序设计、制度预防和机制阻隔，针对我国现阶段的国情，有必要把排除“人情”“关系”“金钱”“权力”对法律实施的干扰作为重点整治内容。

（三）严密的法治监督体系

对公共权力的监督和制约，是任何法治形态的基本要义；公共权力具有二重性，唯有法律能使其扬长避短和趋利避害；破坏法治的最大危险在一般情况下都来自公共权力；只有约束好公共权力，国民的权利和自由才可能安全实现。有效监督和制约公共权力，要在以下几个方面狠下功夫：要科学配置权力，使决策权、执行权、监督权相互制约又相互协调；要规范权力的运行，为权力的运行设定明确的范围、条件、程序和界限；要防止权力的滥用，为权力的行使设定正当目的及合理基准与要求；要严格对权力的监督，有效规范党内、人大、民主、行政、司法、审计、社会、舆论诸项监督，并充分发挥各种监督的独特作用，使违法或不正当行使权力的行为得以及时有效纠正；要健全权益恢复机制，使受公共权力侵害的私益得到及时赔偿或补偿。

（四）有力的法治保障体系

依法治国是一项十分庞大和复杂的综合性系统工程。要在较短时间内实现十八届四中全会提出的全面推进依法治国的战略目标，任务艰巨而繁重，如果缺少配套的保证体系作为支撑，恐难以持久。普遍建立法律顾问制度。完善规范性文件、重大决策合法性审查机制。建立科学的法治建设指标体系和考核标准。健全法规、规章、规范性文件备案审查制度。健全社会普法教育机制，增强全民法治观念。逐步增加有地方立法权的较大的市数量。深化行政执法体制改革。完善行政执法程序，规范执法自由裁量权，加强对行政执法的监督，全面落实行政执法责任制和执法经费由财政保障制度，做到严格规范公正文明执法。完善行政执法与刑事司法衔接机制。确保依法独立公正行使审判权、检察权。改革司法管理体制，推动省以下地方人民法院、人民检察院人财物统一管理，探索建立与行政区划适当分离的司法管辖制度，保证国家法律统一正确实施。建立符合职业特点的司法人员管理制度，健全法官、检察官、人民警察统一招录、有序交流、逐级遴选机制，完善司法人员分类管理制度，健全法官、检察官、人民警察职业保障制度。健全司法权力运行机制。优化司法职权配置，健全司法权力分工负责、互相配合、互相制约机制，加强和规范对司法活动的法律监督和社会监督。健全国家司法救助制度，完善法律援助制度。完善律师执业权利保障机制和违法违规执业惩戒制度，加强职业道德建设，发挥律师在依法维护公民和法人合法权益方面的重要作用。

（五）完善的党内法规体系

党内法规既是管党治党的重要依据，也是中国特色社会主义法治体系的重要组成部分。由于缺少整体规划，缺乏顶层设计，党内法规存在“碎片化”现象。要在对现有党内法规进行全面清理的基础上，抓紧制定和修订一批重要党内法规，加大党内法规备案审查和解释力度，完善党内法规制定体制机制，形成配套完备的党内法规制度体系，使党内生活更加规范化、程序化，使党内民主制度体系更加完善，使权力运行受到更加有效的制约和监督，使党执政的制度基础更加巩固，为到建党100周年时全面建成内容科学、程序严密、配套完备、运行有效的党内法规制度体系打下坚实基础。

二、以高度自信建设中国特色社会主义法治体系

（一）依法治国、依法执政、依法行政共同推进

依法治国是党领导人民治国理政的基本方式，要依照宪法和法律规定，通过各种途径和形式实现人民群众在党的领导下管理国家事务，管理经济文化事业，管理社会事务，保证国家各项工作都依法进行，逐步实现社会主义民主的制度化、法律化。依法执政是依法治国的关键，要坚持党领导人民制定法律、实施法律并在宪法法律范围内活动的原则，健全党领导依法治国的制度和工作机制，促进党的政策和国家法律互联互动。依法行政是依法治国的重点，要创新执法体制，完善执法程序，推进综合执法，严格执法责任，建立权责统一、权威高效的依法行政体制，加快建设职能科学、权责法定、执法严明、公开公正、廉洁高效、守法诚信的法治政府，切实做到合法行政、合理行政、高效便民、权责统一、政务公开。

（二）法治国家、法治政府、法治社会一体建设

法治国家、法治政府和法治社会是全面推进依法治国的“一体双翼”。法治国家是长远目标和根本目标，建设法治国家的核心要求是实现国家生活的全面法治化；法治政府是重点任务和攻坚内容，建设法治政府的核心要求是规范和制约公共权力；法治社会是组成部分和薄弱环节，建设法治社会的核心是推进多层次多领域依法治理，实现全体国民自己守法、护法。法治国家、法治政府、法治社会一体建设，要求三者相互补充、相互促进、相辅相成。

（三）科学立法、严格执法、公正司法、全民守法相辅相成

十八大以来，党中央审时度势，提出了“科学立法、严格执法、公正司法、全民守法”的十六字方针，确立了新时期法治中国建设的基本内容。科学立法要求完善立法规划，突出立法重点，坚持立改废释并举，提高立法科学化、民主化水平，提高法律的针对性、及时性、系统性、有效性，完善立法工作机制和程序，扩大公众有序参与，充分听取各方面意见，使法律准确反映经济社会发展要求，更好协调利益关系，发挥立法的引领和推动作用。严格执法，要求加强宪法和法律实施，维

护社会主义法制的统一、尊严、权威，形成人们不愿违法、不能违法、不敢违法的法治环境，做到有法必依、执法必严、违法必究。公正司法，要求要努力让人民群众在每一个司法案件中都感受到公平正义，所有司法机关都要紧紧围绕这个目标来改进工作，重点解决影响司法公正和制约司法能力的深层次问题。全民守法，要求任何组织或者个人都必须在宪法和法律范围内活动，任何公民、社会组织和国家机关都要以宪法和法律为行为准则，依照宪法和法律行使权利或权力、履行义务或职责。

（四）与推进国家治理体系和治理能力现代化同脉共振

全面推进依法治国既是实现国家治理现代化目标的基本要求，又是推进国家治理现代化的重要组成部分。法律的强制性、普遍性、稳定性、公开性、协调性等价值属性满足了国家治理对权威性和有效性的要求。法治在治理现代化过程中具有极为重要的意义。民主、科学、文明、法治是国家治理现代化的基本要求，民主、科学、文明都离不开法治的保障。治理现代化需要通过法治手段进一步具体地对应到治理体系的各个领域和每个方面，需要进一步量化为具体的指标体系，包括国权配置定型化、公权行使制度化、权益保护实效化、治理行为规范化、社会关系规则化、治理方式文明化六个方面。在实现治理法治化的过程中，治理主体需要高度重视法治本身的现代化问题，高度重视法律规范的可实施性，高度重视全社会法治信仰的塑造，高度重视治理事务对法治的坚守，高度重视司法公信力的培养。

第三节　提高运用法治思维和法治方式的能力

法治思维是指将党中央关于法治中国建设的基本要求，将国家宪法和法律的相关规定运用于判断、思考和决策，法治方式就是运用法治思维处理和解决问题的行为方式。法治思维与法治方式两者之间属于法治要求内化于心、外化于行的辩证统一关系。简言之，用法律观念来判断问题，用法律方式来处理矛盾和纠纷，这就是法治思维和法治方式。正如习近平同志指出的那样，“各级领导干部要提高运用法治思维和法治方式深化改革、推动发展、化解矛盾、维护稳定能力，努力推动形成办事依法、遇事找法、解决问题用法、化解矛盾靠法的良好法治环境，在法治轨道上推动各项工作”。

一、法治思维和法治方式的基本属性

法治思维和法治方式作为治理能力范畴中的一种新要求，它要求党员干部要带头尊法、学法、守法、用法，自觉地在法律授权范围内活动，切实维护国家法制的统一、尊严和权威，依法保障人民享有广泛的民主权利和自由；法治思维和法治方

式作为治理能力范畴中的一种新理念，它要求党员干部要带头破除重管理轻服务、重治民轻治官、重权力轻职责等积弊，带头荡除以言代法、以权压法、违法行政等沉疴。中国特色社会主义法治特质决定了法治思维和法治方式集中具有以下几个方面的属性要求：职权法定、权力制约、保障人权、程序正当。

（一）职权法定

职权法定是指行政机关及其公职人员的行政权力，来自于法律的明确授权，而非自行设定。因此，行政机关及其公职人员要做到依法行政，首先必须严守法律明确授予的行政职权，必须在法律规定的职权范围内活动。非经法律授权，不得作出行政管理行为；超出法律授权范围，不享有对有关事务的管理权，否则都属于行政违法。正如党的十八届四中全会强调的那样，“行政机关不得法外设定权力，没有法律法规依据不得作出减损公民、法人和其他组织合法权益或者增加其义务的决定”。坚持职权法定，首先在思想上要牢固树立宪法和法律的权威。宪法是国家的根本法，是治国安邦的总章程，任何法律和规范性文件都不得与宪法相抵触。依据宪法而制定的法律是全社会一体遵循的行动准则，任何人都不享有超越法律的特权。要注意培养依法办事的良好工作作风，切实做到办事依法、遇事找法、解决问题用法、化解矛盾靠法，在法治轨道上推动各项工作。有关部门要切实按照中央的要求，把法治建设成效作为衡量各级领导班子和领导干部工作实绩的重要内容，纳入政绩考核指标体系。把能不能遵守法律、依法办事作为考察干部的重要内容，在相同条件下，优先提拔使用法治素养好、依法办事能力强的干部。对特权思想严重、法治观念淡薄的干部要批评教育，不改正的要调离领导岗位。

（二）权力制约

权力制约是中国特色社会主义法治理念中的一项基本原则，这一原则贯穿于宪法始终，体现在各部法律之内。我国现行宪法对国家权力的设定充分体现了权力的分工与制约原则。首先，宪法明确规定国家的一切权力属于人民。其次，宪法在人民代表和国家机关及其工作人员的关系上，规定人民代表由人民选举产生，对人民负责，接受人民监督。人民有权对国家机关及其工作人员提出批评、建议、控告、检举等。再次，宪法规定国家行政机关、审判机关、检察机关都由人大产生，对它负责，受它监督。此外，我国宪法为充分保证执法机关正确执法，还明确规定了行政机关和司法机关在本系统内实行监督和制约。权力制约是法治国家的基本特征。改革开放以来，党和国家高度重视对权力的监督制约，党的十七大报告明确提出，要完善制约和监督机制，保证人民赋予的权力始终用来为人民谋利益；确保权力正确行使，必须让权力在阳光下运行；要坚持用制度管权、管事、管人，建立健全决策权、执行权、监督权既相互制约又相互协调的权力结构和运行机制。习近平总书记在首都各界纪念现行宪法公布施行30周年大会上的讲话中强调“我们要健全权力运行制约和监督体系，有权必有责，用权受监督，失职要问责，违法要追究，保证人民赋予的权力始终用来为人民谋利益。”

（三）保障人权

我们党长期注重尊重和保障人权。早在新民主主义革命时期，中国共产党就在所领导的红色革命根据地内颁布了《中华苏维埃共和国宪法大纲》《陕甘宁边区施政纲领》《陕甘宁边区宪法原则》等宪法性文件，明确规定保障人民权利的内容。抗战时期，为广泛调动一切抗日力量，各根据地人民政府普遍颁布和实施了保障人权的法令。新中国成立后的第一部宪法，就将公民的人身、经济、政治、社会、文化等方面的权利用根本大法的形式固定下来。20世纪80年代末，我们党就明确提出，社会主义中国要把人权旗帜掌握在自己手中。1991年11月1日，国务院新闻办公室向世界公布了新中国第一份《中国的人权状况》的白皮书，以政府文件的形式正面肯定了人权在中国政治发展中的地位。1997年9月，党的十五大明确提出：“共产党执政就是领导和支持人民掌握管理国家的权力，实行民主选举、民主决策、民主管理和民主监督，保证人民依法享有广泛的权利和自由，尊重和保障人权。”此后，尊重和保障人权成为了中国共产党执政的基本目标和政治体制改革与民主法制建设的一个重要内容。2004年3月，十届全国人大二次会议通过宪法修正案，首次将“人权”概念载入宪法，明确规定“国家尊重和保障人权”。至此，尊重和保障人权上升为国家的一项宪法原则，成为行政执法活动中一条不应逾越的底线。

（四）程序正当

程序正当是社会主义法治对行政活动提出的一项基本要求。具体地说，程序正当是指行政机关行使行政权力、实施行政管理时，除涉及国家秘密和依法受到保护的商业秘密、个人隐私的外，都应当公开，注意听取公民、法人和其他组织的意见；要严格遵循法定程序，依法保障行政管理相对人、利害关系人的知情权、参与权和救济权。履行职责的行政机关工作人员与行政管理相对人存在利害关系时，应当回避。实践中，以保密为由拒绝向相对人提供依法应当提供的相关信息；作出行政决定没有听取相对人的意见和申辩；履行行政职责的行政机关工作人员缺乏回避意识等情况屡见不鲜。这种重实体、轻程序的现象历史上长期存在，行政机关与相对人之间更多地表现为一种命令与服从的关系。改革开放以来，尤其是在全面推进依法治国的进程中，程序正当逐步被提到了应有的位置。程序正当在许多单行法中有着明确的规定。如行政处罚法第四十二条就明确规定，行政机关作出责令停产停业、吊销许可证或者执照、较大数额罚款等行政处罚决定之前，应当告知当事人有要求举行听证的权利；当事人要求听证的，行政机关应当组织听证。党的十八届三中全会更是明确要求：“完善行政执法程序，规范执法自由裁量权，加强对行政执法的监督，全面落实行政执法责任制和执法经费由财政保障制度，做到严格规范公正文明执法。”强调程序正义，不仅在于它是法治文明进步的重要成果，而且在于程序正义的维护和实现有助于增强法律实施的可接受性。

以案释法 03

化解矛盾终究须靠法

2005年6月11日凌晨4时30分，为驱赶因征地补偿纠纷而在工地驻守阻止施工的河北省定州市某村部分村民，260余名社会闲散人员携带猎枪、棍棒、铁管、弩等工具，肆意使用暴力进场驱赶、伤害村民，造成6人死亡，15人重伤，多人轻伤、轻微伤的特别严重后果。最终，该案的组织策划者、骨干分子等主要案犯全部被抓获，共有248名犯罪嫌疑人到案。已批捕31人，刑拘131人。该案中定州市原市委书记和某等6人被判处无期徒刑，剥夺政治权利终身；其他被告人分别被判处15年至6年有期徒刑。

释解

定州“6•11”案件是因河北省有史以来投资最大的项目——国华定州发电有限公司征地而引发。国华定州发电公司是国家“十五”时期重点项目，该项目能够落户定州，是经过六届市委、市政府的艰苦努力，历时13年才争取到的。如此一件争取多年才得到的项目，之所以最终引发了特别严重的后果，固然有很多方面的原因所造成，但其中最为直接的一个原因在于，原市委书记和某面临着久拖不决的征地事件，没有“办事依法、遇事找法、解决问题用法、化解矛盾靠法”，而是轻信了“小兄弟”的承诺，适当给村民们一点教训，结果一批社会闲杂人员凌晨闯入现场，场面顿时失控。此时，尽管和某在现场曾带着哭腔劝说不能伤及村民身体要害部位，但也无力回天。事情的最终结局还是回到法律的层面上来解决，但却付出了极其沉痛的代价。

二、培养法治思维和法治方式的基本途径

全面推进依法治国是国家治理领域的一场深刻革命，培养法治思维和法治方式是一项长期的系统工程。实践表明，任何一种思维方式和行为方式的养成，往往都要经历一个深入学习、深刻领会、坚定信念、反复践行、形成习惯，最后升华到品格的过程。法治思维和法治方式的培养，既是个理论问题又是个实践问题，因此更不会例外。

（一）在深入学习中提高认识

通过长期的不懈努力，一个立足中国国情和实际、适应改革开放和社会主义现代化建设需要、集中体现党和人民意志的，以宪法为统帅，以宪法相关法、民法、商法等多个法律部门的法律为主干，由法律、行政法规、地方性法规与自治条例、单行条例等多层次法律规范构成的中国特色社会主义法律体系已经形成。这个法律体系是法治思维和法治方式的基础内容和基本遵循。因此，培养法治思维和法治方式，必须要结合实际，深入学习宪法和法律的相关规定，切实做到严格依法行使职权、履行职责。

（二）在依法履职中严守底线

党的十八届四中全会明确提出了法治建设的“五项原则”，即坚持中国共产党的领导、坚持人民主体地位、坚持法律面前人人平等、坚持依法治国和以德治国相结合、坚持从中国实际出发，从而为党员干部树立正确的法治理念指明了根本方向，提供了基本遵循。全会还明确要求“行政机关要坚持法定职责必作为，法无授权不可为”。坚持依法履行职责、法无授权不可为是依法行政的底线。行政机关的岗位职责来自于法律授权，必须要牢固树立岗位权力清单意识，在想问题、作决策和办事情中，必须严格遵循法律规则和法定程序，切实做到依法尽职、依法行权。

（三）在依法决策中化解风险

在依法治国不断深入、法律制度不断完备、法律责任日渐明晰的当今，行政机关不依法决策往往成为行政权力运行中的一大风险，成为行政机关承担法律责任、坐上被告席的一大原因。为此，党的十八届四中全会明确提出要健全依法决策机制。各级行政机关及公职人员必须强化责任意识和风险意识，严格遵守重大行政决策法定程序，采取公众参与、专家论证、风险评估、合法性审查、集体讨论决定等法定的程序和办法，确保决策内容合法、程序合法，切实有效防范因决策违法而承担的相应法律责任。

（四）在文明执法中培养品格

依法行政是文明执法的基础和保障，行政公开是文明执法的重要标志。党的十八届三中全会明确要求，“推行地方各级政府及其工作部门权力清单制度，依法公开权力运行流程。完善党务、政务和各领域办事公开制度，推进决策公开、管理公开、服务公开、结果公开”。行政机关及公职人员唯有依据相关法规制度，细化执法操作流程，明确执法权限、坚守法律底线，切实按照法定的许可、收费、检查、征收、处罚和强制等法定权限和程序要求，严格规范和监督执法行为，才能在维护人民群众切身利益的过程中，树立起人民公仆的良好形象，才能有效培养良好的法治思维和法治行为的工作作风与品格。

（五）在接受监督中展示形象

公正执法、带头守法是依法行政的生命力所在。2002年11月召开的党的十六大就明确提出了“加强对执法活动的监督，推进依法行政”。2014年召开的党的十八届四中全会更是明确要求，“必须以规范和约束公权力为重点，加大监督力度，做到有权必有责、用权受监督、违法必追究，坚决纠正有法不依、执法不严、违法不究行为”。强化行政执法监督成为推进依法行政和建设法治政府的一项重要抓手。行政机关及其公职人员在行政执法过程中，要依法自觉接受人大机关的法律监督、上级部门的组织监督、人民政协的民主监督、社会公众的群众监督、相关媒体的舆论监督，通过多种形式了解群众心声，彰显行政执法的公平公正属性，展示依法行政、法治政府的良好形象。

以案释法 04

权力不能越出制度的笼子

某市发展和改革委员会于2010年7月对10家企业作出废弃食用油脂定点回收加工单位备案，其中包括该市某化工厂和某废油脂回收处理中心。2012年11月，该市某区人民政府发出通知，明确指定该市某再生资源开发有限公司实施全区餐厨废弃物收运处理。该区城市管理局和区商务局于2014年3月发出公函，要求落实文件规定，各生猪屠宰场点必须和某再生资源开发有限公司签订清运协议，否则将进行行政处罚。某新能源有限公司对规定不服，诉至法院，请求撤销该文对某再生资源开发有限公司的指定，并赔偿损失。该市中级人民法院一审认为，被告某区政府在文件中的指定，实际上肯定了某再生资源开发有限公司在该区开展餐厨废弃物业务的资格，构成实质上的行政许可。区城市管理局和区商务局作出的公函已经表明被告的指定行为事实上已经实施。根据行政许可法相关规定，行政机关受理、审查、作出行政许可应当履行相应的行政程序，被告在作出指定前，未履行任何行政程序，故被诉行政行为程序违法。被告采取直接指定的方式，未通过招标等公平竞争的方式，排除了其他可能的市场参与者，构成通过行政权力限制市场竞争，违反了该省餐厨废弃物管理办法第十九条和反垄断法第三十二条的规定。被告为了加强餐厨废弃物处理市场监管的需要，对该市场的正常运行作出必要的规范和限制，但不应在行政公文中采取明确指定某一公司的方式。原告某新能源有限公司对其赔偿请求未提交证据证实，法院对此不予支持。遂判决撤销被告在文件中对某再生资源开发有限公司指定的行政行为，驳回原告的其他诉讼请求。一审宣判后，双方当事人均未上诉。

释解

我国法院每年办理的10余万件一审行政案件中，与经济管理和经济领域行政执法密切相关的案件占到30%以上，涉及的领域和类型也越来越丰富。本案是涉及行政垄断的典型案件。行政垄断指行政机关滥用行政权力，违法提高市场准入门槛、违法指定特定企业从事特定业务、违法设置条件限制其他企业参与竞争等行为。它侵犯了市场主体的公平竞争权，对经济活动的正常运行、商品的自由流通乃至政府的内外形象都会造成较大破坏和不利影响，我国反垄断法和反不正当竞争法对此明令禁止。本案中，该区政府在行政公文中直接指定某再生资源开发有限公司，未通过招标等公平竞争方式，排除了其他可能的市场参与者，构成通过行政权力限制市场竞争的违法情形。新修改的行政诉讼法将“滥用行政权力侵犯公平竞争权”明确纳入受案范围，就是为突出行政审判对市场正常竞争秩序的有力维护。随着法治不断进步，公民、法人等各类市场主体在运用行政诉讼法律武器依法维权、监督和规制行政垄断方面，将发挥越来越大的作用。

第四节 “谁执法谁普法”的普法责任制

2015年是全面推进依法治国的开局之年，如何让法治理念、法治思维、法治精神、法治信仰入脑入心，成为全民共识，是深入开展普法教育的关键。中共中央、国务院转发了《中央宣传部、司法部关于在公民中开展法治宣传教育的第七个五年规划(2016—2020年)》提出，实行国家机关“谁执法谁普法”的普法责任制。“谁执法谁普法”，即以法律所调整的社会关系的种类和所涉及的部门、行业为主体，充分发挥行业优势和主导作用，在抓好部门、行业内部法治宣传教育的同时，负责面向重点普法对象，面向社会宣传本部门、本行业所涉及和执行的法律法规。实行“谁执法谁普法”工作原则，是贯彻落实“七五”普法规划的重要举措，有利于充分发挥执法部门、行业职能的优势和主导作用，扩大普法依法治理工作覆盖面，增强法治宣传教育的针对性、专业性，促进执法与普法工作的有机结合，进一步加大普法工作力度，真正形成部门、行业分工负责、各司其职、齐抓共管的大普法工作格局。

一、“谁执法谁普法”是法治国家的新要求

实行国家机关“谁执法谁普法”的普法责任制，建立法官、检察官、行政执法人员、律师等以案释法制度，加强普法讲师团、普法志愿者队伍建设。执法和司法人员普法具有天然的优势。严格执法、公正司法是法治信仰最好的支撑，也是最好的普法实践。将普法与立法、司法、执法关联在一起具有重要的现实意义。法的执行力既需要靠执法机关执法办案，也要靠全民守法来实现。法的贯彻执行需要靠大家守法，守法的前提是普法，让百姓知道法律。“谁执法谁普法”体现了法治中国的新要求，凸显了执法主体对普法的重要责任。执法机关对其执法对象、执法内容、执法当中存在的问题最了解，他们开展普法也更具针对性、及时性、有效性。国家机关的工作涉及人民群众学习、生活、工作的方方面面，由执法者在为群众办事过

程中进行普法教育，更具有亲历性和普及性，更利于人民群众接受。如交警部门宣传交通法规，税务部门宣传税法，劳动保障部门宣传劳动保障的相关法律法规。

二、“谁执法谁普法”指导思想

以党的十八大和十八届三中、四中全会精神及习近平总书记系列重要讲话精神为指导，坚持围绕中心、服务大局，坚持创新形式、注重实效，坚持贴近基层、服务群众，以建立健全法治宣传教育机制为抓手，以开展“学习宪法、尊法守法”等主题活动为载体，通过深入开展法治宣传教育，充分发挥法治宣传教育在法治建设中的基础性作用，进一步形成分工负责、各司其职、齐抓共管的普法工作格局，通过实行“谁执法谁普法”教育活动，普及现有法律法规，提升执法人员的法治观念和行政执法水平，增强相关法治主体的法律意识，营造全社会关注、关心法治的浓厚氛围，推动形成自觉守法用法的社会环境，为经济建设营造良好的法治环境。

三、“谁执法谁普法”工作原则

（一）坚持执法办案与普法宣传相结合的原则

使普法宣传教育渗透执法办案全过程，利用以案释法、以案普法、以案学法等方式普及法律常识，通过文明执法促进深度普法，通过广泛普法促进文明执法。在各行业监管中，以行政执法、公众参与、以案释法为导向，形成行政执法人员以案释法工作长效机制，实行长态化普法。在执法工作中，要加大对案件当事人的法律宣传教育，只有在当事人中积极进行法律知识和典型案例的宣传，才能起到事半功倍的宣传效果，才能让广大群众更为有效地学习法律知识，才能从实际案件中学法、懂法、用法，有效维护自身权利。

（二）坚持日常宣传与集中宣传相结合的原则

各机关单位根据担负职能和工作特点，在广泛开展法治宣传的同时，以各自业务领域为主要方向，结合“宪法法律宣传月”和“3·15”“12·4”法治宣传日等特殊时段和节点。面向执法对象、服务对象和社会公众开展广泛的群众性法治宣传活动。开展各类重点突出、针对性强的集中法治宣传活动，切实增强工作的实效性。

（三）坚持上下联动和属地管理相结合的原则

强化上级部门对下级部门、主管部门对下属单位的指导，坚持市、县、乡三级联动普法。落实普法工作属地管理责任，强化地方党委政府对部门普法工作的监督考核，努力形成党委领导、人大监督、政府实施、政协支持、各部门协作配合、全社会共同参与的法治宣传教育新格局。

四、“谁执法谁普法”的主要任务

（一）切实落实普法工作责任制

“谁执法谁普法”工作责任主体要结合自身实际，将普法工作纳入全局工作统筹安排，制定切实可行的年度普法工作计划。健全完善普法领导机制，明确领导职责，加强普法办公室的建设，保证普法工作所需人员和经费。

（二）着力强化法律法规宣传教育

1. 认真开展面向社会的普法活动

结合“12·4”国家宪法日、“4·7”世界卫生日、“7·11”世界人口日等各种主题活动，通过集中宣传咨询、印发资料、LED 屏滚动播出等方式，以及网站、微信、微博、广播、电视、报刊等传播平台，围绕行业普法工作重点以及群众关心的热点问题和行业执法工作的重点，开展面向大众的法治宣传教育活动。

2. 扎实做好系统内人员的法治教育

以社会主义法治理念、宪法和国家基本法律法规、依法行政以及反腐倡廉、预防职务犯罪等法律知识为重点，把法治教育与政治理论教育、理想信念教育、职业道德教育、党的优良传统和作风教育结合起来，通过集中办班、举办讲座、召开研讨交流会、组织或参加法律知识考试、自学等方式，加大系统内工作人员法治学习力度，不断增强领导干部和工作人员的法治理念、法律素养和依法行政、依法管理的能力。

（三）大力推进普法执法有机融合

寓普法于执法之中，把普法与执法紧密结合起来，使执法过程成为最生动的普法实践，大力促进普法与执法的有机融合。让法治宣传渗透执法办案的各环节、全过程，利用以案释法、现身说法等形式向社会大众传播法律、宣传法律，通过深化普法，预防违法行为，减少执法阻力，巩固执法成果。

（四）全面建立以案释法制度体系

1. 建立典型案例评选制度

以案释法是利用身边或实际生活中发生的案例诠释法律的过程，要精心筛选具有重大典型教育意义、社会关注度高、与群众关系密切的“身边的案例”“成熟的案例”“针对性强的案例”，作为释法重点。定期开展行政执法案卷质量评查活动，评选出具有行业特点且与社会大众生活健康息息相关的典型案例。

2. 建立典型案例传播制度

通过在部门网站设立以案释法专栏、免费发放典型案例宣传册等方式，以案释法、以案讲法，让公众进一步了解事实认定、法律适用的过程，了解案件审理、办结的情况。加强与新闻媒体的联系协调，推动落实新闻媒体的公益普法责任，充分发挥新闻媒体的法治传播作用。探索与媒体合作举办以案释法类节目，邀请媒体参与执法，积极引导社会法治风尚，增强法治宣传的传播力和影响力。

3. 建立以案释法公开告知制度

在执法过程中，即时告知执法的法律依据，让行政相对人充分了解有关法律规定，知晓自身行为的违法性、应受到的处罚以及维权救济途径。有针对性地分行业定期举办执法相对人法律法规知识培训，通过强化岗前培训、岗位复训、分层培训，切实提高从业人员自身素质和法治意识。与社区合作，通过举办法治讲座、法律讲堂和开展送法进社区等形式，深入浅出地宣传法律及执法情况，释疑解惑，为各类普法对象宣讲典型案例，以身边人说身边事，用身边事教育身边人，推动法治宣传教育贴近基层、贴近百姓、贴近生活。

五、“谁执法谁普法”的工作要求

（一）高度重视，提高认识

充分认识法治宣传教育对全面推进法治建设的重要意义，实行国家机关“谁执法谁普法”的普法责任制是党的十八届四中全会提出的推动全社会树立法治意识的重要举措，也是推动“七五”普法决议落实、全面完成“七五”普法规划的工作要求。要充分认识开展这项工作的重要性和艰巨性，坚持把全民普法和守法作为依法治国的长期基础性工作，常抓不懈，把落实普法责任作为一项基本的职能工作。

（二）加强领导，明确责任

“谁执法谁普法”是一项涉及面广、工作要求高的系统工程，各单位和部门应按照中央的要求，切实加强对“谁执法谁普法”工作的组织领导，具体抓好落实。要明确工作目标、细化工作方案、创新工作举措、落实工作责任，确保“谁执法谁普法”工作落到实处，见到实效。

（三）创新模式，增强实效

充分发挥主导作用和职能优势，全面结合职责范围、行业特点、普法对象的实际情况和依法治理需要及社会热点，及时跟进相关法律法规的重点宣传。发挥广播、电视、报刊、网络和移动通讯等大众媒体的重要作用，用群众喜闻乐见、寓教于乐的形式突出以案释法、以案普法等，通过多种形式创新开展有特色、有影响、有实效的法治宣传。

（四）强化考核，落实责任

将“谁执法谁普法”工作落实情况纳入依法治理的目标绩效考核，同时对普法宣传工作进行督查，对采取措施不得力、工作不到位、目标未完成的单位予以督促并统一纳入年终考核评价体系，对工作突出的先进集体和先进个人予以表扬。

第二章

宪　法

导读

宪法是国家的根本大法。它规定了社会各阶级在国家中的地位，是新时期党和国家的中心工作、基本原则、重大方针、重要政策在国家法制上的最高体现，是国家的根本法和治国安邦的总章程。

我国现行宪法符合国情、符合实际、符合时代发展要求，充分体现了人民共同意志、充分保障了人民民主权利、充分维护了人民根本利益，是推动国家发展进步、保障人民生活幸福、保障中华民族实现伟大复兴的根本制度。

宪法具有最高的法律效力，任何组织和个人都必须尊重宪法法律权威，都必须在宪法法律范围内活动，都必须依照宪法法律行使权力或权利、履行职责或义务，都不得有超越宪法法律的特权。

第一节　概述

一、宪法是国家的根本大法

宪法是规定国家根本制度和根本任务，规定国家机关的组织与活动的基本原则，确认和保障公民基本权利，集中表现各种政治力量对比关系的国家根本法。

宪法的根本性表现在以下四个方面：

第一，在内容上，宪法规定国家的根本制度、政权组织形式、国家结构形式、公民基本权利和基本义务、宪法实施的保障等内容，反映一个国家政治、经济、文化和社会生活的基本方面。

第二，在效力上，宪法在整个法律体系中处于最高的地位，具有最高效力。它是其他法律的立法依据，其他的一般法律都不得抵触宪法。

第三，在规范性上，宪法是各政党、一切国家机关、武装力量、社会团体和全体公民的最根本的行为准则。

第四，在修改程序上，宪法的制定和修改程序比其他一般法律的程序更为严格。

二、我国宪法的地位

中华人民共和国成立后，国家先后颁行了四部宪法。我国的现行宪法是在1982年通过的，至今已经进行了四次修改。

宪法以法律的形式确认了我国各族人民奋斗的成果，规定了国家的根本制度、根本任务和国家生活中最重要的原则，具有最大的权威性和最高的法律效力。全国各族人民、一切国家机关和武装力量、各政党和各社会团体、各企业事业组织，都必须以宪法为根本的活动准则，并负有维护宪法尊严、保证宪法实施的职责。作为根本法的宪法，是中国特色社会主义法律体系的重要组成部分，也是法律体系最核心和最重要的内容。

三、宪法的指导思想

宪法指导思想的明确，经历了一个逐步发展完善的过程。

第一阶段：四项基本原则。

1982年现行宪法制定，确立宪法的指导思想是四项基本原则，即坚持社会主义道路，坚持人民民主专政，坚持中国共产党的领导，坚持马克思列宁主义、毛泽东思想。

第二阶段：建设有中国特色社会主义的理论和党的基本路线。

1993年第二次修宪，以党的十四大精神为指导，突出了建设有中国特色社会主义的理论和党的基本路线。

第三阶段：增加邓小平理论。

1999年第三次修宪，将邓小平理论写入宪法，确立邓小平理论在国家中的指导思想地位。

第四阶段：增加“三个代表”重要思想。

2004年第四次修宪，将“三个代表”重要思想载入宪法，确立其在国家中的指导思想地位。

四、宪法基本原则

（一）人民主权原则

宪法第二条第一款规定：“中华人民共和国的一切权力属于人民。”“一切权力属于人民”是无产阶级在创建无产阶级政权过程中，在批判性地继承资产阶级民主思想的基础上，对人民主权原则的创造性运用和发展。

（二）基本人权原则

我国宪法第二章“公民的基本权利和义务”专章规定和列举了公民的基本权利，

体现了对公民的宪法保护。2004年的宪法修正案把“国家尊重和保障人权”写入宪法，将中国的宪政发展向前推进了一大步。

（三）法治原则

宪法第五条第一款规定了“中华人民共和国实行依法治国，建设社会主义法治国家”，在宪法上正式确立了法治原则。宪法还规定，一切国家机关和武装力量、各政党和各社会团体、各企业事业组织都必须遵守宪法和法律；一切违反宪法和法律的行为，必须予以追究；任何组织和个人都不得有超越宪法和法律的特权。

（四）民主集中制原则

宪法第三条第一款规定：“中华人民共和国的国家机构实行民主集中制的原则。”这既是我国国家机构的组织和活动原则，也是我国宪法的基本原则。

五、宪法确定的国家根本任务

宪法确定的国家的根本任务是：沿着中国特色社会主义道路，集中力量进行社会主义现代化建设。中国各族人民将继续在中国共产党领导下，在马克思列宁主义、毛泽东思想、邓小平理论和“三个代表”重要思想指引下，坚持人民民主专政，坚持社会主义道路，坚持改革开放，不断完善社会主义的各项制度，发展社会主义市场经济，发展社会主义民主，健全社会主义法制，自力更生，艰苦奋斗，逐步实现工业、农业、国防和科学技术的现代化，推动物质文明、政治文明和精神文明协调发展，把我国建设成为富强、民主、文明的社会主义国家。

以案释法 05

一切违反宪法和法律的行为都必须予以追究

2014年8月12日凌晨，公安分局民警在处理一起纠纷案件时，发现人大代表张某涉嫌酒后驾车。随后，前来处理的松江交警支队民警对其进行酒精呼气测试，结果为136毫克/100毫升。另经司法鉴定中心检验和鉴定，张某的血液中乙醇浓度为1.25mg/mL，达到了醉酒状态。经过侦查，张某涉嫌危险驾驶，公安分局决定对张某采取刑事强制措施。由于张某有县人大代表的身份，8月14日，公安分局向该县人大常委会发去关于提请批准对涉嫌危险驾驶罪的县人大代表张某采取刑事拘留强制措施的函。10月24日，县十六届人大常委会二十五次会议听取和审议了关于提请许可对县第十六届人大代表张某采取刑事拘留强制措施并暂停其执行代表职务的议案，并依法进行表决。常委会组成人员21名，实到会17名，表决结果：赞成8票，反对1票，弃权8票。因票数未过常委会组成人员的半数，该议案未获通过。11月27日，警方再次提出对张某采取刑事拘留强制措施的申请，该县人大常委会会议审议通过了再次提请的议案，许可公安分局对张某采取刑事拘留强制措施，并从当日起暂时停止其执行代表职务。

释解

宪法第五条第四款规定："一切国家机关和武装力量、各政党和各社会团体、各企业事业组织都必须遵守宪法和法律。一切违反宪法和法律的行为，必须予以追究。"在我国，任何组织或者个人都不得有超越宪法和法律的特权。从人大代表履职需要出发，我国相关法律赋予人大代表以特别的人身保障权，但法律保护的是人大代表的合法权益而不是违法行为。人大代表身份不能成为违法犯罪行为的"护身符"，本案的侦办体现了"一切违反宪法和法律的行为，必须予以追究"的宪法规定在司法实践中得到严格执行。

第二节　我国的基本政治经济制度

一、我国的基本政治制度

（一）人民民主专政

宪法所称的国家性质又称国体，是指国家的阶级本质，反映社会各阶级在国家中的地位，体现该国社会制度的根本属性。

我国宪法第一条第一款规定"中华人民共和国是工人阶级领导的、以工农联盟为基础的人民民主专政的社会主义国家"，即人民民主专政是我国的国体。这一国体需要从以下方面理解：

第一，工人阶级的领导是人民民主专政的根本标志。工人阶级的领导地位是由工人阶级的特点、优点和担负的伟大历史使命所决定的。工人阶级对国家的领导是通过自己的先锋队——中国共产党来实现的。

第二，人民民主专政包括对人民实行民主和对敌人实行专政两个方面。在人民内部实行民主是实现对敌人专政的前提和基础，而对敌人实行专政又是人民民主的有力保障，两者是辩证统一的关系。人民民主专政实质上就是无产阶级专政。

第三，共产党领导下的多党合作与爱国统一战线是中国人民民主专政的主要特色。爱国统一战线是指由中国共产党领导的，由各民主党派参加的，包括社会主义劳动者、社会主义事业的建设者、拥护社会主义的爱国者和拥护祖国统一的爱国者组成的广泛的政治联盟。目前我国爱国统一战线的任务是为社会主义现代化建设服务，为实现祖国统一大业服务，为维护世界和平服务。

（二）人民代表大会制度

人民代表大会制度是中国人民民主专政的政权组织形式（政体），是中国的根本政治制度。

1. 人民代表大会制度的主要内容

国家的一切权力属于人民。人民行使国家权力的机关是全国人大和地方各级人大。各级人大都由民主选举产生，对人民负责，受人民监督。人大及其常委会集体行使国家权力，集体决定问题，严格按照民主集中制的原则办事。国家行政机关、审判机关、检察机关都由人大产生，对它负责，向它报告工作，受它监督。全国人大是最高国家权力机关，地方各级人大是地方国家权力机关。全国人大和地方各级人大各自按照法律规定的职权，分别审议决定全国的和地方的大政方针。全国人大对地方人大不是领导关系，而是法律监督关系、选举指导关系和工作联系关系。

2. 人民代表大会制度的优越性

人民代表大会制度是适合我国国情的根本政治制度，它直接体现我国人民民主专政的国家性质，是建立我国其他国家管理制度的基础。它有利于保证国家权力体现人民的意志；它有利于保证中央和地方国家权力的统一；它有利于保证我国各民族的平等和团结。

总之，我国人民代表大会制度能够确保国家权力掌握在人民手中，符合人民当家作主的宗旨，适合我国的国情。

（三）中国共产党领导的多党合作和政治协商制度

中国共产党领导的多党合作和政治协商制度是中华人民共和国的一项基本的政治制度，是具有中国特色的政党制度。这种政党制度是由中国人民民主专政的国家性质决定的。

1. 多党合作制度的基本内容

中国共产党是执政党，各民主党派是参政党，中国共产党和各民主党派是亲密战友。中国共产党是执政党，其执政的实质是代表工人阶级及广大人民掌握人民民主专政的国家政权。各民主党派是参政党，具有法律规定的参政权。其参政的基本点是：参加国家政权，参与国家大政方针和国家领导人人选的协商，参与国家事务的管理，参与国家方针、政策、法律、法规的制定和执行。中国共产党和各民主党派合作的首要前提和根本保证是坚持中国共产党的领导和坚持四项基本原则。中国共产党与各民主党派合作的基本方针是“长期共存，互相监督，肝胆相照，荣辱与共”。中国共产党和各民主党派以宪法和法律为根本活动准则。

2. 多党合作的重要机构

中国人民政治协商会议，简称“人民政协”或“政协”，是中国共产党领导的多党合作和政治协商的重要机构，也是中国人民爱国统一战线组织。中国人民政治协商会议是在中国共产党领导下，由中国共产党、各个民主党派、无党派民主人士、人民团体、各少数民族和各界的代表，台湾同胞、港澳同胞和归国侨胞的代表，以及特别邀请的人士组成，具有广泛的社会基础。

人民政协的性质决定了它与国家机关的职能是不同的。人民政协围绕团结和民主两大主题履行政治协商、民主监督和参政议政的职能。

（四）民族区域自治制度

民族区域自治制度，是指在国家统一领导下，各少数民族聚居的地方实行区域自治，设立自治机关，行使自治权的制度。

1. 自治机关

民族自治地方按行政地位，分为自治区、自治州、自治县。自治区相当于省级行政单位，自治州是介于自治区与自治县之间的民族自治地方，自治县相当于县级行政单位。民族自治地方的自治机关是自治区、自治州、自治县的人大和人民政府。民族自治地方的自治机关实行人民代表大会制度。

2. 自治权

民族自治地方的自治权有以下几个方面：

（1）民族立法权。民族自治地方的人大有权依照当地的政治、经济和文化的特点，制定自治条例和单行条例。

（2）变通执行权。上级国家机关的决议、决定、命令和指标，如果不适合民族自治地方实际情况，自治机关可以报经上级国家机关批准，变通执行或者停止执行。

（3）财政经济自主权。凡是依照国家规定属于民族自治地方的财政收入，都应当由民族自治地方的自治机关自主安排使用。

（4）文化、语言文字自主权。民族自治地方的自治机关在执行公务的时候，依照本民族自治地方自治条例的规定，使用当地通用的一种或者几种语言文字。

（5）组织公安部队权。民族自治地方的自治机关依照国家的军事制度和当地的实际需要，经国务院批准，可以组织本地方维护社会治安的公安部队。

（6）少数民族干部具有任用优先权。

（五）基层群众自治制度

基层群众自治制度是指人民依法组成基层自治组织，行使民主权利，管理基层公共事务和公益事业，实行自我管理、自我服务、自我教育、自我监督的一项制度。

中国的基层群众自治制度，是在新中国成立后的民主实践中逐步形成的。党的十七大将“基层群众自治制度”首次写入党代会报告，正式与人民代表大会制度、中国共产党领导的多党合作和政治协商制度、民族区域自治制度一起，纳入了中国特色政治制度范畴。

我国的基层群众自治组织主要是居民委员会和村民委员会。

二、我国的基本经济制度

（一）所有制度

1. 我国的所有制结构概述

我国的所有制结构是公有制为主体、多种所有制经济共同发展。这是我国社会主义初级阶段的一项基本经济制度，它的确立是由我国的社会主义性质和初级阶段的国情决定的。我国是社会主义国家，必须坚持把公有制作为社会主义经济制度的基础。我国处在社会主义初级阶段，需要在公有制为主体的条件下发展多种所有制经济。一切符合“三个有利于”的所有制形式都可以而且应该用来为社会主义服务。我国社会主义建设正反两方面的经验都表明必须坚持以公有制为主体、多种所有制经济共同发展。

2. 公有制

（1）公有制的内容。公有制是生产资料归劳动者共同所有的所有经济结构形式，包括全民所有制和集体所有制。全民所有制经济即国有经济，是国民经济的主导力量。国家保障国有经济的巩固和发展。集体所有制经济是国民经济的基础力量。国家保护城乡集体经济组织的合法的权利和利益，鼓励、指导和帮助集体经济的发展。

（2）公有制的地位。公有制是我国所有制结构的主体，它的主体地位体现在：第一，就全国而言，公有资产在社会总资产中占优势；第二，国有经济控制国民经济的命脉，对经济发展起主导作用。国有经济的主导作用主要体现在控制力上，即体现在控制国民经济发展方向，控制经济运行的整体态势，控制重要稀缺资源的能力上。在关系国民经济的重要行业和关键领域，国有经济必须占支配地位。

（3）公有制的作用。生产资料公有制是社会主义的根本经济特征，是社会主义经济制度的基础，是国家引导、推动经济和社会发展的基本力量，是实现最广大人民群众根本利益和共同富裕的重要保证。坚持公有制为主体，国有经济控制国民经济命脉，对发挥社会主义制度的优越性，增强我国的经济实力、国防实力和民族凝聚力，提高我国国际地位，具有关键性作用。

3. 非公有制

非公有制经济是我国现阶段除了公有制经济形式以外的所有经济结构形式，主要包括个体经济、私营经济、外资经济等。

（1）个体经济，是由劳动者个人或家庭占有生产资料，从事个体劳动和经营的所有制形式。它是以劳动者自己劳动为基础，劳动成果直接归劳动者所有和支配。

（2）私营经济，是以生产资料私有和雇佣劳动为基础，以取得利润为目的的所有制形式。

（3）外资经济，是我国发展对外经济关系，吸引外资建立起来的所有制形式。

它包括中外合资经营企业、中外合作经营企业中的境外资本部分，以及外商独资企业。

非公有制经济是我国社会主义市场经济的重要组成部分，国家保护个体经济、私营经济等非公有制经济的合法权利和利益，鼓励、支持和引导非公有制经济的发展，并对非公有制经济依法实行监督和管理。

（二）分配制度

我国现行的分配制度是以按劳分配为主体、多种分配方式并存的分配制度。这种分配制度是由我国社会主义初级阶段的生产资料所有制结构、生产力的发展水平，以及人们劳动差别的存在决定的，同时也是发展社会主义市场经济的客观要求。

按劳分配的主体地位表现在：(1) 全社会范围的收入分配中，按劳分配占最大比重，起主要作用；(2) 公有制经济范围内劳动者总收入中，按劳分配收入是最主要的收入来源。除了按劳分配以外，其他分配方式主要还包括按经营成果分配；按劳动、资本、技术、土地等其他生产要素分配。

第三节　公民的基本权利和义务

一、公民的基本权利

公民的基本权利是由一国的宪法规定的公民享有的，主要的、必不可少的权利，故有些国家又把公民的基本权利称为宪法权。

（一）平等权

宪法第三十三条第二款规定："中华人民共和国公民在法律面前一律平等。"这既是我国社会主义法治的一项重要原则，也是我国公民的一项基本权利。其含义有以下几点：第一，我国公民不分民族、种族、性别、职业、家庭出身、宗教信仰、教育程度、财产状况、居住期限，一律平等地享有宪法和法律规定的权利并平等地承担相应的义务；第二，国家机关对公民平等权利进行保护，对公民履行义务平等进行约束；第三，所有公民在适用法律上一律平等，不允许任何组织和个人有超越宪法和法律之上的特权；第四，法律面前一律平等还包括民族平等和男女平等。

（二）政治权利和自由

1. 选举权与被选举权

宪法第三十四条规定："中华人民共和国年满十八周岁的公民，不分民族、种族、性别、职业、家庭出身、宗教信仰、教育程度、财产状况、居住期限，都有选举权和被选举权；但是依照法律被剥夺政治权利的人除外。"选举权与被选举权包含以下内容：公民有权按照自己的意愿选举人民代表；公民有被选举为人民代表的权利；

公民有依照法定程序罢免那些不称职的人民代表的权利。

选举权和被选举权是公民参加国家管理的一项最基本的政治权利，也是最能体现人民群众当家作主的一项权利。

2. 言论、出版、集会、结社、游行、示威的自由

宪法第三十五条规定："中华人民共和国公民有言论、出版、集会、结社、游行、示威的自由。"言论自由就是宪法规定公民通过口头或书面形式表达自己意见的自由。出版自由是公民以出版物形式表达其思想和见解的自由。集会自由是指公民享有宪法赋予的聚集在一定场所商讨问题或表达意愿的自由。结社自由是公民为一定宗旨，依照法定程序组织或参加具有连续性的社会团体的自由。游行自由是指公民采取列队行进的方式来表达意愿的自由。示威自由是指通过集会或游行、静坐等方式表达强烈意愿的自由。

我国宪法一方面保障公民享有集会、游行、示威等自由，另一方面也规定了公民应当遵守有关的法律规定。

（三）宗教信仰自由

宪法第三十六条第一款规定："中华人民共和国公民有宗教信仰自由。"尊重和保护宗教信仰自由，是我们党和国家长期的基本政策。

（四）人身自由

宪法第三十七条规定："中华人民共和国公民的人身自由不受侵犯。任何公民，非经人民检察院批准或者决定或者人民法院决定，并由公安机关执行，不受逮捕。禁止非法拘禁和以其他方法非法剥夺或者限制公民的人身自由，禁止非法搜查公民的身体。"

人身自由有广义、狭义之分。狭义的人身自由是指公民的身体自由不受侵犯。广义的人身自由还包括公民的人格尊严不受侵犯、公民的住宅不受侵犯、公民的通信自由和通信秘密受法律保护。

人身自由不受侵犯，是公民最起码、最基本的权利，是公民参加各种社会活动和享受其他权利的先决条件。

（五）监督权

监督权是指宪法赋予公民监督国家机关及其工作人员的活动的权利，包括：

批评权。公民有对国家机关和国家工作人员工作中的缺点和错误提出批评意见的权利。

建议权。公民有对国家机关和国家工作人员的工作提出合理化建议的权利。

控告权。公民对任何国家机关和国家工作人员的违法失职行为有向有关机关进行揭发和指控的权利。

检举权。公民对于违法失职的国家机关和国家工作人员，有向有关机关揭发事

实，请求依法处理的权利。

申诉权。公民的合法权益因行政机关或司法机关作出的错误的、违法的决定或裁判，或者因国家工作人员的违法失职行为而受到侵害时，有向有关机关申诉理由、要求重新处理的权利。

（六）社会经济权利

劳动权。劳动权是指有劳动能力的公民有获得工作并取得相应报酬的权利。

休息权。休息权是为保护劳动者的身体健康和提高劳动效率而休息的权利。

退休人员生活保障权。退休人员生活保障权是指退休人员的生活受到国家和社会保障的权利。

获得物质帮助权。获得物质帮助权是指公民在年老、疾病或者丧失劳动能力的情况下，有从国家和社会获得物质帮助的权利。

（七）文化教育权利

公民有受教育的权利。公民享有从国家接受文化教育的机会和获得受教育的物质帮助的权利。

公民有进行科研、文艺创作和其他文化活动的自由。我国宪法规定，公民有进行科学研究、文学艺术创作和其他文化活动的自由。国家对于从事教育、科学、技术、文学、艺术和其他文化事业的公民的有益于人民的创造性工作，给以鼓励和帮助。

（八）对社会特定人的权利的保护

国家保护妇女的权利和利益。宪法第四十八条规定：“中华人民共和国妇女在政治的、经济的、文化的、社会的和家庭的生活等各方面享有同男子平等的权利。国家保护妇女的权利和利益，实行男女同工同酬，培养和选拔妇女干部。”

婚姻、家庭、老人和儿童受国家的保护。宪法第四十九条规定，婚姻、家庭、母亲和儿童受国家的保护；禁止破坏婚姻自由，禁止虐待老人、妇女和儿童。

国家保护华侨、归侨和侨眷的权利和利益。宪法第五十条规定：“中华人民共和国保护华侨的正当的权利和利益，保护归侨和侨眷的合法的权利和利益。”

二、公民的基本义务

宪法规定的公民基本义务包括：

第一，维护国家统一和各民族团结的义务。宪法第五十二条规定：“中华人民共和国公民有维护国家统一和全国各民族团结的义务。”

第二，遵纪守法和尊重社会公德的义务。宪法第五十三条规定：“中华人民共和国公民必须遵守宪法和法律，保守国家秘密，爱护公共财产，遵守劳动纪律，遵守公共秩序，尊重社会公德。”

第三，维护祖国的安全、荣誉和利益的义务。宪法第五十四条规定：“中华人民共和国公民有维护祖国的安全、荣誉和利益的义务，不得有危害祖国的安全、荣誉和利益的行为。”

第四，保卫祖国，依法服兵役和参加民兵组织。宪法第五十五条规定：“保卫祖国，抵抗侵略是中华人民共和国每一个公民的神圣职责。依照法律服兵役和参加民兵组织是中华人民共和国公民的光荣义务。”

第五，依法纳税的义务。宪法第五十六条规定：“中华人民共和国公民有依照法律纳税的义务。”

第六，其他义务。宪法规定的公民基本义务还包括：劳动的义务、受教育的义务、夫妻双方有实行计划生育的义务、父母有抚养教育未成年子女的义务以及成年子女有赡养扶助父母的义务等。

第四节 国家机构的设置及功能

一、国家机构的概述

国家机构是国家为了实现其职能而建立起来的国家机关的总和。我国国家机构由权力机关、行政机关、军事机关、审判机关、检察机关组成。我国国家机构的组织和活动有五大原则：一是民主集中制原则；二是联系群众，为人民服务原则；三是社会主义法治原则；四是责任制原则；五是精简和效率原则。

二、权力机关

（一）全国人大及其常委会

1. 全国人大

全国人大是全国最高的权力机关、立法机关，不只是在权力机关中的地位最高，而且在所有的国家机关中地位最高。全国人大由省、自治区、直辖市、特别行政区和军队选出的代表组成。各少数民族都应当有适当名额的代表。全国人大每届任期五年。

全国人大的主要职权：

立法权。修改宪法，制定和修改刑事、民事、国家机构的和其他的基本法律。

任免权。选举、决定和任免最高国家机关领导人和有关组成人员。

决定权。决定国家重大事务。

监督权。监督宪法和法律的实施，监督最高国家机关的工作。

2. 全国人大常委会

全国人大常委会是全国人大的常设机关，是最高国家权力机关的组成部分，在全国人大闭会期间，行使最高国家权力。全国人大常委会对全国人大负责并报告工作。全国人大选举并有权罢免全国人大常委会的组成人员。全国人大常委会每届任期同全国人大每届任期相同，它行使职权到下届全国人大选出新的常委会为止。

（二）地方各级人大及人大常委会

地方各级人大是地方权力机关。省、自治区、直辖市、县、市、市辖区、乡、民族乡、镇设立人大。县级以上的地方各级人大设立常委会，作为本级人大的常设机关。县级以上地方各级人大及其常委会委员每届任期五年。

（三）民族自治地方各级人大及人大常委会

民族自治地方的权力机关是自治区、自治州、自治县的人民代表大会。

民族自治地方的人民代表大会有权依照当地民族的政治、经济和文化的特点，制定自治条例和单行条例。自治区的自治条例和单行条例，报全国人民代表大会常务委员会批准后生效。自治州、自治县的自治条例和单行条例，报省或者自治区的人民代表大会常务委员会批准后生效，并报全国人民代表大会常务委员会备案。

三、国家主席

国家主席是我国国家机构体系中的一个国家机关，和全国人大常委会结合起来行使国家职权，对外代表中华人民共和国。

国家主席、副主席，由全国人大选举产生，任期是五年，连续任期不得超过两届。

国家主席根据全国人民代表大会的决定和全国人民代表大会常务委员会的决定，公布法律，任免国务院总理、副总理、国务委员、各部部长、各委员会主任、审计长、秘书长，授予国家的勋章和荣誉称号，发布特赦令，宣布进入紧急状态，宣布战争状态，发布动员令。

国家主席代表中华人民共和国进行国事活动，接受外国使节；根据全国人民代表大会常务委员会的决定，派遣和召回驻外全权代表，批准和废除同外国缔结的条约和重要协定。

四、行政机关

（一）国务院

国务院即中央人民政府，是国家最高行政机关，是国家最高权力机关的执行机关，统一领导全国各级行政机关的工作。

国务院由总理、副总理、国务委员、各部部长、各委员会主任、审计长、秘书长组成，国务院组成人员的任期为五年，总理、副总理、国务委员的连续任期不得超过两届。

国务院向全国人大及其常委会负责并报告工作，总理领导国务院的工作，副总理、国务委员协助总理工作。

国务院行使以下职权：第一，根据宪法和法律，规定行政措施，制定行政法规，发布决定和命令；第二，向全国人民代表大会或者全国人民代表大会常务委员会提出议案；第三，规定各部和各委员会的任务和职责，统一领导各部和各委员会的工作，并且领导不属于各部和各委员会的全国性的行政工作；第四，统一领导全国地方各级国家行政机关的工作，规定中央和省、自治区、直辖市的国家行政机关的职权的具体划分；第五，编制和执行国民经济和社会发展计划和国家预算；第六，领导和管理经济工作和城乡建设；第七，领导和管理教育、科学、文化、卫生、体育和计划生育工作；第八，领导和管理民政、公安、司法行政和监察等工作；第九，管理对外事务，同外国缔结条约和协定；第十，领导和管理国防建设事业；第十一，领导和管理民族事务，保障少数民族的平等权利和民族自治地方的自治权利；第十二，保护华侨的正当的权利和利益，保护归侨和侨眷的合法的权利和利益；第十三，改变或者撤销各部、各委员会发布的不适当的命令、指示和规章；第十四，改变或者撤销地方各级国家行政机关的不适当的决定和命令；第十五，批准省、自治区、直辖市的区域划分，批准自治州、县、自治县、市的建置和区域划分；第十六，依照法律规定决定省、自治区、直辖市的范围内部分地区进入紧急状态；第十七，审定行政机构的编制，依照法律规定任免、培训、考核和奖惩行政人员；第十八，全国人民代表大会和全国人民代表大会常务委员会授予的其他职权。

（二）地方各级人民政府

地方各级人民政府是地方国家行政机关，也是地方各级人大的执行机关。地方各级人民政府对本级人大和上一级国家行政机关负责并报告工作。县级以上的地方各级人民政府在本级人大闭会期间，对本级人大常委会负责并报告工作。地方各级人民政府都受国务院统一领导，负责组织和管理本行政区域的各项行政事务。

（三）民族自治地方各级人民政府

民族自治地方的行政机关是自治区、自治州、自治县的人民政府。民族自治地方各级人民政府行使宪法规定的地方各级人民政府的职权，同时依照宪法、民族区域自治法和其他法律规定的权限行使自治权，根据本地方实际情况贯彻执行国家的法律、政策。

五、军事机关

中央军委是中国共产党领导下的最高军事领导机关，统率全国武装力量（解放军、武装警察部队、民兵、预备役）。

中央军委由主席、副主席、委员组成，实行主席负责制。主席由全国人大选举产生，副主席和委员根据主席的提名由大会决定，大会闭会期间由人大常委会决定。中央军委的委员每届任期五年，主席和副主席可以终身任职。

中央军委实行主席负责制，军委主席直接对全国人大及其常委会负责。

六、审判机关

人民法院是国家的审判机关，依法独立行使审判权，不受行政机关、团体和个人的非法干预。人民法院体系由最高人民法院、地方人民法院（高级人民法院、中级人民法院、基层人民法院）、专门人民法院（军事法院、海事法院、铁路运输法院）构成。

最高人民法院是国家最高的审判机关，地方人民法院是地方的审判机关，专门人民法院是专门审判机关。最高人民法院监督地方各级人民法院和专门人民法院的审判工作，上级人民法院监督下级人民法院的审判工作。

最高人民法院对全国人大和全国人大常委会负责。地方各级人民法院对产生它的国家权力机关负责。

最高人民法院由院长、副院长、庭长、副庭长、审判员等若干人组成。最高人民法院的院长由全国人大选举产生，任期五年，连任不得超过两届。

七、检察机关

人民检察院是国家的法律监督机关，依法独立行使检察权，不受行政机关、社会团体和个人的干涉。

人民检察院体系由最高人民检察院、地方人民检察院和专门人民检察院构成。

最高人民检察院是最高法律监督机关，领导地方各级人民检察院和专门人民检察院的工作，上级人民检察院领导下级人民检察院的工作。

最高人民检察院对全国人大及其常委会负责。地方各级人民检察院对产生它的国家权力机关和上级人民检察院负责。

全国人大选举产生最高人民检察院检察长；根据最高人民检察院检察长的提请，全国人大常委会任免最高人民检察院副检察长、检察员、检察委员会委员和军事检察院检察长，并且批准省、自治区、直辖市的人民检察院检察长的任免。

第五节　国家宪法日和宪法宣誓制度

一、国家宪法日

（一）国家宪法日的设立

党的十八届四中全会通过的《中共中央关于全面推进依法治国若干重大问题的决定》提出，将每年12月4日定为国家宪法日。2014年11月1日，十二届全国人大常委会十一次会议通过的《全国人民代表大会常务委员会关于设立国家宪法日的决定》，正式将12月4日设立为国家宪法日；决定在宪法日，国家通过多种形式开展宪法宣传教育活动。

（二）国家宪法日的设立目的及意义

宪法是国家的根本法，是治国安邦的总章程，具有最高的法律地位、法律权威和法律效力。全面贯彻实施宪法，是全面推进依法治国、建设社会主义法治国家的首要任务和基础性工作。全国各族人民、一切国家机关和武装力量、各政党和各社会团体、各企业事业组织，都必须以宪法为根本的活动准则，并且负有维护宪法尊严、保证宪法实施的职责。任何组织或者个人都不得有超越宪法和法律的特权，一切违反宪法和法律的行为都必须予以追究。国家宪法日设立的目的，是为了增强全社会的宪法意识，弘扬宪法精神，加强宪法实施，全面推进依法治国。设立国家宪法日，有助于树立宪法权威，维护宪法尊严；有助于普及宪法知识，增强全社会宪法意识，弘扬宪法精神；有助于扩大宪法实施的群众基础，加强宪法实施的良好氛围，弘扬中华民族的宪法文化。

二、宪法宣誓制度

（一）宪法宣誓制度的确立及意义

2015年7月1日，十二届全国人大常委会十五次会议通过了《全国人民代表大会常务委员会关于实行宪法宣誓制度的决定》，以国家立法形式确立了我国的宪法宣誓制度，该决定自2016年1月1日起施行。决定指出：宪法是国家的根本法，是治国安邦的总章程，具有最高的法律地位、法律权威和法律效力。国家工作人员必须树立宪法意识，恪守宪法原则，弘扬宪法精神，履行宪法使命。宪法宣誓制度的确立及实行，具有非常重要的意义。

实行宪法宣誓制度有利于树立宪法权威；有利于增强国家工作人员的宪法观念，激励和教育国家工作人员忠于宪法、遵守宪法、维护宪法。宪法宣誓仪式是庄严神圣的，宣誓人员通过感受宪法的神圣，铭记自己的权力来源于人民、来源于宪法，在履行职务时就可以严格按照宪法的授权行使职权，发现违反宪法的行为就能够坚决地捍卫宪法、维护宪法。实行宪法宣誓制度也有利于在全社会增强宪法意识。通过宪法宣誓活动，可以强化全体公民对宪法最高法律效力、最高法律权威、最高法律地位的认识，可以提高全体社会成员自觉遵守宪法，按照宪法规定行使权利和履行义务的能力。

（二）宪法宣誓制度的适用主体

根据《全国人民代表大会常务委员会关于实行宪法宣誓制度的决定》的规定，宪法宣誓制度的适用主体主要有：各级人大及县级以上各级人大常委会选举或者决定任命的国家工作人员，以及各级人民政府、人民法院、人民检察院任命的国家工作人员。

全国人大选举或者决定任命的国家主席、副主席，全国人大常委会委员长、副委员长、秘书长、委员，国务院总理、副总理、国务委员、各部部长、各委员会主任、中国人民银行行长、审计长、秘书长，中央军委主席、副主席、委员，最高人民法院院长，最高人民检察院检察长，以及全国人大专门委员会主任委员、副主任委员、委员等，在依照法定程序产生后，进行宪法宣誓。在全国人大闭会期间，全国人大常委会任命或者决定任命的全国人大专门委员会个别副主任委员、委员，国务院部长、委员会主任、中国人民银行行长、审计长、秘书长，中央军委副主席、委员，在依照法定程序产生后，进行宪法宣誓。全国人大常委会任命的全国人大常委会副秘书长，全国人大常委会工作委员会主任、副主任、委员，全国人大常委会代表资格审查委员会主任委员、副主任委员、委员等，在依照法定程序产生后，进行宪法宣誓。以上宣誓仪式由全国人大常委会委员长会议组织。

全国人大常委会任命或者决定任命的最高人民法院副院长、审判委员会委员、庭长、副庭长、审判员和军事法院院长，最高人民检察院副检察长、检察委员会委员、检察员和军事检察院检察长，国家驻外全权代表，在依照法定程序产生后，进行宪法宣誓。宣誓仪式由最高人民法院、最高人民检察院、外交部分别组织。

国务院及其各部门、最高人民法院、最高人民检察院任命的国家工作人员，在就职时进行宪法宣誓。宣誓仪式由任命机关组织。

地方各级人大及县级以上地方各级人大常委员会选举或者决定任命的国家工作人员，以及地方各级人民政府、人民法院、人民检察院任命的国家工作人员，在依照法定程序产生后，进行宪法宣誓。宣誓的具体组织办法由省、自治区、直辖市人民代表大会常务委员会参照《全国人民代表大会常务委员会关于实行宪法宣誓制度的决定》制定，报全国人民代表大会常务委员会备案。

（三）宪法宣誓誓词内容

根据《全国人民代表大会常务委员会关于实行宪法宣誓制度的决定》的规定，宪法宣誓誓词为："我宣誓：忠于中华人民共和国宪法，维护宪法权威，履行法定职责，忠于祖国、忠于人民，恪尽职守、廉洁奉公，接受人民监督，为建设富强、民主、文明、和谐的社会主义国家努力奋斗！"

（四）宪法宣誓形式

根据决定的规定，宪法宣誓仪式根据情况，可以采取单独宣誓或者集体宣誓的形式。单独宣誓时，宣誓人应当左手抚按《中华人民共和国宪法》，右手举拳，诵读誓词。集体宣誓时，由一人领誓，领誓人左手抚按《中华人民共和国宪法》，右手举拳，领诵誓词；其他宣誓人整齐排列，右手举拳，跟诵誓词。宣誓场所应当庄重、严肃，悬挂中华人民共和国国旗或者国徽。负责组织宣誓仪式的机关，可以根据决定并结合实际情况，对宣誓的具体事项作出规定。

第三章

我国行政法律制度

导读

依法行政是依法治国基本方略的重要组成部分，对建设法治中国具有重大意义。依法行政，是政府行政权运行的基本原则，它要求行政机关行使行政权力必须要有法律授权，强调有权有责，用权受监督，损害须赔偿，违法须纠正。

行政法是关于行政权授予、行政权的行使，以及对行政权的授予、行使进行监督的法律规范的总和。主要包括三方面的内容。一是行政组织法，即关于行政权的授予和组织行政机关的法律。由行政组织法、行政编制法和公务员法等法律组成。二是行政行为法，即关于行政权行使的法律，由行政许可、行政处罚、行政收费、行政强制、行政征收、行政裁决等法律组成。这部分的行政法律制度具有普遍适用性，与各级政府及各个部门都有关。此外，还有按行政管理事项划分的涉及行政权行使的法律，称为部门行政法，如公安、环保、税务等。三是行政监督法，即对行政机关的组织、行政权的行使进行监督的法律。由行政监察法、审计法、行政复议法、行政诉讼法、行政赔偿法等组成。

第一节　我国依法行政的发展历程

1978年党的十一届三中全会的召开，为我国的民主法制建设指明了前进的方向，奠定了坚实的思想基础，为发扬社会主义民主、健全社会主义法制提供了强有力的政治保障。1979年，包括国家机构、刑事、民事在内的一批规范国家政治、经济、文化和社会生活的法律相继出台，为在国家和社会事务管理方面实现有法可依、有法必依、执法必严、违法必究打下了基础。

1982年，现行宪法颁布，对国家机构及其相互关系和职责权限、公民的权利义务等，作出了许多新的重要规定。该部宪法第五条明确规定："国家维护社会主义法制的统一和尊严。一切法律、行政法规和地方性法规都不得同宪法相抵触。一切国家机关和武装力量、各政党和各社会团体、各企业事业组织都必须遵守宪法和法律。一切违反宪法和法律的行为，必须予以追究。任何组织或者个人都不得有超越宪法和法律的特权。"这是依法行政的重要宪法依据。在此期间，国务院组织法和地方组织法的出台，也从制度建设上进一步推动了依法行政的进程。

1984年全国人大六届三次会议上，彭真同志明确提出，国家管理要从依靠政策办事逐步过渡到不仅仅依靠政策还要建立、健全法制，依法办事。随着经济体制改革的不断深入，民主法制观念的逐步加强，1989年4月行政诉讼法颁布。这是我国行政立法指导思想和价值取向的一次重大转变，标志着我国从注重行政权力的确立与维护，开始转向对行政权力的监督与制约，对公民权利的具体确认与保护。这是通过实践"民"告"官"的诉讼程序来促进行政机关依法行政的一项重大举措。

1992年党的十四大正式确立了社会主义市场经济体制，加快依法行政步伐，已成为时代和社会发展的客观要求。1993年八届全国人大一次会议通过的《政府工作报告》明确提出："各级政府都要依法行政，严格依法办事。一切公务人员都要带头学法、懂法，做执法守法的模范。"这是我国第一次以政府文件的形式正式明确提出依法行政的原则。1997年9月，党的十五大正式确立了依法治国、建设社会主义法治国家的基本方略，依法行政的进程从此开始全面提速。

2002年11月，召开的党的十六大，把发展社会主义民主政治，建设社会主义政治文明，作为全面建设小康社会的重要目标之一，明确提出加强对执法活动的监督，推进依法行政。2007年10月，召开的党的十七大，从全面落实依法治国基本方略，加快建设社会主义法治国家的高度，就推行依法行政、加快行政管理体制改革，建设服务型政府，完善制约机制，健全组织法制和程序规则，保证国家机关按照法定权限和程序行使权力、履行职责等提出具体要求。

在此期间，国家公务员暂行条例（1993）、国家赔偿法（1994）、行政处罚法（1996）、行政监察法（1997）、行政复议法（1999）、立法法（2000）、政府采购法（2002）、行政许可法（2003）、公务员法（2005）、行政强制法（2011）等陆续出台，依法行政的体制机制不断健全、依法行政的法律制度日渐完备。

与此同时，1999年11月国务院发布了《关于全面推进依法行政的决定》，对依法行政提出了具体要求。2004年3月国务院颁发了《全面推进依法行政实施纲要》，对全国依法行政的现状进行了深刻总结，对进一步深入推进依法行政提出了全面要求，并第一次明确提出经过十年左右坚持不懈的努力，基本实现建设法治政府的工作目标。

鉴于依法行政的重点难点在市县两级，2008年5月国务院还进一步作出了《关于加强市县政府依法行政的决定》，就扎实推进市县政府依法行政提出工作要求。2012年11月，党的十八大明确要求，推进依法行政，切实做到严格规范公正文明执法。2013年11月，党的十八届三中全会进一步明确提出，建设法治中国，必须坚持依法治国、依法执政、依法行政共同推进，坚持法治国家、法治政府、法治社会一体建设。依法行政被纳入法治中国建设进程中统一部署、整体推进。2014年11月，党的十八届四中全会就深入推进依法行政，加快建设法治政府作出总体部署，要求各级政府必须坚持在党的领导下、在法治轨道上开展工作，加快建设职能科学、权责法定、执法严明、公开公正、廉洁高效、守法诚信的法治政府。

第二节　行政组织法

行政组织法是规范行政机关的职能、组织、编制的法律制度。我国宪法明确规定，中华人民共和国的一切权力属于人民。人民行使国家权力的机关是全国人大和地方各级人大。国家的行政机关是权力机关的执行机关。因此从根本上讲，行政机关行使的行政权力是权力机关通过法律授予的。正因为如此，行政机关必须遵循职权法定原则，不能法外行权。行政组织法中就是规范有关行政组织的性质、地位、职权、职能等方面的法律总称。

行政组织是行政权力的载体，行政组织法通过对行政机关的机构设置、编制与职数、活动方式，以及行政机关的设立、变更和撤销程序等的规定，进而对行政权力行使进行制约，以避免主观随意性。在这方面，我国的国务院组织法和地方组织法，对规范国务院和地方政府的机构设置与职权行使，起到了重要作用。

一、国务院组织法

1982年制定的国务院组织法，是根据宪法中有关国务院的规定内容，对国务院的组成、组织原则、职权行使、会议制度、部委设置等均作出了明确规定。

根据国务院组织法的规定，国务院由总理、副总理、国务委员、各部部长、各委员会主任、审计长、秘书长组成；国务院实行总理负责制，总理领导国务院的工作，副总理、国务委员协助总理工作；国务院行使宪法第八十九条规定的职权；国务院会议分为国务院全体会议和国务院常务会议。国务院全体会议由国务院全体成员组成。国务院常务会议由总理、副总理、国务委员、秘书长组成。国务院工作中的重大问题，必须经国务院常务会议或者国务院全体会议讨论决定；国务院秘书长在总理领导下，负责处理国务院的日常工作；国务院各部、各委员会的设立、撤销或者合并，经总理提出，由全国人大决定；在全国人大闭会期间，由全国人大常委会决定；国务院各部、各委员会实行部长、主任负责制。各部部长、各委员会主任领导本部门的工作，召集和主持部务会议或者委员会会议、委务会议，签署上报国务院的重要请示、报告和下达的命令、指示。各部、各委员会工作中的方针、政策、计划和重大行政措施，应向国务院请示报告，由国务院决定。根据法律和国务院的决定，主管部、委员会可以在本部门的权限内发布命令、指示和规章。

二、地方组织法

《地方各级人民代表大会和地方各级人民政府组织法》于1979年通过，并于2015年作了最新修正。它具体规定了地方各级人民政府的性质、组成、任期、职权、组织原则、会议制度、机构设置等，为规范和制约地方各级政府的行政权力的行使提供了基本的法律依据。

根据地方组织法的规定，地方各级人民政府是地方各级人大的执行机关，是地方各级国家行政机关，对本级人大和上一级国家行政机关负责并报告工作。地方各级人民政府都是国务院统一领导下的国家行政机关，都服从国务院。省、自治区、直辖市、自治州、设区的市的人民政府分别由省长、副省长，自治区主席、副主席，市长、副市长，州长、副州长和秘书长、厅长、局长、委员会主任等组成。县、自治县、不设区的市、市辖区的人民政府分别由县长、副县长，市长、副市长，区长、副区长和局长、科长等组成。乡、民族乡的人民政府设乡长、副乡长。民族乡的乡长由建立民族乡的少数民族公民担任。镇人民政府设镇长、副镇长。地方各级人民政府每届任期五年。

此外，这部法律还具体规定了地方各级人民政府的职权、组织原则、会议制度、内设机构、管理体制等。

尽管我国法律对行政部门的设置、行政权力的行使有着相应的法律规范和制约，但多年来的实践同时也证明，行政机关职权不清、相互交叉冲突，政府职能转变不能适应市场经济的需要，机构臃肿，人浮于事等问题始终存在并难以解决。由于已有的行政组织法还不能完全起到应有的规范和制约作用，以致有时还不得不辅之以相应的机构改革。正因为如此，1997年党的十五大就曾明确提出，深化行政体制改革，实现国家机构组织、职能、编制、工作程序的法定化。2013年党的十八届三中全会进一步明确提出，转变政府职能必须深化机构改革。优化政府机构设置、职能配置、工作流程，完善决策权、执行权、监督权既相互制约又相互协调的行政运行机制。为此，切实按照党中央的要求，进一步完善行政组织法成为当前完善行政法律制度面临的一项重要任务。

三、公务员法

这部法律制定于2005年，具体规定了公务员的入职条件、权利义务、职务级别，录用考核、职务任免、职务升降、奖励惩戒与培训、交流与回避、工资福利保险、辞职辞退与退休、申诉控告、职位聘任及法律责任。这部法律的制定和实施，为规范公职人员的组织管理和职务履行提供了基本的法律遵循。

根据该法的规定，公务员职务分为领导职务和非领导职务。领导职务层次分为：国家级正职、国家级副职、省部级正职、省部级副职、厅局级正职、厅局级副职、县处级正职、县处级副职、乡科级正职、乡科级副职。非领导职务层次在厅局级以下设置。综合管理类的非领导职务分为：巡视员、副巡视员、调研员、副调研员、主任科员、副主任科员、科员、办事员。各机关依照确定的职能、规格、编制限额、职数以及结构比例，设置本机关公务员的具体职位，并确定各职位的工作职责和任职资格条件以及考核、奖惩、专门纪律要求、回避、辞职、辞退、退休、申诉控告等内容。

第三节　行政行为法

行政行为一般是指行政机关依法行使权力，管理公共事务，直接或间接产生法律后果的行为。各行政机关共同性的行政行为，可分为行政立法行为和行政执法行为。其中，行政立法行为主要是指国务院制定行政法规、国务院各部委制定部委规章，各省、自治区、直辖市政府、省会市和经国务院批准的较大市政府和设区的市制定地方规章的行为。行政执法行为，又称具体行政行为，是指行政机关行使行政权力，对特定的公民、法人和其他组织作出的有关其权利义务的单方行为。具体行政行为的表现形式包括：行政命令、行政征收、行政许可、行政确认、行政监督检查、行政处罚、行政强制、行政给付、行政奖励、行政裁决、行政赔偿等。随着推进依法治国、建设法治政府的需要，我国陆续出台了一系列行政行为法，适用频率高的有行政许可法、行政处罚法和行政强制法。

一、行政许可法

行政许可是指行政机关根据公民、法人或者其他组织的申请，经依法审查，准予其从事特定活动的行为。2003年颁布实施的行政许可法，对行政许可的实施机关、行政许可的实施程序、申请与受理、审查与决定、期限、听证、变更与延续，以及行政许可的费用和监督检查等作出了具体规定。实践证明，这部法律的颁布实施，对规范行政许可的设定和实施，保护公民、法人和其他组织的合法权益，维护公共利益和社会秩序，保障和监督行政机关有效实施行政管理，提供了重要的法律保障。这部法律具体规定的内容主要包括：

（一）行政许可的设定范围

设定行政许可的应当属于直接涉及国家安全、公共安全、经济宏观调控、生态环境保护以及直接关系人身健康、生命财产安全等特定活动，需要按照法定条件予以批准的事项；有限自然资源开发利用、公共资源配置以及直接关系公共利益的特定行业的市场准入等，需要赋予特定权利的事项；提供公众服务并且直接关系公共利益的职业、行业，需要确定具备特殊信誉、特殊条件或者特殊技能等资格、资质的事项；直接关系公共安全、人身健康、生命财产安全的重要设备、设施、产品、物品，需要按照技术标准、技术规范，通过检验、检测、检疫等方式进行审定的事项；企业或者其他组织的设立等，需要确定主体资格的事项；法律、行政法规规定可以设定行政许可的其他事项。但上述事项如果属于公民、法人或者其他组织能够自主决定的；市场竞争机制能够有效调节的；行业组织或者中介机构能够自律管理的；行政机关采用事后监督等其他行政管理方式能够解决的，便可以不设行政许可。该法同时还明确规定，法规、规章对实施上位法设定的行政许可作出的具体规定，不得增设行政许可；对行政许可条件作出的具体规定，不得增设违反上位法的其他条件。

（二）行政许可的实施机关

行政许可的实施机关主要包括有权行政机关、具有管理公共事务职能的组织和受委托的其他行政机关。该法明确规定，行政许可由具有行政许可权的行政机关在其法定职权范围内实施。法律、法规授权的具有管理公共事务职能的组织，在法定授权范围内，以自己的名义实施行政许可。被授权的组织适用行政许可法有关行政机关的规定。行政机关在其法定职权范围内，依照法律、法规、规章的规定，可以委托其他行政机关实施行政许可。委托机关应当将受委托行政机关和受委托实施行政许可的内容予以公告。委托行政机关对受委托行政机关实施行政许可的行为应当负责监督，并对该行为的后果承担法律责任。

（三）行政许可的实施程序

公民、法人或者其他组织从事特定活动，依法需要取得行政许可的，应当向行政机关提出申请。申请人申请行政许可，应当如实向行政机关提交有关材料和反映真实情况，并对其申请材料实质内容的真实性负责。申请人提交的申请材料齐全、符合法定形式，行政机关能够当场作出决定的，应当当场作出书面的行政许可决定。根据法定条件和程序，需要对申请材料的实质内容进行核实的，行政机关应当指派两名以上工作人员进行核查。

（四）行政许可的期限

除可以当场作出行政许可决定的外，行政机关应当自受理行政许可申请之日起二十日内作出行政许可决定。二十日内不能作出决定的，经本行政机关负责人批准，可以延长十日，并应当将延长期限的理由告知申请人。

（五）法律责任

行政机关违法实施行政许可，给当事人的合法权益造成损害的，应当依照国家赔偿法的规定给予赔偿。被许可人存在涂改、倒卖、出租、出借行政许可证件，或者以其他形式非法转让行政许可的；超越行政许可范围进行活动的；向负责监督检查的行政机关隐瞒有关情况、提供虚假材料或者拒绝提供反映其活动情况的真实材料的；法律、法规、规章规定的其他违法行为的，行政机关应当依法给予行政处罚。构成犯罪的，依法追究刑事责任。

二、行政处罚法

行政处罚是行政机关对违反行政管理秩序的公民、法人和其他组织依法予以制裁的法律制度。我国1996年颁布实施的行政处罚法对行政处罚的种类和设定、实施机关、管辖和适用，以及行政处罚的程序、执行及法律责任进行了明确规定，为规范行政处罚的设定和实施，保障和监督行政机关有效实施行政管理，维护公共利益和社会秩序，保护公民、法人或者其他组织合法权益提供了基本的法律依据。这部法律具体规定的内容主要包括：

（一）行政处罚的种类

我国的行政处罚包括：警告；罚款；没收违法所得、没收非法财物；责令停产停业；暂扣或者吊销许可证、暂扣或者吊销执照；行政拘留；法律、行政法规规定的其他行政处罚等。

（二）行政处罚的实施机关

行政处罚由具有行政处罚权的行政机关在法定职权范围内实施。国务院或者经国务院授权的省、自治区、直辖市人民政府可以决定一个行政机关行使有关行政机关的行政处罚权，但限制人身自由的行政处罚权只能由公安机关行使。

（三）行政处罚的管辖

行政处罚由违法行为发生地的县级以上地方人民政府具有行政处罚权的行政机关管辖；对管辖发生争议的，报请共同的上一级行政机关指定管辖；违法行为构成犯罪的，行政机关必须将案件移送司法机关，依法追究刑事责任。

（四）行政处罚的适用

行政机关实施行政处罚时，应当责令当事人改正或者限期改正违法行为。对当事人的同一个违法行为，不得给予两次以上罚款的行政处罚；不满十四周岁的人有违法行为的，不予行政处罚，责令监护人加以管教；已满十四周岁不满十八周岁的人有违法行为的，从轻或者减轻行政处罚；精神病人在不能辨认或者不能控制自己行为时有违法行为的，不予行政处罚，但应当责令其监护人严加看管和治疗。间歇性精神病人在精神正常时有违法行为的，应当给予行政处罚。违法行为在二年内未被发现的，不再给予行政处罚。法律另有规定的除外。

（五）行政处罚程序

行政处罚程序包括简易程序、一般程序。

1. 简易程序

适用于违法事实确凿并有法定依据，对公民处以五十元以下、对法人或者其他组织处以一千元以下罚款或者警告的行政处罚的，可以当场作出行政处罚决定。

2. 一般程序

适用于行政机关发现公民、法人或者其他组织有依法应当给予行政处罚的行为，需要全面、客观、公正调查，收集有关证据或需要依法进行检查的案件。行政机关依法给予行政处罚的，应当制作行政处罚决定书。行政处罚决定书应当载明的事项包括：当事人的姓名或者名称、地址；违反法律、法规或者规章的事实和证据；行政处罚的种类和依据；行政处罚的履行方式和期限；不服行政处罚决定，申请行政复议或者提起行政诉讼的途径和期限；作出行政处罚决定的行政机关名称和作出决定的日期。行政处罚决定书应当在宣告后当场交付当事人；当事人不在场的，行政机关应当在七日内依照民事诉讼法的有关规定，将行政处罚决定书送达当事人。

此外该法还具体规定了行政处罚前的听证程序、行政处罚的执行及法律责任

三、行政强制法

我国法定的行政强制包括行政强制措施和行政强制执行。行政强制措施，是指行政机关在行政管理过程中，为制止违法行为、防止证据损毁、避免危害发生、控制危险扩大等情形，依法对公民的人身自由实施暂时性限制，或者对公民、法人或者其他组织的财物实施暂时性控制的行为。行政强制执行，是指行政机关或者行政机关申请人民法院，对不履行行政决定的公民、法人或者其他组织，依法强制履行义务的行为。2011年颁布实施的行政强制法，规定了行政强制的种类和设定、行政强制措施实施程序、行政机关强制执行程序、申请人民法院强制执行及法律责任，为规范行政强制的设定和实施，保障和监督行政机关依法履行职责，维护公共利益和社会秩序，保护公民、法人和其他组织的合法权益提供了基本的法律依据。这部法律具体规定的内容主要包括：

（一）行政强制的种类和方式

根据该法规定，行政强制措施由法律设定，种类包括限制公民人身自由；查封场所、设施或者财物；扣押财物；冻结存款、汇款；其他行政强制措施等5类。行政强制执行由法律设定，方式包括加处罚款或者滞纳金；划拨存款、汇款；拍卖或者依法处理查封、扣押的场所、设施或者财物；排除妨碍、恢复原状；代履行；其他强制执行方式等。

（二）行政强制措施实施程序

1. 一般规定

行政机关实施行政强制措施的，实施前须向行政机关负责人报告并经批准；由两名以上行政执法人员实施；出示执法身份证件；通知当事人到场；当场告知当事

人采取行政强制措施的理由、依据以及当事人依法享有的权利、救济途径；听取当事人的陈述和申辩；制作现场笔录；现场笔录由当事人和行政执法人员签名或者盖章，当事人拒绝的，在笔录中予以注明；当事人不到场的，邀请见证人到场，由见证人和行政执法人员在现场笔录上签名或者盖章；法律、法规规定的其他程序。情况紧急，需要当场实施行政强制措施的，行政执法人员应当在二十四小时内向行政机关负责人报告，并补办批准手续。

2. 查封、扣押

查封、扣押应当由法律、法规规定的行政机关实施，其他任何行政机关或者组织不得实施。行政机关决定实施查封、扣押的，应当依法制作并当场交付查封、扣押决定书和清单。查封、扣押决定书应当载明当事人的姓名或者名称、地址；查封、扣押的理由、依据和期限；查封、扣押场所、设施或者财物的名称、数量等；申请行政复议或者提起行政诉讼的途径和期限；行政机关的名称、印章和日期。查封、扣押清单一式二份，由当事人和行政机关分别保存。

3. 冻结

冻结存款、汇款应当由法律规定的行政机关实施，不得委托给其他行政机关或者组织；其他任何行政机关或者组织不得冻结存款、汇款。行政机关依照法律规定决定实施冻结存款、汇款的，应当依法履行程序，并向金融机构交付冻结通知书。

此外，该法还具体规定了行政机关强制执行的具体程序及法律责任。

以案释法 06

违法行政决定被撤销

2012年3月，王某收到了国务院行政复议裁决书。裁决书撤销了某省认定他家所在区域征地合法决定的裁决。法学博士王某两年法律维权路，终于看到一线曙光。2010年底，因老家的房屋在未签署拆迁协议的情况下于凌晨被拆。老屋被强拆当日，王某写了一封给家乡市长的公开信。公开信在网上迅速流传，引起了官方重视。当地政府有关领导特地赶赴王某所在的大学和他沟通，承诺“依法依规，妥善处置此事”。公开信事件后，王某家乡的区长答复王某，称“某村村委会答复意见与你本人所提要求差距较大，可能你不能完全接受”“我们支持你通过法律渠道依法解决”。2011年7月15日，王某母亲诉某市住房和城乡建设局不履行查处违法拆迁一案在该市某区法院开庭审理。法院认定“非法拆迁”事实不存在，驳回诉讼请求。王某随即上诉，被市中级人民法院驳回。在寻求诉讼解决的同时，王某也向省政府行政复议办公室提起行政复议，要求省政府确认关于该城区城市建设用地的批复违法并予以撤销。2011年3月，省政府行政复议办公室召开听证会，只有王某一方提交相关证据，

“政府说他们所有的行为都合法，没必要提交证据。”4月6日，省政府行政复议办公室下发行政复议决定书，驳回复议请求。随后，王某等人依法向国务院法制办提起行政裁决。

释解

拆迁户依法维权，先后通过行政手段和法律途径，终于为实践宪法明文规定的“公民的合法的私有财产不受侵犯。国家依照法律规定保护公民的私有财产权和继承权”迈出了关键的一步。

随着依法治国的不断推进、依法行政的不断深入，我国各级行政机关面临的行政诉讼的争议案件在逐步增多，当被告的几率在逐渐增大，这是一种正常的客观现象。当被告不被动，被动的是工作中存在着没有依法行政的瑕疵。情况表明，各级行政管理部门在工作中比较容易引起争议的，主要集中在行政主体不适格、行政行为越权、规范性文件与上位法相抵触、行政决定失当和行政不作为几个方面。因此，在全面推进依法治国的大背景下，在法律制度不断完备、监督渠道极大畅通的情况下，在公民依法维权意识不断增强的态势下，唯有依法决策、依法办事，努力实现与依法行政相适应的行政管理方式的转变，树立职权法定意识、程序法定意识和权责统一意识，切实提高依法行政的自觉性和工作水平，才能从根本上杜绝此类案件的发生。

第四节　行政监督法

行政权力是国家机关中权力最大、涉及人数最多，对国家和社会的发展最为重要、与人民群众关系最为密切的权力，因此行政监督是国家监督体系中的极为重要的组成部分。行政系统内部的监督，主要有行政系统内的专门监督和上级对下级的层级监督。

在我国，行政系统内的专门监督主要为审计监督和行政监察，并且已经制定了审计法和行政监察法。根据审计法的规定，在政府内部监督范围内，审计主要是对本级政府各部门和下级政府预算的执行情况和决算、预算外资金的管理和使用情况；政府部门管理和社会团体受政府委托管理的社会保障基金、社会捐献资金及其他有关基金、资金的财务收支等进行审计监督。审计部门在行使职权时，拥有要求报送权、检查权、调查权、制止并采取措施权、通报权及处理权等多方面的权限。根据行政监察法的规定，行政监察是监察部门对行政机关及其公务员的行政效能和清正廉洁两方面进行的监督。监察部门在行使监督权时拥有检查、调查权、建议处分权等较为广泛的权力。

层级监督方面，我国目前已建立了行政复议制度、行政诉讼制度和国家赔偿制度。并相应地颁布实施了行政复议法、行政诉讼法和国家赔偿法。其中，行政复议制度是指公民、法人或其他组织认为行政机关的行政行为侵犯其合法权益，向上级行政机关申请复议，由复议机关作出复议决定的制度，既属于上级行政机关对下级行政机关的监督，同时也是公民、法人或其他组织不服下级行政机关的具体行政行为要求复议机关作出公正裁判的一种救济行为。由于行政复议实际上是上级对下级的监督，因此行政复议的范围较为宽泛，在行政复议中，公民、法人或其他组织不仅可以对具体行政行为是否合法，要求进行审查，也可以对该具体行政行为是否合理，要求进行审查。而在行政诉讼中，人民法院对具体行政行为则只能进行合法性审查，除行政处罚外，原则上不作合理性、适当性审查。

一、行政复议法

行政复议是指公民、法人或者其他组织，认为行政机关的具体行政行为侵犯了其合法权益，依法向上级行政机关提出复议申请，上级行政机关依法对该具体行政行为进行合法性、适当性审查，并作出复议决定的行政行为。我国1999年颁布实施的行政复议法，对行政复议机关的职责、行政复议范围、行政复议申请、行政复议受理、行政复议决定和法律责任等作出具体规定。这部法律具体规定的内容主要包括：

（一）行政复议机关的职责

行政复议机关负责法制工作的机构具体办理行政复议事项，履行的职责包括受理行政复议申请；向有关组织和人员调查取证，查阅文件和资料；审查申请行政复议的具体行政行为是否合法与适当，拟订行政复议决定；处理或者转送法律规定的审查申请；依照规定的权限和程序对违法的具体行政行为提出处理建议；办理因不服行政复议决定提起行政诉讼的应诉事项；法律、法规规定的其他职责。行政复议机关履行行政复议职责时，应当遵循合法、公正、公开、及时、便民的原则，坚持有错必纠，保障法律、法规的正确实施。

（二）行政复议范围

公民、法人或者其他组织可以依法申请行政复议的情形包括对行政机关作出的警告、罚款、没收违法所得、没收非法财物、责令停产停业、暂扣或者吊销许可证、暂扣或者吊销执照、行政拘留等行政处罚决定不服的；对行政机关作出的限制人身自由或者查封、扣押、冻结财产等行政强制措施决定不服的；对行政机关作出的有关许可证、执照、资质证、资格证等证书变更、中止、撤销的决定不服的；对行政机关作出的关于确认土地、矿藏、水流、森林、山岭、草原、荒地、滩涂、海域等自然资源的所有权或者使用权的决定不服的；认为行政机关侵犯合法的经营自主权的；认为行政机关变更或者废止农业承包合同，侵犯其合法权益的；认为行政机关违法集资、征收财物、摊派费用或者违法要求履行其他义务的；认为符合法定条件，申请行政机关颁发许可证、执照、资质证、资格证等证书，或者申请行政机关审批、登记有关事项，行政机关没有依法办理的；申请行政机关履行保护人身权利、财产权利、受教育权利的法定职责，行政机关没有依法履行的；申请行政机关依法发放抚恤金、社会保险金或者最低生活保障费，行政机关没有依法发放的；认为行政机关的其他具体行政行为侵犯其合法权益的。

（三）行政复议申请

公民、法人或者其他组织认为具体行政行为侵犯其合法权益的，可以自知道该具体行政行为之日起六十日内提出行政复议申请；但是法律规定的申请期限超过六十日的除外。因不可抗力或者其他正当理由耽误法定申请期限的，申请期限自障碍消除之日起继续计算。同申请行政复议的具体行政行为有利害关系的其他公民、法人或者其他组织，可以作为第三人参加行政复议。公民、法人或者其他组织对行政机关的具体行政行为不服申请行政复议的，作出具体行政行为的行政机关是被申请人。申请人申请行政复议，可以书面申请，也可以口头申请；口头申请的，行政复议机关应当当场记录申请人的基本情况、行政复议请求、申请行政复议的主要事实、理由和时间。

（四）行政复议受理

行政复议机关收到行政复议申请后，应当在五日内进行审查，对不符合本法规定的行政复议申请，决定不予受理，并书面告知申请人；对符合行政复议法规定，但是不属于本机关受理的行政复议申请，应当告知申请人向有关行政复议机关提出。对行政复议决定不服再向人民法院提起行政诉讼的，行政复议机关决定不予受理或者受理后超过行政复议期限不作答复的，公民、法人或者其他组织可以自收到不予受理决定书之日起或者行政复议期满之日起十五日内，依法向人民法院提起行政诉讼。

（五）行政复议决定

行政复议原则上采取书面审查的办法，但是申请人提出要求或者行政复议机关负责法制工作的机构认为有必要时，可以向有关组织和人员调查情况，听取申请人、被申请人和第三人的意见。行政复议机关负责法制工作的机构应当对被申请人作出的具体行政行为进行审查，提出意见，经行政复议机关的负责人同意或者集体讨论通过后，按照具体行政行为认定事实清楚，证据确凿，适用依据正确，程序合法，内容适当的，决定维持；被申请人不履行法定职责的，决定其在一定期限内履行。对存在主要事实不清、证据不足的；适用依据错误的；违反法定程序的；超越或者滥用职权的；具体行政行为明显不当等情形之一的，决定撤销、变更或者确认该具体行政行为违法；决定撤销或者确认该具体行政行为违法的，可以责令被申请人在一定期限内重新作出具体行政行为。

（六）法律责任

行政复议机关违反规定，无正当理由不予受理依法提出的行政复议申请或者不按照规定转送行政复议申请的，或者在法定期限内不作出行政复议决定的，对直接负责的主管人员和其他直接责任人员依法给予警告、记过、记大过的行政处分；经责令受理仍不受理或者不按照规定转送行政复议申请，造成严重后果的，依法给予降级、撤职、开除的行政处分。行政复议机关工作人员在行政复议活动中，徇私舞弊或者有其他渎职、失职行为的，依法给予警告、记过、记大过的行政处分；情节严重的，依法给予降级、撤职、开除的行政处分；构成犯罪的，依法追究刑事责任。被申请人违反规定，不提出书面答复或者不提交作出具体行政行为的证据、依据和其他有关材料，或者阻挠、变相阻挠公民、法人或者其他组织依法申请行政复议的，对直接负责的主管人员和其他直接责任人员依法给予警告、记过、记大过的行政处分；进行报复陷害的，依法给予降级、撤职、开除的行政处分；构成犯罪的，依法追究刑事责任。行政复议机关受理行政复议申请，由本级财政予以保障，不得向申请人收取任何费用。

二、行政诉讼法

行政诉讼是指公民、法人或者其他组织认为行政机关和行政机关工作人员的行政行为侵犯其合法权益，依法向人民法院提起的诉讼。为保证人民法院公正、及时审理行政案件，解决行政争议，保护公民、法人和其他组织的合法权益，监督行政机关依法行使行政职权，我国于1989年制定、2014年修订了行政诉讼法，对行政诉讼的受案范围、管辖、诉讼参加人、证据、起诉和受理、审理和判决、审判监督程序、执行及涉外行政诉讼等作了相应规定，具体确立了行政行为合法与违法的标准，对协调行政机关与公民的关系，保护公民合法权益，督促行政机关依法行政，维护社会稳定发挥了重要作用。这部法律具体规定的内容主要包括：

（一）受案范围

行政诉讼受案范围包括，对行政拘留、暂扣或者吊销许可证和执照、责令停产停业、没收违法所得、没收非法财物、罚款、警告等行政处罚不服的；对限制人身自由或者对财产的查封、扣押、冻结等行政强制措施和行政强制执行不服的；申请行政许可，行政机关拒绝或者在法定期限内不予答复，或者对行政机关作出的有关行政许可的其他决定不服的；对行政机关作出的关于确认土地、矿藏、水流、森林、山岭、草原、荒地、滩涂、海域等自然资源的所有权或者使用权的决定不服的；对征收、征用决定及其补偿决定不服的；申请行政机关履行保护人身权、财产权等合法权益的法定职责，行政机关拒绝履行或者不予答复的；认为行政机关侵犯其经营自主权或者农村土地承包经营权、农村土地经营权的；认为行政机关滥用行政权力排除或者限制竞争的；认为行政机关违法集资、摊派费用或者违法要求履行其他义务的；认为行政机关没有依法支付抚恤金、最低生活保障待遇或者社会保险待遇的；认为行政机关不依法履行、未按照约定履行或者违法变更、解除政府特许经营协议、土地房屋征收补偿协议等协议的；认为行政机关侵犯其他人身权、财产权等合法权益的。

（二）管辖

基层人民法院管辖第一审行政案件。中级人民法院管辖的一审行政案件包括：对国务院部门或者县级以上地方人民政府所作的行政行为提起诉讼的案件；海关处理的案件；本辖区内重大、复杂的案件；其他法律规定由中级人民法院管辖的案件。高级人民法院管辖本辖区内重大、复杂的一审行政案件。最高人民法院管辖全国范围内重大、复杂的一审行政案件。经最高人民法院批准，高级人民法院可以根据审判工作的实际情况，确定若干人民法院跨行政区域管辖行政案件。

（三）诉讼参加人

行政行为的相对人以及其他与行政行为有利害关系的公民、法人或者其他组织，有权提起诉讼。公民、法人或者其他组织直接向人民法院提起诉讼的，作出行政行为的行政机关是被告。经复议的案件，复议机关决定维持原行政行为的，作出原行政行为的行政机关和复议机关是共同被告；复议机关改变原行政行为的，复议机关是被告。复议机关在法定期限内未作出复议决定，公民、法人或者其他组织起诉原行政行为的，作出原行政行为的行政机关是被告；起诉复议机关不作为的，复议机关是被告。两个以上行政机关作出同一行政行为的，共同作出行政行为的行政机关是共同被告。行政机关委托的组织所作的行政行为，委托的行政机关是被告。行政机关被撤销或者职权变更的，继续行使其职权的行政机关是被告。

（四）证据

经法庭审查属实，可作为认定案件事实的行政诉讼证据包括：书证；物证；视听资料；电子数据；证人证言；当事人的陈述；鉴定意见；勘验笔录、现场笔录。被告对作出的行政行为负有举证责任，应当提供作出该行政行为的证据和所依据的规范性文件。原告可以提供证明行政行为违法的证据。原告提供的证据不成立的，不免除被告的举证责任。对由国家机关保存而须由人民法院调取的证据；涉及国家秘密、商业秘密和个人隐私的证据；确因客观原因不能自行收集的其他证据，原告或者第三人不能自行收集的，可以申请人民法院调取。

（五）起诉和受理

公民、法人或者其他组织不服复议决定的，可以在收到复议决定书之日起十五日内向人民法院提起诉讼。复议机关逾期不作决定的，申请人可以在复议期满之日起十五日内向人民法院提起诉讼，法律另有规定的除外。公民、法人或者其他组织直接向人民法院提起诉讼的，应当自知道或者应当知道作出行政行为之日起六个月内提出。法律另有规定的除外。因不动产提起诉讼的案件自行政行为作出之日起超过二十年，其他案件自行政行为作出之日起超过五年提起诉讼的，人民法院不予受理。公民、法人或者其他组织申请行政机关履行保护其人身权、财产权等合法权益的法定职责，行政机关在接到申请之日起两个月内不履行的，公民、法人或者其他组织可以向人民法院提起诉讼。对人民法院既不立案，又不作出不予立案裁定的，当事人可以向上一级人民法院起诉。上一级人民法院认为符合起诉条件的，应当立案、审理，也可以指定其他下级人民法院立案、审理。

（六）审理和判决

1. 一审普通程序

人民法院应当在立案之日起五日内，将起诉状副本发送被告。被告应当在收到起诉状副本之日起十五日内向人民法院提交作出行政行为的证据和所依据的规范性文件，并提出答辩状。人民法院应当在立案之日起六个月内作出第一审判决。有特殊情况需要延长的，由高级人民法院批准，高级人民法院审理第一审案件需要延长的，由最高人民法院批准。

2. 简易程序

对被诉行政行为是依法当场作出的；案件涉及款额二千元以下的；属于政府信息公开案件的，或当事人各方同意适用简易程序的，人民法院审理时可以适用简易程序。适用简易程序审理的行政案件，由审判员一人独任审理，并应当在立案之日起四十五日内审结。

3. 二审程序

当事人不服人民法院一审判决的，有权在判决书送达之日起十五日内向上一级人民法院提起上诉。当事人不服人民法院一审裁定的，有权在裁定书送达之日起十日内向上一级人民法院提起上诉。逾期不提起上诉的，人民法院的一审判决或者裁定发生法律效力。人民法院审理上诉案件，应当在收到上诉状之日起三个月内作出终审判决。有特殊情况需要延长的，由高级人民法院批准，高级人民法院审理上诉案件需要延长的，由最高人民法院批准。原审人民法院对发回重审的案件作出判决后，当事人提起上诉的，二审人民法院不得再次发回重审。

（七）审判监督程序

当事人对已经发生法律效力的判决、裁定，认为确有错误的，可以向上一级人民法院申请再审，但判决、裁定不停止执行。对属于不予立案或者驳回起诉确有错误的；有新的证据，足以推翻原判决、裁定的；原判决、裁定认定事实的主要证据不足、未经质证或者系伪造的；原判决、裁定适用法律、法规确有错误的；违反法律规定的诉讼程序，可能影响公正审判的；原判决、裁定遗漏诉讼请求的；据以作出原判决、裁定的法律文书被撤销或者变更的；审判人员在审理该案件时有贪污受贿、徇私舞弊、枉法裁判行为的案件，当事人提出申请的，人民法院应当再审。

（八）执行

当事人必须履行人民法院发生法律效力的判决、裁定、调解书。公民、法人或者其他组织拒绝履行判决、裁定、调解书的，行政机关或者第三人可以向一审人民法院申请强制执行，或者由行政机关依法强制执行。行政机关拒绝履行判决、裁定、调解书的，一审人民法院可以对应当归还的罚款或者应当给付的款额，通知银行从该行政机关的账户内划拨；在规定期限内不履行的，从期满之日起，对该行政机关负责人按日处五十元至一百元的罚款；将行政机关拒绝履行的情况予以公告；向监察机关或者该行政机关的上一级行政机关提出司法建议。对拒不履行判决、裁定、调解书，社会影响恶劣的，可以对该行政机关直接负责的主管人员和其他直接责任人员予以拘留；情节严重，构成犯罪的，依法追究刑事责任。行政机关或者行政机关工作人员作出的行政行为侵犯公民、法人或者其他组织的合法权益造成损害的，由该行政机关或者该行政机关工作人员所在的行政机关负责赔偿。行政机关赔偿损失后，应当责令有故意或者重大过失的行政机关工作人员承担部分或者全部赔偿费用。

三、国家赔偿法

国家赔偿以监督行政机关的行政行为是否合法为主要任务。以违法为赔偿前提的归责原则，事实行为造成损害的赔偿责任等赔偿制度的建立，进一步强化了对行政机关依法行政的监督力度。我国于1994年制定，2010年、2012年修订的国家赔偿法，明确了行政赔偿的范围、赔偿请求人和赔偿义务机关、赔偿的程序及赔偿方式和计算标准，为保障公民、法人和其他组织享有依法取得国家赔偿的权利，促进国家机关依法行使职权，提供了基本的法律依据。这部法律就行政赔偿所具体规定的内容主要包括：

（一）行政赔偿的范围

行政机关及其工作人员在行使行政职权时，如存在违法拘留或者违法采取限制公民人身自由的行政强制措施的；非法拘禁或者以其他方法非法剥夺公民人身自由的；以殴打、虐待等行为或者唆使、放纵他人以殴打、虐待等行为造成公民身体伤害或者死亡的；违法使用武器、警械造成公民身体伤害或者死亡的；造成公民身体伤害或者死亡的其他违法行为的，受害人有取得赔偿的权利。行政机关及其工作人员在行使行政职权时，如存在违法实施罚款、吊销许可证和执照、责令停产停业、没收财物等行政处罚的；违法对财产采取查封、扣押、冻结等行政强制措施的；违法征收、征用财产的；造成财产损害的其他违法行为的，受害人有取得赔偿的权利。如属于行政机关工作人员与行使职权无关的个人行为；因公民、法人和其他组织自己的行为致使损害发生的；法律规定的其他情形的，国家不承担赔偿责任。

（二）赔偿请求人和赔偿义务机关

受害的公民、法人和其他组织有权要求赔偿；受害的公民死亡，其继承人和其他有扶养关系的亲属有权要求赔偿；受害的法人或者其他组织终止的，其权利承受人有权要求赔偿。行政机关及其工作人员行使行政职权侵犯公民、法人和其他组织的合法权益造成损害的，该行政机关为赔偿义务机关；两个以上行政机关共同行使行政职权时侵犯公民、法人和其他组织的合法权益造成损害的，共同行使行政职权的行政机关为共同赔偿义务机关；法律、法规授权的组织在行使授予的行政权力时侵犯公民、法人和其他组织的合法权益造成损害的，被授权的组织为赔偿义务机关；受行政机关委托的组织或者个人在行使受委托的行政权力时侵犯公民、法人和其他组织的合法权益造成损害的，委托的行政机关为赔偿义务机关。赔偿义务机关被撤销的，继续行使其职权的行政机关为赔偿义务机关。没有继续行使其职权的行政机关的，撤销该赔偿义务机关的行政机关为赔偿义务机关。

（三）赔偿程序

赔偿请求人要求赔偿，应当先向赔偿义务机关提出，也可以在申请行政复议或者提起行政诉讼时一并提出；赔偿请求人可以向共同赔偿义务机关中的任何一个赔偿义务机关要求赔偿，该赔偿义务机关应当先予赔偿；赔偿请求人根据受到的不同损害，可以同时提出数项赔偿要求。赔偿义务机关应当自收到申请之日起两个月内，作出是否赔偿的决定。赔偿义务机关决定赔偿的，应当制作赔偿决定书，并自作出决定之日起十日内送达赔偿请求人。赔偿义务机关决定不予赔偿的，应当自作出决定之日起十日内书面通知赔偿请求人，并说明不予赔偿的理由。对赔偿作出赔偿或者不予赔偿决定有异议的，赔偿请求人可在三个月内向人民法院提起诉讼。

（四）赔偿方式和计算标准

国家赔偿以支付赔偿金为主要方式。能够返还财产或者恢复原状的，予以返还财产或者恢复原状。侵犯公民人身自由的，每日赔偿金按照国家上年度职工日平均工资计算。

以案释法 07

行政不作为被判败诉

2014年10月16日，李某向河南省某市国土资源局（以下简称市国土局）书面提出申请，请求该局依法查处其所在村的耕地被有关工程项目违法强行占用的行为，并向该局寄送了申请书。市国土局收到申请后，没有受理、立案、处理，也未告知李某，李某遂以市国土局不履行法定职责为由诉至法院，请求确认被告不履行法定职责的行政行为违法，并要求被告对该村土地被强占的违法行为进行查处。

该市某区人民法院一审认为，土地管理部门对上级交办、其他部门移送和群众举报的土地违法案件，应当受理。土地管理部门受理土地违法案件后，应当进行审查，凡符合立案条件的，应当及时立案查处；不符合立案条件的，应当告知交办、移送案件的单位或者举报人。本案原告向被告市国土局提出查处违法占地申请后，被告应当受理，被告既没有受理，也没有告知原告是否立案，故原告要求确认被告不履行法定职责违法，并限期履行法定职责的请求，有事实根据和法律依据，本院予以支持。遂判决：一、确认被告对原告要求查处违法占地申请未予受理的行为违法。二、限被告于本判决生效之日起按国土资源行政处罚办法的规定履行法定职责。

市国土局不服，提出上诉。该市中级人民法院二审认为，根据国土资源行政处罚办法规定，县级以上国土资源主管部门“应当依法立案查处，无正当理由未依法立案查处的”，应当承担相应责任。上诉人市国土局未及时将审查结果告知申请人，上诉人的行为未完全履行工作职责，违反了国土资源行政处罚办法第四十五条的相关规定。二审判决驳回上诉，维持原判。

释解

及时处理群众举报、切实履行查处违法占地相关法定职责，回应群众关切、保障土地资源的合法利用是有关土地管理部门的应尽职责。土地资源稀缺、人多地少的现状决定了我国必须实行最严格的土地管理制度，但长期以来土地资源浪费严重，违法违规用地现象普遍，这其中既有土地管理保护不力的原因，也有人民群众难以有效参与保护的因素。公众参与是及时发现和纠正土地违法行为的重要渠道，也是确保落实最严格的土地管理制度的有效手段。依法受理并及时查处人民群众对违法用地行为的举报，是土地管理部门的权力更是义务。对于在处理土地违法案件中，发现违法案件不属于本部门管辖的，也应及时做好相应的案件移送工作。国土资源行政处罚办法第十条明确规定：“国土资源主管部门发现违法案件不属于本部门管辖的，应当移送有管辖权的国土资源主管部门或者其他部门。”

第四章

我国卫生法律制度

导 读

卫生法律法规是调整人们在卫生活动中所发生的社会关系的法律规范的总和，是中国特色社会主义法律体系的重要组成部分。改革开放以来，我国的卫生法律制度建设取得了长足的进步，基本做到了有法可依，起到了维护社会卫生秩序、保障卫生公共利益、规范卫生行政行为的作用。本章主要是对我国卫生法律制度的发展历史及现状的概述，意在使读者对我国的卫生法律制度有一个整体上的认识。

第一节 卫生法律制度的历史沿革

一、探索阶段（新中国成立初—20世纪50年代末）

新中国成立后，我国卫生法律制度进入了一个崭新的发展阶段。当时起临时宪法作用的共同纲领第四十八条规定：“提倡国民体育。推广医药卫生事业，并保护母亲、婴儿和儿童的健康。”1954年颁布的第一部宪法第九十三条规定：“中华人民共和国劳动者在年老、疾病或者丧失劳动能力的时候，有获得物质帮助的权利。国家举办社会保险、社会救济和群众卫生事业，并且逐步扩大这些设施，以保证劳动者享受这种权利。”

20世纪50年代是我国卫生法律制度发展最为重要的时期之一，在这个时期国家制定了卫生工作方针，确立了卫生行政管理体制，建立了卫生防疫体系和医疗服务体系，实行了劳保医疗制度和公费医疗制度。同时，颁布了许多卫生行政法规和规章，规定了我国卫生行政机关的组织、职权、工作方式和责任，也规定了我国基本卫生制度、卫生管理领域和卫生管理方式。1957年一届全国人大常委会通过了我国

第一部卫生专门法律——国境卫生检疫条例。这一阶段是我国卫生事业纳入法制轨道的阶段，为我国卫生法律制度建设的进一步发展奠定了初步基础。

二、缓慢发展阶段（20世纪50年代末—20世纪70年代末）

由于受“法律虚无主义”的影响，20世纪50年代末到20世纪60年代初我国卫生法律法规的立法速度有所放缓，但也制定颁布了一些重要的卫生法规。到了1966年至1976年期间（“文革”时期），卫生法律法规的立法工作几乎完全停顿下来。

三、快速发展阶段（十一届三中全会—20世纪末）

党的十一届三中全会以后，卫生法律法规的立法工作重新被提上议事日程。卫生法制工作以建设社会主义民主法治国家为基本原则，以提高人民健康水平为目的，围绕卫生事业发展总目标，抓住机遇，突出重点，有了突破性进展。1982年宪法是我国卫生法发展的重要基础。它不仅规定了国家发展卫生事业的目的、指导思想，同时也规定了国家发展卫生事业的主要内容。卫生立法由行政法规、规章两头并进，开始向法律、行政法规、规章三管齐下转变。

四、完善阶段（21世纪至今）

进入21世纪以来，我国卫生法律制度不断完善，连续创下了几个具有标志性意义的第一，如2002年的医疗事故处理条例，第一次系统地规定了我国患者的权利；2003年的中医药条例是我国第一部综合性的中医药专门法规；2003年的突发公共卫生事件应急条例，建立了我国第一套突发公共卫生事件应急管理体制和机制。在这十几年里，国家还制定了职业病防治法、食品安全法、精神卫生法，重新修订颁布了药品管理法、传染病防治法等。这些法律、行政法规和规章的实施，对于监督和维护公共卫生和医疗秩序，保障和促进公民健康，发挥了重要作用。

第二节 卫生法律制度的现状

随着我国卫生法治建设的发展，卫生法律制度已成为我国社会主义法律体系的重要组成部分，并在社会发展中起着十分重要的作用。

在卫生领域，需要调整的法律关系的范围十分广泛、内容十分繁杂。卫生法律制度所调整的内容包含卫生行政组织、卫生行政管理、卫生行政监督、医院管理、医护资格、计划生育、母婴保健、卫生行政执法、卫生类学校的设置等。从我国卫生立法的现状来看，卫生法律制度表现为法律、法规、规章等多种形式。

一、卫生法律法规与规章制度

（一）卫生法律与行政法规

目前，我国的卫生法律主要包括：药品管理法、食品安全法、传染病防治法、人口与计划生育法、执业医师法、献血法、母婴保健法、红十字会法、国境卫生检疫法等。

与卫生法律相对应的主要行政法规包括：药品管理法实施条例、食品安全法实施条例、麻醉药品和精神药品管理条例、中医药条例、医疗事故处理条例、母婴保健法实施办法、血液制品管理条例、红十字标志使用办法、国境口岸卫生监督办法等。

（二）卫生规章

卫生规章是卫生法律和法规的补充，从制定程序和发布形式来看，可分为三种情形：

（1）由卫生部门制定发布的，如人类辅助生殖技术管理办法。

（2）由卫生部门与其他部门联合制定发布的，如食品安全信息公布管理办法。

（3）由各省、自治区、直辖市以及设区的市、自治州的人民政府发布的，如上海市食用农产品安全监督暂行办法。

（三）卫生技术性法规

卫生技术性法规是从事卫生监督、监测和管理，进行医学诊断和治疗的准则。它是卫生法的重要渊源，包括医疗技术规范、操作规程和卫生标准等。

其中，卫生标准是为实施国家卫生法律、法规和有关卫生政策，保护人体健康，在预防医学和临床医学研究与实践的基础上，对涉及人体健康和医疗卫生服务事项制度的各类技术规定。卫生标准一经批准，就是技术法规，各级生产、建设、设计、文教部门和企事业单位都必须贯彻执行。在卫生行政部门领导下，卫生监督机构对贯彻执行情况应实行预防性和经常性卫生监督。凡不符合标准要求而又坚持不改的，可根据情节轻重，分别予以批评、处分、经济制裁，甚至追究法律责任。

二、卫生行政机构

依据中央人民政府组织法（1949年）第十八条的规定，中央人民政府卫生部正式成立。1954年全国人大一次会议通过并公布了国务院组织法，由此原中央人民政府卫生部改为中华人民共和国卫生部，并规定卫生部为国务院的组成部门之一。

根据党的十八大和十八届二中全会精神以及深化国务院机构改革和职能转变的方案，2013年3月14日，十二届全国人大一次会议表决通过了关于国务院机构改革和职能转变方案的决定（草案）。3月15日，国务院机构改革和职能转变方案正式公布。根据该方案，为更好地坚持计划生育的基本国策，加强医疗卫生工作，深化医药卫生体制改革，优化医疗卫生资源配置，将卫生部与国家人口和计划生育委员会的计生管理和服务职责整合，组建国家卫生和计划生育委员会，不再保留卫生部及国家人口和计划生育委员会。

新组建的国家卫生和计划生育委员会的主要职责是统筹规划医疗卫生和计划生育服务资源配置，组织制定国家基本药物制度，拟定计划生育政策，监督管理公共卫生和医疗服务，负责计划生育管理和服务工作。至此，国家卫生和计划生育委员会成为我国新时期的中央卫生行政机构。

第三节　卫生法律制度的问题与完善

目前，我国卫生领域基本做到了有法可依，卫生事业的发展走上了法治化轨道，为公民的身体健康和生命安全，为卫生行政管理和医学科学的发展提供了有力的法治保障。在卫生法律制度的发展过程中还存在着一些问题，亟待解决和完善。

一、卫生法律制度存在的问题

（一）立法方面

由于卫生立法绝大部分属于行政立法，它不像国家正式法律那样具有相对的稳定性，如果不及时地进行改、立、废，很难做到有法可依、有法必依。同时多头立法、多层次立法也带来了司法实践中适用法律上的冲突等问题。

（二）执法方面

我国大部分卫生执法主体所采用的是授权执法，当有利益因素驱动时，侵权、越权、滥用职权等行为极大可能因人为因素而出现，很难做到依法办事。

（三）司法方面

由于行政复议法律制度尚未在卫生系统全面实施，各类专项机构缺乏，监督制约机构得不到很好的运转，以致当事人的合法权益得不到很好保护，不能及时和公正地解决争议，办事效率得不到提高。

二、卫生法律制度的完善

（一）立法方面

社会主义法治实质上是人民民主的制度化、法律化，立法工作要坚持贯彻全心全意为人民服务的宗旨。卫生法治工作作为社会主义法治建设的重要组成部分，其指导思想是：从卫生工作的形式和任务出发，从发展社会主义市场经济的需求出发，从全民健康的利益出发，认真履行法律赋予卫生部门的职责，加强法治建设，保障各项任务的完成，保证卫生工作在法治轨道上高效率地运行，为人民健康服务，为社会主义现代化建设服务。

2016年4月28日，国家卫生计生委召开全国卫生计生法治建设工作会议，总结2015年度卫生计生法治建设取得的进展，并对统筹推进2016年的工作作出部署。加快推进基本医疗卫生法的立法工作，是当前卫生计生法治工作的头等大事。根据全国人大立法起草小组工作计划，我国将于2016年6月底前形成法律草案，并征求各相关部门意见，力争年底前形成比较成熟的草案。

基本医疗卫生法主要突出医疗卫生领域的顶层设计，解决一些卫生工作基础性、方向性的问题。这部法律将是卫生领域的基础性法律，将成为中国特色社会主义法律体系中起支撑作用的重要法律。

（二）执法方面

卫生执法具有技术性强、内容广泛的特点，主要涉及卫生系统内多部门、多机构，执法难度大。因此需要解放思想，强化改革意识，以改革求生存，以改革求发展。执法监督是我国法治建设的重要组成部分，也是依法治国的重要环节。规范行政执法行为，对于保护行政相对人的合法权益，树立行政执法的形象和权威起着重要作用。

加强卫生执法力度和提高卫生执法质量是我国卫生法治建设发展的必然要求。要尽快实现执法、监督两权分离。在今后的执法工作中，要建立健全执法人员的岗位及定期培训制度，培养一支既熟悉跨学科专业知识，又熟悉法律知识的专业队伍，提高卫生监督员的业务素质，改善执法条件和技术监督、监测手段，保障执法的权威、公正。

（三）司法方面

要尽快建立健全行政复议机构和各类卫生行政裁判机构，对卫生行政纠纷案件及可能出现的民事纠纷案件进行裁决，制约违纪违法现象。

第五章

传染病防治管理

导 读

传染病是威胁人类健康的重要疾病，世界卫生组织发表的危害人类健康最严重的48种疾病中，传染病和寄生虫病占40种，发病人数占病人总数的85%。传染病一旦流行起来，就是大规模的社会问题，比如2003年的“非典”、2014年的埃博拉病毒等。“非典”是2002年在中国广东顺德首发，并扩散至东南亚乃至全球，直至2003年中期疫情才被逐渐消灭的一次全球性传染病疫潮。在“非典”肆虐期间引发了强烈的社会恐慌，其影响是重大的，从2002年11月至2003年8月5日，全球29个国家报告临床诊断病例8422例，死亡916例。而埃博拉疫情自从在西非肆虐以来，造成了大规模的伤亡和感染，形势一度失控，死亡的幽灵至今仍在塞拉利昂、利比里亚等国阴云不散。

我国对于传染病防治工作非常重视，2013年修正了传染病防治法，从立法的高度强调了传染病防治的重要性，成为我国预防、控制传染病发生与流行，保障人民生命健康的坚实盾牌。但由于传染性疾病的特殊性与危害性，我国在传染病防治领域仍然任重道远，需要不断增加国家资金投入，加强民众科普教育和科学研究。

第一节　我国传染病防治概况

本节是对传染病防治管理相关内容的总述，通过对本节内容的学习，我们将会了解到何为传染病；传染病防治工作的方针、原则；各级人民政府在传染病防治工作中的职责等内容。

一、传染病的概念及分类

（一）传染病的概念

传染病是由各种病原体引起的，能在人与人、动物与动物或人与动物之间相互传播的一类疾病。传染性是传染病与其他类别疾病的主要区别，传染病意味着病原体能够通过各种途径传染给他人。传染病可以通过空气传播、水源传播、食物传播、接触传播、土壤传播、垂直传播等。

（二）传染病的分类

传染病防治法第三条规定，本法规定的传染病分为甲类、乙类和丙类。

甲类传染病是指：鼠疫、霍乱。

乙类传染病是指：传染性非典型肺炎、艾滋病、病毒性肝炎、脊髓灰质炎、人感染高致病性禽流感、麻疹、流行性出血热、狂犬病、流行性乙型脑炎、登革热、炭疽、细菌性和阿米巴性痢疾、肺结核、伤寒和副伤寒、流行性脑脊髓膜炎、百日咳、白喉、新生儿破伤风、猩红热、布鲁氏菌病、淋病、梅毒、钩端螺旋体病、血吸虫病、疟疾。

丙类传染病是指：流行性感冒、流行性腮腺炎、风疹、急性出血性结膜炎、麻风病、流行性和地方性斑疹伤寒、黑热病、包虫病、丝虫病，除霍乱、细菌性和阿米巴性痢疾、伤寒和副伤寒以外的感染性腹泻病。

国务院卫生行政部门根据传染病暴发、流行情况和危害程度，可以决定增加、减少或者调整乙类、丙类传染病病种并予以公布。

传染病防治法第四条规定，对乙类传染病中传染性非典型肺炎、炭疽中的肺炭疽和人感染高致病性禽流感，采取本法所称甲类传染病的预防、控制措施。其他乙类传染病和突发原因不明的传染病需要采取本法所称甲类传染病的预防、控制措施的，由国务院卫生行政部门及时报经国务院批准后予以公布、实施。

需要解除依照前款规定采取的甲类传染病预防、控制措施的，由国务院卫生行政部门报经国务院批准后予以公布。

二、传染病的防治

（一）传染病防治的概念

作为公共卫生事业的重要组成部分，传染病防治是预防、控制和消除传染病发生和流行的措施。传染病的传播和流行需要具备三个环节，即传染源（能排出病原体的人或动物）、传播途径（病原体传染他人的途径）和易感者（对传染病无免疫力者）。切断其中任何一个环节，就可以防止传染病的传播和流行。

（二）传染病防治立法

传染病防治立法历来是卫生立法的重点。改革开放以来，我国传染病防治立法步伐明显加快。目前，我国已形成了由传染病防治法、国境卫生检疫法、食品安全法、献血法等法律；国内交通卫生检疫条例、突发公共卫生事件应急条例、疫苗流通和预防接种管理条例等行政法规；性病防治管理办法、结核病防治管理办法、消毒管理办法、医疗机构传染病预检分诊管理办法等部门规章组成的传染病防治法律体系。

三、传染病防治的方针

为了预防、控制和消除传染病的发生与流行，保障人体健康和公共卫生，国家对传染病防治实行预防为主的方针，防治结合、分类管理、依靠科学、依靠群众。我国是一个发展中人口大国，任何时候都必须坚持预防为主的方针。预则立，不预则废，在疾病的预防控制方面更是如此。

四、传染病防治的责任部门及职责分工

（一）各级人民政府

传染病防治法第五条规定，各级人民政府领导传染病防治工作。县级以上人民政府制定传染病防治规划并组织实施，建立健全传染病防治的疾病预防控制、医疗救治和监督管理体系。

（二）各级卫生行政部门

国务院卫生行政部门主管全国传染病防治及其监督管理工作。县级以上地方人民政府卫生行政部门负责本行政区域内的传染病防治及其监督管理工作。县级以上人民政府其他部门在各自的职责范围内负责传染病防治工作。

军队的传染病防治工作，由中国人民解放军卫生主管部门实施监督管理。

（三）疾病预防控制机构

各级疾病预防控制机构承担传染病监测、预测、流行病学调查、疫情报告以及其他预防、控制工作。

（四）医疗机构

医疗机构承担与医疗救治有关的传染病防治工作和责任区域内的传染病预防工作。城市社区和农村基层医疗机构在疾病预防控制机构的指导下，承担城市社区、农村基层相应的传染病防治工作。

五、传染病防治的支持和鼓励措施

国家发展现代医学和中医药等传统医学，支持和鼓励开展传染病防治的科学研究，提高传染病防治的科学技术水平。国家支持和鼓励开展传染病防治的国际合作。

国家支持和鼓励单位和个人参与传染病防治工作。各级人民政府应当完善有关制度，方便单位和个人参与防治传染病的宣传教育、疫情报告、志愿服务和捐赠活动。居民委员会、村民委员会应当组织居民、村民参与社区、农村的传染病预防与控制活动。

六、传染病防治的宣传教育

传染病防治法第十条规定，国家开展预防传染病的健康教育。新闻媒体应当无偿开展传染病防治和公共卫生教育的公益宣传。各级各类学校应当对学生进行健康知识和传染病预防知识的教育。

医学院校应当加强预防医学教育和科学研究，对在校学生以及其他与传染病防治相关人员进行预防医学教育和培训，为传染病防治工作提供技术支持。疾病预防控制机构、医疗机构应当定期对其工作人员进行传染病防治知识、技能的培训。

七、单位和个人在传染病防治中的权利和义务

在中华人民共和国领域内的一切单位和个人，必须接受疾病预防控制机构、医疗机构有关传染病的调查、检验、采集样本、隔离治疗等预防、控制措施，如实提供有关情况。疾病预防控制机构、医疗机构不得泄露涉及个人隐私的有关信息、资料。

卫生行政部门以及其他有关部门、疾病预防控制机构和医疗机构因违法实施行政管理或者预防、控制措施，侵犯单位和个人合法权益的，有关单位和个人可以依法申请行政复议或者提起诉讼。

以案释法 08

传染病病人的合法权益受法律保护

小安是某公司的一名职员，多年来在公司勤勤恳恳地工作，成为公司的一名业务主干。2014年的一天，小安被公司派往外地出差。在工作过程中，小安突感身体不适，肚子疼痛难忍，原以为是肠炎吃点药就好了，可是两天过去了依然没什么好转。后小安被同事送往医院，在经过一系列检查后，小安被确诊为艾滋病病毒感染者。小安的同事从医生口中得知这一消息后，大家都很惊讶，这一消息也迅速在小安的同事间散开。小安经过一段时间的治疗后，回到公司上班，但是大家都用异样的眼神看着他，公司领导也找到小安谈话，欲与其解除劳动合同。

释解

传染病防治法第十二条规定，疾病预防控制机构、医疗机构不得泄露涉及个人隐私的有关信息、资料。艾滋病防治条例第三十九条第二款规定，未经本人或者其监护人同意，任何单位或者个人不得公开艾滋病病毒感染者、艾滋病病人及其家属的姓名、住址、工作单位、肖像、病史资料以及其他可能推断出其具体身份的信息。本案中，医院擅自将小安得艾滋病的消息告知小安的同事，违反了相关规定。

国家和社会应当关心、帮助传染病病人、病原携带者和疑似传染病病人，使其

得到及时救治。任何单位和个人不得歧视传染病病人、病原携带者和疑似传染病病人。艾滋病病毒感染者、艾滋病病人及其家属享有的婚姻、就业、就医、入学等合法权益受法律保护。

本案中，小安所在单位要与小安解除劳动合同的行为与法律的规定相悖，依法维护包括艾滋病在内的传染病感染者的就业权益，既是用人单位应当履行的法定义务，也是用人单位不可推卸的社会责任。

第二节 传染病预防

长期以来人们对于传染病一直都是重“治”轻“防”，不但错过了对疾病控制的重要环节，更给了许多本不该大规模暴发的传染病以可乘之机。传染病预防需要全社会共同行动，国家、社会、医疗机构、相关单位和个人都应予以重视，明晰各自在传染病预防方面的职责分工，将传染病预防工作落实在日常生活和行动中。

一、传染病预防、控制预案

（一）传染病预防、控制预案的制定

传染病预防、控制预案应由县级以上地方人民政府制定并按规定报上一级人民政府备案。

（二）传染病预防、控制预案的内容

根据传染病防治法第二十条的规定，传染病预防、控制预案应当包括以下主要内容：(1) 传染病预防控制指挥部的组成和相关部门的职责；(2) 传染病的监测、信息收集、分析、报告、通报制度；(3) 疾病预防控制机构、医疗机构在发生传染病疫情时的任务与职责；(4) 传染病暴发、流行情况的分级以及相应的应急工作方案；(5) 传染病预防、疫点疫区现场控制，应急设施、设备、救治药品和医疗器械以及其他物资和技术的储备与调用。

地方人民政府和疾病预防控制机构接到国务院卫生行政部门或者省、自治区、直辖市人民政府发出的传染病预警后，应当按照传染病预防、控制预案，采取相应的预防、控制措施。

二、政府部门在传染病预防中的职责

各级人民政府组织开展群众性卫生活动，进行预防传染病的健康教育，倡导文明健康的生活方式，提高公众对传染病的防治意识和应对能力，加强环境卫生建设，消除鼠害和蚊、蝇等病媒生物的危害。

各级人民政府农业、水利、林业行政部门按照职责分工负责指导和组织消除农田、湖区、河流、牧场、林区的鼠害与血吸虫危害，以及其他传播传染病的动物和

病媒生物的危害。铁路、交通、民用航空行政部门负责组织消除交通工具以及相关场所的鼠害和蚊、蝇等病媒生物的危害。

地方各级政府应当有计划地建设和改造公共卫生设施。城市应当按照城市环境卫生设施标准修建公共厕所、垃圾粪便的无害化处理场和污水、雨水排放处理系统等公共卫生设施。农村应当逐步改造厕所，对粪便进行无害化处理，加强对公共生活用水的卫生管理，建立必要的卫生管理制度。饮用水水源附近禁止有污水池、粪堆（坑）等污染源。禁止在饮用水水源附近洗刷便器和运输粪便的工具。

三、疾病预防控制机构、医疗机构等在传染病预防中的职责

（一）疾病预防控制机构在传染病预防中的职责

传染病防治法第十八条规定，各级疾病预防控制机构在传染病预防控制中履行下列职责：

（1）实施传染病预防控制规划、计划和方案。

（2）收集、分析和报告传染病监测信息，预测传染病的发生、流行趋势。

（3）开展对传染病疫情和突发公共卫生事件的流行病学调查、现场处理及其效果评价。

（4）开展传染病实验室检测、诊断、病原学鉴定。

（5）实施免疫规划，负责预防性生物制品的使用管理。

（6）开展健康教育、咨询，普及传染病防治知识。

（7）指导、培训下级疾病预防控制机构及其工作人员开展传染病监测工作。

（8）开展传染病防治应用性研究和卫生评价，提供技术咨询。

国家、省级疾病预防控制机构负责对传染病发生、流行以及分布进行监测，对重大传染病流行趋势进行预测，提出预防控制对策，参与并指导对暴发的疫情进行调查处理，开展传染病病原学鉴定，建立检测质量控制体系，开展应用性研究和卫生评价。

设区的市和县级疾病预防控制机构负责传染病预防控制规划、方案的落实，组织实施免疫、消毒、控制病媒生物的危害，普及传染病防治知识，负责本地区疫情和突发公共卫生事件监测、报告，开展流行病学调查和常见病原微生物检测。

疾病预防控制机构应当指定专门人员负责对医疗机构内传染病预防工作进行指导、考核，开展流行病学调查。

（二）医疗机构在传染病预防中的职责

医疗机构必须严格执行国务院卫生行政部门规定的管理制度、操作规范，防止传染病的医源性感染和医院感染。与此同时，应当确定专门的部门或者人员，承担传染病疫情报告、本单位的传染病预防、控制以及责任区域内的传染病预防工作；承担医疗活动中与医院感染有关的危险因素监测、安全防护、消毒、隔离和医疗废

物处置工作。

（三）疾病预防控制机构、医疗机构的实验室和从事病原微生物实验的单位在传染病预防中的职责

疾病预防控制机构、医疗机构的实验室和从事病原微生物实验的单位，应当符合国家规定的条件和技术标准，建立严格的监督管理制度，对传染病病原体样本按照规定的措施实行严格监督管理，严防传染病病原体的实验室感染和病原微生物的扩散。

（四）采供血机构、生物制品生产单位在传染病预防中的职责

采供血机构、生物制品生产单位必须严格执行国家有关规定，保证血液、血液制品的质量。禁止非法采集血液或者组织他人出卖血液。疾病预防控制机构、医疗机构使用血液和血液制品，必须遵守国家有关规定，防止因输入血液、使用血液制品引起经血液传播疾病的发生。

第三节　疫情报告、通报和公布

传染病防治管理中，疫情报告是十分重要的环节。快速、及时、准确地掌握传染病疫情，有利于政府及有关部门作出正确决策，有利于及时、准确地制定传染病防治方案，有利于采取正确的预防控制措施。真实、准确地通报与公布疫情是防治传染病的一项积极的措施，这有利于动员社会各部门协同防治传染病，有利于广大人民群众参与传染病防治工作，也有利于国际间的疫情信息交流，防止国际间传染病疫情的蔓延。

一、疫情报告

（一）疫情报告人

1. 责任疫情报告人

传染病防治法第三十条规定，疾病预防控制机构、医疗机构和采供血机构及其执行职务的人员发现本法规定的传染病疫情或者发现其他传染病暴发、流行以及突发原因不明的传染病时，应当遵循疫情报告属地管理原则，按照国务院规定的或者国务院卫生行政部门规定的内容、程序、方式和时限报告。

军队医疗机构向社会公众提供医疗服务，发现前款规定的传染病疫情时，应当按照国务院卫生行政部门的规定报告。

2. 义务疫情报告人

任何单位和个人发现传染病病人或者疑似传染病病人时，应当及时向附近的疾病预防控制机构或者医疗机构报告。

3. 港口、机场、铁路疾病预防控制机构以及国境卫生检疫机关

传染病防治法第三十二条规定，港口、机场、铁路疾病预防控制机构以及国境卫生检疫机关发现甲类传染病病人、病原携带者、疑似传染病病人时，应当按照国家有关规定立即向国境口岸所在地的疾病预防控制机构或者所在地县级以上地方人民政府卫生行政部门报告并互相通报。

4. 疾病预防控制机构

疾病预防控制机构接到甲类、乙类传染病疫情报告或者发现传染病暴发、流行时，应当立即报告当地卫生行政部门，由当地卫生行政部门立即报告当地人民政府，同时报告上级卫生行政部门和国务院卫生行政部门。疾病预防控制机构应当设立或者指定专门的部门、人员负责传染病疫情信息管理工作，及时对疫情报告进行核实、分析。

（二）疫情报告的内容

传染病防治法规定的传染病疫情，其他传染病暴发、流行情况，突发原因不明的传染病以及传染病菌种、毒种丢失情况。

（三）疫情报告的时限

根据传染病信息报告管理规范，责任报告单位和责任疫情报告人发现甲类传染病和乙类传染病中的肺炭疽、传染性非典型肺炎等按照甲类管理的传染病人或疑似病人时，或发现其他传染病和不明原因疾病暴发时，应于2小时内将传染病报告卡通过网络报告。

对其他乙类、丙类传染病病人、疑似病人和规定报告的传染病病原携带者在诊断后，应于24小时内进行网络报告。

不具备网络直报条件的医疗机构应及时向属地乡镇卫生院、城市社区卫生服务中心或县级疾病预防控制机构报告，并于24小时内寄送出传染病报告卡至代报单位。

（四）疫情报告要求

传染病防治法第三十七条规定，依照本法的规定负有传染病疫情报告职责的人民政府有关部门、疾病预防控制机构、医疗机构、采供血机构及其工作人员，不得隐瞒、谎报、缓报传染病疫情。

二、疫情通报

国务院卫生行政部门应当及时向国务院其他有关部门和各省、自治区、直辖市人民政府卫生行政部门通报全国传染病疫情以及监测、预警的相关信息。毗邻的以及相关的地方人民政府卫生行政部门，应当及时互相通报本行政区域的传染病疫情以及监测、预警的相关信息。县级以上人民政府有关部门发现传染病疫情时，应当及时向同级人民政府卫生行政部门通报。中国人民解放军卫生主管部门发现传染病疫情时，应当向国务院卫生行政部门通报。

动物防疫机构和疾病预防控制机构，应当及时互相通报动物间和人间发生的人畜共患传染病疫情以及相关信息。

三、疫情公布

国家建立传染病疫情信息公布制度。国务院卫生行政部门定期公布全国传染病疫情信息。省、自治区、直辖市人民政府卫生行政部门定期公布本行政区域的传染病疫情信息。

传染病暴发、流行时，国务院卫生行政部门负责向社会公布传染病疫情信息，并可以授权省、自治区、直辖市人民政府卫生行政部门向社会公布本行政区域的传染病疫情信息。公布传染病疫情信息应当及时、准确。

以案释法 09

缓报传染病疫情案

2015年7月17日下午，梁某开始腹泻，于7月18日下午被收治入院。7月19日梁某经抗炎、补液后，病情基本稳定，但实验室检查白细胞、肌酐偏高。梁某由于放心不下工作，强烈要求出院，主治医师朱某电话询问检验科主任后得知可能是致病菌感染，最终结论还要等到粪便培养结果出来后才知道，但这一结果要等到7月21日下午才能出来。于是朱某在7月19日就同意其“签字自动出院”。

7月21日，实验室检出霍乱弧菌，检验科主任电话告知了朱某，并让人将检验报告送往朱某的办公室，但此时朱某正在门诊看诊，不在办公室。7月21日晚，朱某在整理病历时发现了梁某的检验报告单，才猛然想起此事，随后向医院负责人魏某电话报告了此事。7月22日上午，魏某与朱某电话咨询梁某，了解到朱某本人目前无任何症状，其周围无类似病人。随后医院通过传染病疫情监测信息系统进行了网络直报，市卫生局立即组织市疾病预防控制中心、市卫生局卫生监督所有关人员对该疫情进行调查。该病人经省疾病预防控制中心确诊为埃尔托生物型霍乱，经后续处理未发生二代病例。

释解

传染病防治法第三十条规定，疾病预防控制机构、医疗机构和采供血机构及其执行职务的人员发现本法规定的传染病疫情或者发现其他传染病暴发、流行以及突发原因不明的传染病时，应当遵循疫情报告属地管理原则，按照国务院规定的或者国务院卫生行政部门规定的内容、程序、方式和时限报告。

传染病防治法第三十七条规定，依照本法的规定负有传染病疫情报告职责的人民政府有关部门、疾病预防控制机构、医疗机构、采供血机构及其工作人员，不得隐瞒、谎报、缓报传染病疫情。

本案中的医生朱某身为医护人员，未能严格按照传染病防治法有关规定，在发现疫情后并未立即报告。负有传染病疫情报告职责的人民政府有关部门、疾病预防控制机构、医疗机构、采供血机构及其工作人员，必须按照规定及时、准确、完整地报告疫情，不得隐瞒、谎报、缓报传染病疫情，因为隐瞒、谎报、缓报传染病疫情除了不能如实反映传染病发病状况外，更严重的是易造成传染病的扩大蔓延，以致暴发、流行，对人民群众的生命健康构成严重危害。

第四节　疫情控制与医疗救治

当传染病暴发、流行时，及时对传染病的疫情进行控制、处理，能够有效防止传染病的扩散。与此同时，正确的诊断和治疗，是消灭传染源和切断传播途径的必要措施。完善疫情防控机制，理顺传染病医疗救治程序，是传染病防治工作的重中之重。

一、疫情控制

（一）疫区

1. 疫区的确定

传染病防治法规定，甲类、乙类传染病暴发、流行时，县级以上地方人民政府报经上一级人民政府决定，可以宣布本行政区域部分或者全部为疫区；国务院可以决定并宣布跨省、自治区、直辖市的疫区。

县级以上地方人民政府可以在疫区内采取传染病防治法第四十二条规定的紧急措施，并可以对出入疫区的人员、物资和交通工具实施卫生检疫。

2. 疫区的封锁

省、自治区、直辖市人民政府可以决定对本行政区域内的甲类传染病疫区实施封锁；但是，封锁大、中城市的疫区或者封锁跨省、自治区、直辖市的疫区，以及封锁疫区导致中断干线交通或者封锁国境的，由国务院决定。

疫区封锁的解除，由原决定机关决定并宣布。

3. 疫区的处理

疫区中被传染病病原体污染或者可能被传染病病原体污染的物品，经消毒可以使用的，应当在当地疾病预防控制机构的指导下，进行消毒处理后，方可使用、出售和运输。

（二）疫情控制措施

1. 医疗机构发现传染病时应采取的措施

医疗机构发现甲类传染病时，应当及时采取下列措施：

（1）对病人、病原携带者，予以隔离治疗，隔离期限根据医学检查结果确定。

（2）对疑似病人，确诊前在指定场所单独隔离治疗。

（3）对医疗机构内的病人、病原携带者、疑似病人的密切接触者，在指定场所进行医学观察和采取其他必要的预防措施。

拒绝隔离治疗或者隔离期未满擅自脱离隔离治疗的，可以由公安机关协助医疗机构采取强制隔离治疗措施。

医疗机构发现乙类或者丙类传染病病人，应当根据病情采取必要的治疗和控制传播措施。

医疗机构对本单位内被传染病病原体污染的场所、物品以及医疗废物，必须依照法律、法规的规定实施消毒和无害化处置。

2. 疾病预防控制机构发现传染病时应采取的措施

疾病预防控制机构发现传染病疫情或者接到传染病疫情报告时，应当及时采取下列措施：

（1）对传染病疫情进行流行病学调查，根据调查情况提出划定疫点、疫区的建议，对被污染的场所进行卫生处理，对密切接触者，在指定场所进行医学观察和采取其他必要的预防措施，并向卫生行政部门提出疫情控制方案。

（2）传染病暴发、流行时，对疫点、疫区进行卫生处理，向卫生行政部门提出疫情控制方案，并按照卫生行政部门的要求采取措施。

（3）指导下级疾病预防控制机构实施传染病预防、控制措施，组织、指导有关单位对传染病疫情的处理。

（三）疫情发生后的隔离措施

1. 隔离措施的实施主体

对已经发生甲类传染病病例的场所或者该场所内的特定区域的人员，所在地的县级以上地方人民政府可以实施隔离措施。

2. 隔离措施的申报

县级以上地方人民政府实施隔离措施后应向上一级人民政府报告，接到报告的上级人民政府应当即时作出是否批准的决定。上级人民政府作出不予批准决定的，实施隔离措施的人民政府应当立即解除隔离措施。

3. 隔离措施的解除

隔离措施的解除，由原决定机关决定并宣布。

4. 被隔离人员的保障

在隔离期间，实施隔离措施的人民政府应当对被隔离人员提供生活保障；被隔离人员有工作单位的，所在单位不得停止支付其隔离期间的工作报酬。

（四）传染病暴发、流行时的控制措施

1. 地方人民政府应采取的措施

传染病防治法第四十二条规定，传染病暴发、流行时，县级以上地方人民政府应当立即组织力量，按照预防、控制预案进行防治，切断传染病的传播途径，必要时，报经上一级人民政府决定，可以采取下列紧急措施并予以公告：

（1）限制或者停止集市、影剧院演出或者其他人群聚集的活动。

（2）停工、停业、停课。

（3）封闭或者封存被传染病病原体污染的公共饮用水源、食品以及相关物品。

（4）控制或者扑杀染疫野生动物、家畜家禽。

（5）封闭可能造成传染病扩散的场所。

上级人民政府接到下级人民政府关于采取前款所列紧急措施的报告时，应当即时作出决定。紧急措施的解除，由原决定机关决定并宣布。

2. 人员调配与物资储备

传染病暴发、流行时，根据传染病疫情控制的需要，国务院有权在全国范围或者跨省、自治区、直辖市范围内，县级以上地方人民政府有权在本行政区域内紧急调集人员或者调用储备物资，临时征用房屋、交通工具以及相关设施、设备。

紧急调集人员的，应当按照规定给予合理报酬。临时征用房屋交通工具以及相关设施、设备的，应当依法给予补偿；能返还的，应当及时返还。

3. 药品和医疗器械的生产、供应及运输

传染病暴发、流行时，药品和医疗器械生产、供应单位应当及时生产、供应防治传染病的药品和医疗器械。铁路、交通、民用航空经营单位必须优先运送处理传染病疫情的人员以及防治传染病的药品和医疗器械。县级以上人民政府有关部门应当做好组织协调工作。

（五）交通卫生检疫

传染病防治法第四十四条规定，发生甲类传染病时，为了防止该传染病通过交通工具及其乘运的人员、物资传播，可以实施交通卫生检疫。具体办法由国务院制定。

1. 交通卫生检疫的管理部门

国务院卫生行政部门主管全国国内交通卫生检疫监督管理工作。

县级以上地方人民政府卫生行政部门负责本行政区域内的国内交通卫生检疫监督管理工作。

铁路、交通、民用航空行政主管部门的卫生主管机构，根据有关法律、法规和

国务院卫生行政部门分别会同国务院铁路、交通、民用航空行政主管部门规定的职责划分，负责各自职责范围内的国内交通卫生检疫工作。

2. 交通卫生检疫措施

对出入检疫传染病疫区的交通工具及其乘运的人员、物资，县级以上地方人民政府卫生行政部门或者铁路、交通、民用航空行政主管部门的卫生主管机构根据各自的职责，有权采取下列相应的交通卫生检疫措施：

（1）对出入检疫传染病疫区的人员、交通工具及其承运的物资进行查验。

（2）对检疫传染病病人、病原携带者、疑似检疫传染病病人和与其密切接触者，实施临时隔离、医学检查及其他应急医学措施。

（3）对被检疫传染病病原体污染或者可能被污染的物品，实施控制和卫生处理。

（4）对通过该疫区的交通工具及其停靠场所，实施紧急卫生处理。

（5）需要采取的其他卫生检疫措施。

非检疫传染病疫区的交通工具上发现下列情形之一时，县级以上地方人民政府卫生行政部门或者铁路、交通、民用航空行政主管部门的卫生主管机构根据各自的职责，有权对交通工具及其乘运的人员、物资实施交通卫生检疫：

（1）发现有感染鼠疫的啮齿类动物或者啮齿类动物反常死亡，并且死因不明。

（2）发现鼠疫、霍乱病人、病原携带者和疑似鼠疫、霍乱病人。

（3）发现国务院确定并公布的需要实施国内交通卫生检疫的其他传染病。

3. 检疫合格证明的发放

县级以上地方人民政府卫生行政部门或者铁路、交通、民用航空行政主管部门的卫生主管机构，根据各自的职责，对出入检疫传染病疫区的或者在非检疫传染病疫区发现检疫传染病疫情的交通工具及其乘运的人员、物资，实施交通卫生检疫；经检疫合格的，签发检疫合格证明。交通工具及其乘运的人员、物资凭检疫合格证明，方可通行。

（六）尸体卫生处理

患甲类传染病、炭疽死亡的，应当将尸体立即进行卫生处理，就近火化。患其他传染病死亡的，必要时，应当将尸体进行卫生处理后火化或者按照规定深埋。为了查找传染病病因，医疗机构在必要时可以按照国务院卫生行政部门的规定，对传染病病人尸体或者疑似传染病病人尸体进行解剖查验，并应当告知死者家属。

二、医疗救治

1. 传染病医疗救治服务网络的建设

县级以上人民政府应当加强和完善传染病医疗救治服务网络的建设，指定具备传染病救治条件和能力的医疗机构承担传染病救治任务，或者根据传染病救治需要设置传染病医院。

2. 对医疗救治机构的要求

医疗机构的基本标准、建筑设计和服务流程，应当符合预防传染病医院感染的要求；应当按照国务院卫生行政部门规定的传染病诊断标准和治疗要求，采取相应措施，提高传染病医疗救治能力。

医疗机构应当按照规定对使用的医疗器械进行消毒；对按照规定一次使用的医疗器具，应当在使用后予以销毁。

3. 医疗救治的实施

医疗机构应当对传染病病人或者疑似传染病病人提供医疗救护、现场救援和接诊治疗，书写病历记录以及其他有关资料，并妥善保管。

医疗机构应当实行传染病预检、分诊制度；对传染病病人、疑似传染病病人，应当引导至相对隔离的分诊点进行初诊。

医疗机构不具备相应救治能力的，应当将患者及其病历记录复印件一并转至具备相应救治能力的医疗机构。具体办法由国务院卫生行政部门规定。

第五节　相关法律责任

国家各级人民政府及相关部门，在国家赋予的权限范围内在传染病疫情报告、沟通、公布，传染病预防控制、监督检查等方面承担着重要职责。根据国务院《全面推进依法行政实施纲要》所提出的“有权必有责、有权受监督、违法受追究、权责相统一”的要求，各级人民政府及相关部门应严格按照法律法规的规定履行职责，一旦违法或不当行使权力，就必须承担相应的法律责任。

一、地方各级人民政府及政府有关部门的法律责任

（一）隐瞒、谎报、未采取救治措施的法律责任

传染病防治法第六十五条规定，地方各级人民政府未依照本法的规定履行报告职责，或者隐瞒、谎报、缓报传染病疫情，或者在传染病暴发、流行时，未及时组织救治、采取控制措施的，由上级人民政府责令改正，通报批评；造成传染病传播、流行或者其他严重后果的，对负有责任的主管人员，依法给予行政处分；构成犯罪的，依法追究刑事责任。

（二）未履行传染病防治、保障工作应承担的法律责任

传染病防治法第六十七条规定，县级以上人民政府有关部门未依照本法的规定履行传染病防治和保障职责的，由本级人民政府或者上级人民政府有关部门责令改正，通报批评；造成传染病传播、流行或者其他严重后果的，对负有责任的主管人员和其他直接责任人员，依法给予行政处分；构成犯罪的，依法追究刑事责任。

二、县级以上人民政府卫生行政部门的法律责任

传染病防治法第六十六条规定，县级以上人民政府卫生行政部门违反本法规定，有下列情形之一的，由本级人民政府、上级人民政府卫生行政部门责令改正，通报批评；造成传染病传播、流行或者其他严重后果的，对负有责任的主管人员和其他直接责任人员，依法给予行政处分；构成犯罪的，依法追究刑事责任：

（1）未依法履行传染病疫情通报、报告或者公布职责，或者隐瞒、谎报、缓报传染病疫情的。

（2）发生或者可能发生传染病传播时未及时采取预防、控制措施的。

（3）未依法履行监督检查职责，或者发现违法行为不及时查处的。

（4）未及时调查、处理单位和个人对下级卫生行政部门不履行传染病防治职责的举报的。

（5）违反本法的其他失职、渎职行为。

三、疾病预防控制机构的法律责任

传染病防治法第六十八条规定，疾病预防控制机构违反本法规定，有下列情形之一的，由县级以上人民政府卫生行政部门责令限期改正，通报批评，给予警告；对负有责任的主管人员和其他直接责任人员，依法给予降级、撤职、开除的处分，并可以依法吊销有关责任人员的执业证书；构成犯罪的，依法追究刑事责任：

（1）未依法履行传染病监测职责的。

（2）未依法履行传染病疫情报告、通报职责，或者隐瞒、谎报、缓报传染病疫情的。

（3）未主动收集传染病疫情信息，或者对传染病疫情信息和疫情报告未及时进行分析、调查、核实的。

（4）发现传染病疫情时，未依据职责及时采取本法规定的措施的。

（5）故意泄露传染病病人、病原携带者、疑似传染病病人、密切接触者涉及个人隐私的有关信息、资料的。

四、医疗机构的法律责任

传染病防治法第六十九条规定，医疗机构违反本法规定，有下列情形之一的，由县级以上人民政府卫生行政部门责令改正，通报批评，给予警告；造成传染病传播、流行或者其他严重后果的，对负有责任的主管人员和其他直接责任人员，依法给予降级、撤职、开除的处分，并可以依法吊销有关责任人员的执业证书；构成犯罪的，依法追究刑事责任：

（1）未按照规定承担本单位的传染病预防、控制工作、医院感染控制任务和责任区域内的传染病预防工作的。

（2）未按照规定报告传染病疫情，或者隐瞒、谎报、缓报传染病疫情的。

（3）发现传染病疫情时，未按照规定对传染病病人、疑似传染病病人提供医疗救护、现场救援、接诊、转诊的，或者拒绝接受转诊的。

（4）未按照规定对本单位内被传染病病原体污染的场所、物品以及医疗废物实施消毒或者无害化处置的。

（5）未按照规定对医疗器械进行消毒，或者对按照规定一次使用的医疗器具未予销毁，再次使用的。

（6）在医疗救治过程中未按照规定保管医学记录资料的。

（7）故意泄露传染病病人、病原携带者、疑似传染病病人、密切接触者涉及个人隐私的有关信息、资料的。

以案释法 10

传染病防治失职罪

2014年8月5日，甲县A乡中心小学三年一班的一位学生，出现不明原因的乏力、腹痛、食欲减退，皮肤巩膜黄染和稀便等症状，班主任将该学生送到A乡卫生所诊治后，被诊断为甲肝。随后该校相继又有10名学生发病，A乡卫生所依照规定将疫情报告给了A乡卫生院防保组组长孙某。孙某接到疫情报告后，并未认真履行传染病疫情上报职责，最终导致疫情暴发，历时近2个月，波及3所学校，共发病68例。2015年6月，检察院以传染病防治失职罪向人民法院提起公诉。法院审理认为，孙某身为从事传染病防治的政府卫生行政部门的工作人员，在工作中严重不负责任，在得知甲肝疫情后缓报疫情，导致甲肝传染病流行，情节严重，其行为已构成传染病防治失职罪，最终孙某被判处有期徒刑1年，缓刑2年。

释解

传染病防治法第六十六条规定，县级以上人民政府卫生行政部门违反规定，有下列情形之一的，由本级人民政府、上级人民政府卫生行政部门责令改正，通报批评；造成传染病传播、流行或者其他严重后果的，对负有责任的主管人员和其他直接责任人员，依法给予行政处分；构成犯罪的，依法追究刑事责任：（1）未依法履行传染病疫情通报、报告或者公布职责，或者隐瞒、谎报、缓报传染病疫情的；（2）发生或者可能发生传染病传播时未及时采取预防、控制措施的；（3）未依法履行监督检查职责，或者发现违法行为不及时查处的；（4）未及时调查、处理单位和个人对下级卫生行政部门不履行传染病防治职责的举报的；（5）违反本法的其他失职、渎职行为。

刑法第四百零九条规定，从事传染病防治的政府卫生行政部门的工作人员严重不负责任，导致传染病传播或者流行，情节严重的，处3年以下有期徒刑或者拘役。

本案中，孙某身为从事传染病防治的政府卫生行政部门的工作人员未依照传染病防治法的规定履行职责，最终导致疫情的蔓延、暴发，孙某具有不可推卸的责任，应依法承担法律责任。

第六章

职业病防治管理

导读

广大劳动者长年累月工作在生产第一线，他们中的很多人遭受着职业病危害的侵袭。职业病危害分布在30多个行业，其中以煤炭、冶金、建材、有色金属、机械、化工等行业最为突出。我国实施可持续发展战略，必须靠法治和制度加强职业病防治工作，保护劳动者的生命健康和社会生态环境；控制职业病危害，依法加强职业病防治，使劳动者不患或少患职业病是职业病防治工作的始终目标。

自改革开放以来，我国职业病防治取得了较大的成就，特别是职业病防治法的颁布，对规范用人单位、劳动者、职业卫生技术服务机构、政府部门职业病防治的权利、义务、责任，为依法行政，依法办事，依法开展职业病防治工作提供了依据。与此同时，我们也应清楚地认识到职业病防治工作还存在不少问题，面临的形势十分严峻，防治工作任重道远。

第一节　我国职业病防治概况

劳动者是生产力要素中最为活跃的因素，劳动者的职业健康是社会经济发展的基础。只有劳动者健康权益获得有效维护，社会经济才能得以发展。通过本节内容的学习，广大读者能够对我国职业病防治工作有一个简要的了解。

一、职业病的概念及分类

职业病，是指企业、事业单位和个体经济组织等用人单位的劳动者在职业活动中，因接触粉尘、放射性物质和其他有毒、有害因素而引起的疾病。

根据职业病分类和目录，我国目前共有132种职业病，具体分类和目录由国务院卫生行政部门会同国务院安全生产监督管理部门、劳动保障行政部门制定、调整并公布。

二、职业病防治工作的方针与机制

职业病防治工作坚持预防为主、防治结合的方针，建立用人单位负责、行政机关监管、行业自律、职工参与和社会监督的机制，实行分类管理、综合治理。

三、政府部门在职业病防治方面的职责分工

国务院和县级以上地方人民政府应当制定职业病防治规划，将其纳入国民经济和社会发展计划，并组织实施。县级以上地方人民政府统一负责、领导、组织、协调本行政区域的职业病防治工作，建立健全职业病防治工作体制、机制，统一领导、指挥职业卫生突发事件应对工作；加强职业病防治能力建设和服务体系建设，完善、落实职业病防治工作责任制。乡、民族乡、镇的人民政府应当认真执行职业病防治法，支持职业卫生监督管理部门依法履行职责。

县级以上人民政府职业卫生监督管理部门应当加强对职业病防治的宣传教育，普及职业病防治的知识，增强用人单位的职业病防治观念，提高劳动者的职业健康意识、自我保护意识和行使职业卫生保护权利的能力。

四、职业病防治的政策保障措施

国家鼓励和支持研制、开发、推广、应用有利于职业病防治和保护劳动者健康的新技术、新工艺、新设备、新材料，加强对职业病的机理和发生规律的基础研究，提高职业病防治科学技术水平；积极采用有效的职业病防治技术、工艺、设备、材料；限制使用或者淘汰职业病危害严重的技术、工艺、设备、材料。国家鼓励和支持职业病医疗康复机构的建设。

五、职业防治的监督管理

国务院安全生产监督管理部门、卫生行政部门、劳动保障行政部门依照职业病防治法和国务院确定的职责，负责全国职业病防治的监督管理工作。国务院有关部门在各自的职责范围内负责职业病防治的有关监督管理工作。

县级以上地方人民政府安全生产监督管理部门、卫生行政部门、劳动保障行政部门依据各自职责，负责本行政区域内职业病防治的监督管理工作。县级以上地方人民政府有关部门在各自的职责范围内负责职业病防治的有关监督管理工作。

县级以上人民政府安全生产监督管理部门、卫生行政部门、劳动保障行政部门应当加强沟通，密切配合，按照各自职责分工，依法行使职权，承担责任。

第二节　前期预防

职业病危害问题已成为威胁我国劳动力资源可持续发展，制约经济发展的主要因素之一。古今中外的实践证明，职业病危害是完全可以预防和控制的，对可能产生或存在的职业病危害采取前期预防的措施，能使职业危害不再走先危害后治理、有危害难治理的老路，广大劳动者的健康权益就可以从源头上得以保障。

一、用人单位在职业病前期预防方面的责任

用人单位应当依照法律、法规要求，严格遵守国家职业卫生标准，落实职业病预防措施，从源头上控制和消除职业病危害。

产生职业病危害的用人单位的设立除应当符合法律、行政法规规定的设立条件外，其工作场所还应当符合下列职业卫生要求：

（1）职业病危害因素的强度或者浓度符合国家职业卫生标准；（2）有与职业病危害防护相适应的设施；（3）生产布局合理，符合有害与无害作业分开的原则；（4）有配套的更衣间、洗浴间、孕妇休息间等卫生设施；（5）设备、工具、用具等设施符合保护劳动者生理、心理健康的要求；（6）法律、行政法规和国务院卫生行政部门、安全生产监督管理部门关于保护劳动者健康的其他要求。

二、职业病危害项目申报制度

国家建立职业病危害项目申报制度。用人单位工作场所存在职业病目录所列职业病的危害因素的，应当及时、如实向所在地安全生产监督管理部门申报危害项目，接受监督。

具体职业病危害因素分类目录由国务院卫生行政部门会同国务院安全生产监督管理部门制定、调整并公布。

三、职业病危害预评价、效果评价制度

新建、扩建、改建建设项目和技术改造、技术引进项目可能产生职业病危害的，建设单位在可行性论证阶段应当向安全生产监督管理部门提交职业病危害预评价报告。安全生产监督管理部门应当自收到职业病危害预评价报告之日起30日内，作出审核决定并书面通知建设单位。未提交预评价报告或者预评价报告未经安全生产监督管理部门审核同意的，有关部门不得批准该建设项目。职业病危害预评价报告应当对建设项目可能产生的职业病危害因素及其对工作场所和劳动者健康的影响作出评价，确定危害类别和职业病防护措施。

建设项目在竣工验收前，建设单位应当进行职业病危害控制效果评价。职业病危害控制效果评价应由依法设立的取得国务院安全生产监督管理部门或设区市级以上地方人民政府安全生产监督管理部门按照职责分工给予资质认可的职业卫生技术

服务机构进行。

职业病危害预评价、职业病危害控制效果评价由依法设立的取得国务院安全生产监督管理部门或者设区的市级以上地方人民政府安全生产监督管理部门按照职责分工给予资质认可的职业卫生技术服务机构进行。职业卫生技术服务机构所作评价应当客观、真实。

四、职业病防护设施

建设项目竣工验收时，其职业病防护设施经安全生产监督管理部门验收合格后，方可投入正式生产和使用。

职业病危害严重的建设项目的防护设施设计，应当经安全生产监督管理部门审查，符合国家职业卫生标准和卫生要求的，方可施工。

建设项目的职业病防护设施所需费用应当纳入建设项目工程预算，并与主体工程同时设计，同时施工，同时投入生产和使用。

以案释法 11

企业未进行职业病危害预评价、控制效果评价应承担相应的法律责任

某工程机械有限公司是一家中外合资企业，主要生产面向国内外市场的挖掘机、推土机工作装置的结构配件。该企业的一个生产线建设项目于2013年开始动工建设，该建设项目在生产过程主要是电焊作业及喷漆作业，因此可能产生粉尘、电焊烟尘、噪声、一氧化碳和有机溶剂等职业病危害因素。最终，该生产线建设项目于2015年2月建成并正式投产使用。

甲市卫生局在2015年3月对该工程机械有限公司进行职业卫生执法监督检查时，发现该企业2013年的生产线建设项目，在项目可行性论证阶段未进行职业病危害预评价；项目正式投产使用后也未进行职业病危害控制效果评价；同时其职业病防护设施也在未经卫生行政部门验收的情况下而擅自投入生产、使用。

基于上述事实，甲市卫生局监督员给予该工程机械有限公司充分的政策宣传与业务指导，依法要求企业积极整改，并下达了卫生监督意见书。

释解

职业病防治法第十七条第一款规定，新建、扩建、改建建设项目和技术改造、技术引进项目可能产生职业病危害的，建设单位在可行性论证阶段应当向安全生产监督管理部门提交职业病危害预评价报告。安全生产监督管理部门应当自收到职业

病危害预评价报告之日起30日内，作出审核决定并书面通知建设单位。未提交预评价报告或者预评价报告未经安全生产监督管理部门审核同意的，有关部门不得批准该建设项目。

本案中，该企业的行为明显与职业病防治法的规定相悖，如果企业不遵从这一法律规定，也就失去了从源头上控制职业病危害的有力屏障。

第三节　劳动过程中的防护与管理

企业对职业病危害的防治与管理措施是贯彻执行职业病防治法的具体行为。企业的职业病防护管理措施是否完善，直接影响企业义务的履行和职工权利的实现。企业应加强职业病防治管理，有效保护职工的健康权益。

一、用人单位的职业病防治管理措施

用人单位应当采取下列职业病防治管理措施：

（1）设置或者指定职业卫生管理机构或者组织，配备专职或者兼职的职业卫生管理人员，负责本单位的职业病防治工作。

（2）制定职业病防治计划和实施方案。

（3）建立、健全职业卫生管理制度和操作规程。

（4）建立、健全职业卫生档案和劳动者健康监护档案。

（5）建立、健全工作场所职业病危害因素监测及评价制度。

（6）建立、健全职业病危害事故应急救援预案。

二、职业病防治设施、技术与资金投入

用人单位必须采用有效的职业病防护设施，并为劳动者提供个人使用的职业病防护用品。用人单位所提供的防护用品必须符合防治职业病的要求，不符合要求的不得使用，并应进行经常性的维护、检修，定期检测其性能和效果，确保其处于正常状态，不得擅自拆除或者停止使用。

用人单位应当优先采用有利于防治职业病和保护劳动者健康的新技术、新工艺、新设备、新材料，逐步替代职业病危害严重的技术、工艺、设备、材料。

用人单位应当保障职业病防治所需的资金投入，不得挤占、挪用，并对因资金投入不足导致的后果承担责任。

三、职业病危害的警示告知

（一）公告栏与警示标识的设置

产生职业病危害的用人单位，应当在醒目位置设置公告栏，公布有关职业病防治的规章制度、操作规程、职业病危害事故应急救援措施和工作场所职业病危害因

素检测结果。

对产生严重职业病危害的作业岗位，应当在其醒目位置，设置警示标识和中文警示说明。警示说明应当载明产生职业病危害的种类、后果、预防以及应急救治措施等内容。

（二）劳动合同中的危害因素告知

职业病防治法第三十三条规定，用人单位与劳动者订立劳动合同时，应当将工作过程中可能产生的职业病危害及其后果、职业病防护措施和待遇等如实告知劳动者，并在劳动合同中写明，不得隐瞒或者欺骗。

劳动者在已订立劳动合同期间因工作岗位或者工作内容变更，从事与所订立劳动合同中未告知的存在职业病危害的作业时，用人单位应当依照前款规定，向劳动者履行如实告知的义务，并协商变更原劳动合同相关条款。

用人单位违反前两款规定的，劳动者有权拒绝从事存在职业病危害的作业，用人单位不得因此解除与劳动者所订立的劳动合同。

（三）设备材料的警示标识与中文说明

向用人单位提供可能产生职业病危害的设备的，应当提供中文说明书，并在设备的醒目位置设置警示标识和中文警示说明。警示说明应当载明设备性能、可能产生的职业病危害、安全操作和维护注意事项、职业病防护以及应急救治措施等内容。

向用人单位提供可能产生职业病危害的化学品、放射性同位素和含有放射性物质的材料的，应当提供中文说明书。说明书应当载明产品特性、主要成份、存在的有害因素、可能产生的危害后果、安全使用注意事项、职业病防护以及应急救治措施等内容。产品包装应当有醒目的警示标识和中文警示说明。储存上述材料的场所应当在规定的部位设置危险物品标识或者放射性警示标识。

四、职业病危害因素的检测、评价与治理

（一）职业病危害因素检测、评价要求

用人单位应当按照国务院安全生产监督管理部门的规定，定期对工作场所进行职业病危害因素检测、评价。检测、评价结果存入用人单位职业卫生档案，定期向所在地安全生产监督管理部门报告并向劳动者公布。

（二）职业病危害因素的检测、评价机构

职业病危害因素检测、评价由依法设立的取得国务院安全生产监督管理部门或者设区的市级以上地方人民政府安全生产监督管理部门按照职责分工给予资质认可的职业卫生技术服务机构进行。职业卫生技术服务机构所作检测、评价应当客观、真实。

（三）职业病危害因素的治理

用人单位发现工作场所职业病危害因素不符合国家职业卫生标准和卫生要求时，应当立即采取相应治理措施，仍然达不到国家职业卫生标准和卫生要求的，必须停

止存在职业病危害因素的作业；职业病危害因素经治理后，符合国家职业卫生标准和卫生要求的，方可重新作业。

五、职业卫生培训与健康检查、健康监护档案

（一）职业卫生培训

用人单位的主要负责人和职业卫生管理人员应当接受职业卫生培训，遵守职业病防治法律、法规，依法组织本单位的职业病防治工作。

用人单位应当对劳动者进行上岗前的职业卫生培训和在岗期间的定期职业卫生培训，普及职业卫生知识，督促劳动者遵守职业病防治法律、法规、规章和操作规程，指导劳动者正确使用职业病防护设备和个人使用的职业病防护用品。

劳动者应当学习和掌握相关的职业卫生知识，增强职业病防范意识，遵守职业病防治法律、法规、规章和操作规程，正确使用、维护职业病防护设备和个人使用的职业病防护用品，发现职业病危害事故隐患应当及时报告。

（二）职业健康检查

对从事接触职业病危害的作业的劳动者，用人单位应当按照国务院安全生产监督管理部门、卫生行政部门的规定组织上岗前、在岗期间和离岗时的职业健康检查，并将检查结果书面告知劳动者。职业健康检查费用由用人单位承担。

用人单位不得安排未经上岗前职业健康检查的劳动者从事接触职业病危害的作业；不得安排有职业禁忌的劳动者从事其所禁忌的作业；对在职业健康检查中发现有与所从事的职业相关的健康损害的劳动者，应当调离原工作岗位，并妥善安置；对未进行离岗前职业健康检查的劳动者不得解除或者终止与其订立的劳动合同。

职业健康检查应当由省级以上人民政府卫生行政部门批准的医疗卫生机构承担。

（三）职业健康监护档案

用人单位应当为劳动者建立职业健康监护档案，并按照规定的期限妥善保存。

职业健康监护档案应当包括劳动者的职业史、职业病危害接触史、职业健康检查结果和职业病诊疗等有关个人健康资料。

劳动者离开用人单位时，有权索取本人职业健康监护档案复印件，用人单位应当如实、无偿提供，并在所提供的复印件上签章。

六、劳动者的职业卫生保护权利

职业病防治法第三十九条规定，劳动者享有下列职业卫生保护权利：

（1）获得职业卫生教育、培训；（2）获得职业健康检查、职业病诊疗、康复等职业病防治服务；（3）了解工作场所产生或者可能产生的职业病危害因素、危害后果和应当采取的职业病防护措施；（4）要求用人单位提供符合防治职业病要求的职业病防护设施和个人使用的职业病防护用品，改善工作条件；（5）对违反职业病防治法律、法规以及危及生命健康的行为提出批评、检举和控告；（6）拒绝违章指挥和强

令进行没有职业病防护措施的作业；（7）参与用人单位职业卫生工作的民主管理，对职业病防治工作提出意见和建议。

用人单位应当保障劳动者行使前款所列权利。因劳动者依法行使正当权利而降低其工资、福利等待遇或者解除、终止与其订立的劳动合同的，其行为无效。

七、工会组织的权利与义务

工会组织应当督促并协助用人单位开展职业卫生宣传教育和培训，有权对用人单位的职业病防治工作提出意见和建议，依法代表劳动者与用人单位签订劳动安全卫生专项集体合同，与用人单位就劳动者反映的有关职业病防治的问题进行协调并督促解决。

工会组织对用人单位违反职业病防治法律、法规，侵犯劳动者合法权益的行为，有权要求纠正；产生严重职业病危害时，有权要求采取防护措施，或者向政府有关部门建议采取强制性措施；发生职业病危害事故时，有权参与事故调查处理；发现危及劳动者生命健康的情形时，有权向用人单位建议组织劳动者撤离危险现场，用人单位应当立即作出处理。

第四节　职业病诊断与职业病病人保障

加强职业病诊断制度研究，提高职业健康监护水平，减少和避免职业病诊断纠纷，是落实职业病防治法，落实国家职业病防治规划的一项重要措施。与此同时，建立完善的职业病病人保障体系，切实保障劳动者的合法权益显得尤为重要。

一、职业病诊断

（一）职业病诊断机构

1. 职业病诊断机构的审批部门

根据职业病防治法的规定，职业病诊断机构由省、自治区、直辖市人民政府卫生行政部门负责审批。

2. 职业病诊断机构应具备的条件

承担职业病诊断的医疗卫生机构应当具备下列条件：（1）持有医疗机构执业许可证；（2）具有与开展职业病诊断相适应的医疗卫生技术人员；（3）具有与开展职业病诊断相适应的仪器、设备；（4）具有健全的职业病诊断质量管理制度。

3. 医疗卫生机构申请开展职业病诊断应提交的资料

医疗卫生机构申请开展职业病诊断，应当向省级卫生行政部门提交以下资料：

（1）职业病诊断机构申请表；（2）医疗机构执业许可证及副本的复印件；（3）与申请开展的职业病诊断项目相关的诊疗科目及相关资料；（4）与申请项目相

适应的职业病诊断医师等相关医疗卫生技术人员情况；(5)与申请项目相适应的场所和仪器、设备清单；(6)职业病诊断质量管理制度有关资料；(7)省级卫生行政部门规定提交的其他资料。

4. 职业病诊断机构的职责

职业病诊断与鉴定管理办法第十二条规定，职业病诊断机构的职责是：

(1)在批准的职业病诊断项目范围内开展职业病诊断；(2)报告职业病；(3)报告职业病诊断工作情况；(4)承担职业病防治法中规定的其他职责。

(二)职业病诊断过程

1. 职业病诊断标准

职业病防治法第四十五条规定，职业病诊断标准和职业病诊断、鉴定办法由国务院卫生行政部门制定。职业病伤残等级的鉴定办法由国务院劳动保障行政部门会同国务院卫生行政部门制定。

2. 职业病诊断所需资料

职业病诊断所需资料有：(1)劳动者职业史和职业病危害接触史(包括在岗时间、工种、岗位、接触的职业病危害因素名称等)；(2)劳动者职业健康检查结果；(3)工作场所职业病危害因素检测结果；(4)职业性放射性疾病诊断还需要个人剂量监测档案等资料；(5)与诊断有关的其他资料。

3. 职业病诊断因素

职业病诊断因素有：(1)病人的职业史；(2)职业病危害接触史和工作场所职业病危害因素情况；(3)临床表现以及辅助检查结果等。

4. 职业病诊断过程

承担职业病诊断的医疗卫生机构在进行职业病诊断时，应当组织3名以上取得职业病诊断资格的执业医师集体诊断。如有需要，可以聘请其他单位职业病诊断医师参加诊断。必要时，也可以邀请相关专业专家提供咨询意见。没有证据否定职业病危害因素与病人临床表现之间的必然联系的，应当诊断为职业病。

诊断医师对诊断结论有意见分歧的，应当根据半数以上诊断医师的一致意见形成诊断结论，对不同意见应当如实记录。参加诊断的职业病诊断医师不得弃权。

5. 职业病诊断证明书

职业病诊断证明书应当由参与诊断的医师共同签署，并经承担职业病诊断的医疗卫生机构审核盖章。

职业病诊断证明书应当包括以下内容：(1)劳动者、用人单位基本信息；(2)诊断结论，确诊为职业病的，应当载明职业病的名称、程度(期别)、处理意见；(3)诊断时间。

6.职业病的报告

用人单位和医疗卫生机构发现职业病病人或者疑似职业病病人时，应当及时向所在地卫生行政部门和安全生产监督管理部门报告。确诊为职业病的，用人单位还应当向所在地劳动保障行政部门报告。接到报告的部门应当依法作出处理。

县级以上地方人民政府卫生行政部门负责本行政区域内的职业病统计报告的管理工作，并按照规定上报。

（三）职业病诊断鉴定

1.职业病诊断鉴定的提出

当事人对职业病诊断有异议的，可以在接到职业病诊断证明书之日起30日内，向作出诊断的医疗卫生机构所在地地方人民政府卫生行政部门申请鉴定。

职业病诊断争议由设区的市级以上地方人民政府卫生行政部门根据当事人的申请，组织职业病诊断鉴定委员会进行鉴定。

当事人对设区的市级职业病诊断鉴定委员会的鉴定结论不服的，可以向省、自治区、直辖市人民政府卫生行政部门申请再鉴定。

2.职业病诊断鉴定委员会

（1）职业病诊断鉴定委员会的组成人员。职业病诊断鉴定委员会由相关专业的专家组成。专家组人数为5人以上单数，其中相关专业职业病诊断医师应当为本次专家人数的半数以上。疑难病例应当增加专家组人数，充分听取意见。专家组设组长1名，由专家组成员推举产生。

省、自治区、直辖市人民政府卫生行政部门应当设立相关的专家库，需要对职业病争议作出诊断鉴定时，由当事人或者当事人委托有关卫生行政部门从专家库中以随机抽取的方式确定参加诊断鉴定委员会的专家。

专家应当具备下列条件：①具有良好的业务素质和职业道德；②具有相关专业的高级专业技术职务任职资格；③熟悉职业病防治法律法规和职业病诊断标准；④身体健康，能够胜任职业病鉴定工作。

（2）职业病诊断鉴定专家的回避。参与职业病鉴定的专家有下列情形之一的，应当回避：①是职业病鉴定当事人或者当事人近亲属的；②已参加当事人职业病诊断或者首次鉴定的；③与职业病鉴定当事人有利害关系的；④与职业病鉴定当事人有其他关系，可能影响鉴定公正的。

（3）鉴定结论的作出。职业病诊断鉴定委员会组成人员应当遵守职业道德，客观、公正地进行诊断鉴定，并承担相应的责任。职业病诊断鉴定委员会组成人员不得私下接触当事人，不得收受当事人的财物或者其他好处，与当事人有利害关系的，应当回避。

职业病诊断鉴定应当按照国务院卫生行政部门颁布的职业病诊断标准和职业病

诊断、鉴定办法进行。职业病诊断鉴定委员会应在事实清楚的基础上，进行综合分析，作出鉴定结论，并制作鉴定书。

职业病鉴定书应当包括以下内容：①劳动者、用人单位的基本信息及鉴定事由；②鉴定结论及其依据，如果为职业病，应当注明职业病名称、程度（期别）；③鉴定时间。

（四）用人单位在职业病诊断、鉴定过程中的责任

1. 提供相关资料

用人单位应当如实提供职业病诊断、鉴定所需的劳动者职业史和职业病危害接触史、工作场所职业病危害因素检测结果等资料；安全生产监督管理部门应当监督检查和督促用人单位提供上述资料。

职业病诊断、鉴定过程中，用人单位不提供工作场所职业病危害因素检测结果等资料的，诊断、鉴定机构应当结合劳动者的临床表现、辅助检查结果和劳动者的职业史、职业病危害接触史，并参考劳动者的自述、安全生产监督管理部门提供的日常监督检查信息等，作出职业病诊断、鉴定结论。

2. 配合现场调查

职业病诊断、鉴定机构需要了解工作场所职业病危害因素情况时，可以对工作场所进行现场调查，也可以向安全生产监督管理部门提出，安全生产监督管理部门应当在10日内组织现场调查。用人单位不得拒绝、阻挠。

（五）职业病诊断、鉴定过程中的争议处理

1. 仲裁

职业病诊断、鉴定过程中，在确认劳动者职业史、职业病危害接触史时，当事人对劳动关系、工种、工作岗位或者在岗时间有争议的，可以向当地的劳动人事争议仲裁委员会申请仲裁；接到申请的劳动人事争议仲裁委员会应当受理，并在30日内作出裁决。

当事人在仲裁过程中对自己提出的主张，有责任提供证据。劳动者无法提供由用人单位掌握管理的与仲裁主张有关的证据的，仲裁庭应当要求用人单位在指定期限内提供；用人单位在指定期限内不提供的，应当承担不利后果。

2. 诉讼

用人单位对仲裁裁决不服的，可以在职业病诊断、鉴定程序结束之日起15日内依法向人民法院提起诉讼；诉讼期间，劳动者的治疗费用按照职业病待遇规定的途径支付。

二、职业病病人保障

（一）职业病病人待遇

根据职业病防治法的规定，用人单位应当：

（1）保障职业病病人依法享受国家规定的职业病待遇。

（2）按照国家有关规定，安排职业病病人进行治疗、康复和定期检查。

（3）对不适宜继续从事原工作的职业病病人，调离原岗位，并妥善安置。

（4）对从事接触职业病危害的作业的劳动者，应当给予适当岗位津贴。

（5）在发生分立、合并、解散、破产等情形时，对从事接触职业病危害的作业的劳动者进行健康检查，并按照国家有关规定妥善安置职业病病人。

（二）工伤保险

职业病病人的诊疗、康复费用，伤残以及丧失劳动能力的职业病病人的社会保障，按照国家有关工伤保险的规定执行。

劳动者被诊断患有职业病，但用人单位没有依法参加工伤保险的，其医疗和生活保障由该用人单位承担。

（三）民事赔偿

职业病病人除依法享有工伤保险外，依照有关民事法律，尚有获得赔偿的权利的，有权向用人单位提出赔偿要求。

（四）社会救助

用人单位已经不存在或者无法确认劳动关系的职业病病人，可以向地方人民政府民政部门申请医疗救助和生活等方面的救助。地方各级人民政府应当根据实际情况，采取措施，保证这类职业病病人获得医疗救治。

（五）疑似职业病病人的权益保障

医疗卫生机构发现疑似职业病病人时，应当告知劳动者本人并及时通知用人单位。

用人单位应当及时安排对疑似职业病病人进行诊断；在疑似职业病病人诊断或者医学观察期间，不得解除或者终止与其订立的劳动合同。

疑似职业病病人在诊断、医学观察期间的费用，由用人单位承担。

以案释法 12

用人单位应依法承担在职业病诊断、鉴定过程中的责任

张某是甲市A村的一位村民，自2009年起在一家耐磨材料公司上班，在该公司先后从事过杂工、破碎、开压力机等工种，而这些工种都会接触到粉尘。2013年5月，张某突感身体不适，主要表现为咳嗽、胸闷等症状。2013年6月，张某到甲市人民医院检查，胸片显示张某的双肺有阴影，但不能确诊病情。而后张某又到多家大型医院就诊，几家医院均告诉他患上了“尘肺”，并建议其到职业病医院进一步诊治。这让张某想起了2012年底，他到甲市防疫站做体检时，防疫站工作人员曾告知其肺部有问题。于是张某便来到防疫站进行查询，防疫站告诉张某，在那次体检后防疫站

曾通知耐磨材料公司让张某去复查，但张某并未得到单位的通知，于是他又找到单位询问，才知道单位私自扣下了复查通知。

根据职业病防治法的有关规定，职业病的诊断要由当地依法承担职业病诊断的医疗机构进行，也就是说张某需要到具备资格的甲市职业病防治所就诊。与此同时张某了解到，职业病诊断、鉴定需要用人单位出具相关证明。于是张某找到单位，要求为其出具一份诊断所需的材料，但是该耐磨材料公司并未同意。2013年8月，张某所在单位以其身体不再适合从事相关工作为由，要求解除与张某订立的劳动合同。

释解

职业病防治法第四十八条第一款规定，职业病诊断、鉴定过程中，用人单位不提供工作场所职业病危害因素检测结果等资料的，诊断、鉴定机构应当结合劳动者的临床表现、辅助检查结果和劳动者的职业史、职业病危害接触史，并参考劳动者的自述、安全生产监督管理部门提供的日常监督检查信息等，作出职业病诊断、鉴定结论。本案中，耐磨材料公司虽然不予提供张某职业病诊断、鉴定所需材料，但根据其他相关资料，也不影响职业病诊断、鉴定结论的作出。

职业病防治法第五十五条规定，医疗卫生机构发现疑似职业病病人时，应当告知劳动者本人并及时通知用人单位。用人单位应当及时安排对疑似职业病病人进行诊断；在疑似职业病病人诊断或者医学观察期间，不得解除或者终止与其订立的劳动合同。本案中，耐磨材料公司在收到张某的复查通知后故意扣留，同时在张某主动提出进行职业病检查时，欲与张某解除合同，这一系列行为均侵犯了张某的合法权益。

根据职业病防治法第七十二条的规定，应由安全生产监督管理部门给予警告，责令限期改正，逾期不改正的，处五万元以上二十万元以下的罚款；情节严重的，责令停止产生职业病危害的作业，或者提请有关人民政府按照国务院规定的权限责令关闭。

第五节　相关法律责任

根据职业病防治法的规定，各单位在职业病防治过程中，应当认真履行各自的职责，如不履行法定义务，将承担相应的法律责任。

一、用人单位的法律责任

职业病防治法第七十一条规定，用人单位违反本法规定，有下列行为之一的，由安全生产监督管理部门责令限期改正，给予警告，可以并处5万元以上10万元以下的罚款：

（1）未按照规定及时、如实向安全生产监督管理部门申报产生职业病危害的项目的。

（2）未实施由专人负责的职业病危害因素日常监测，或者监测系统不能正常监测的。

（3）订立或者变更劳动合同时，未告知劳动者职业病危害真实情况的。

（4）未按照规定组织职业健康检查、建立职业健康监护档案或者未将检查结果书面告知劳动者的。

（5）未依照本法规定在劳动者离开用人单位时提供职业健康监护档案复印件的。

职业病防治法第七十二条规定，用人单位违反本法规定，有下列行为之一的，由安全生产监督管理部门给予警告，责令限期改正，逾期不改正的，处5万元以上20万元以下的罚款；情节严重的，责令停止产生职业病危害的作业，或者提请有关人民政府按照国务院规定的权限责令关闭：

（1）工作场所职业病危害因素的强度或者浓度超过国家职业卫生标准的。

（2）未提供职业病防护设施和个人使用的职业病防护用品，或者提供的职业病防护设施和个人使用的职业病防护用品不符合国家职业卫生标准和卫生要求的。

（3）对职业病防护设备、应急救援设施和个人使用的职业病防护用品未按照规定进行维护、检修、检测，或者不能保持正常运行、使用状态的。

（4）未按照规定对工作场所职业病危害因素进行检测、评价的。

（5）工作场所职业病危害因素经治理仍然达不到国家职业卫生标准和卫生要求时，未停止存在职业病危害因素的作业的。

（6）未按照规定安排职业病病人、疑似职业病病人进行诊治的。

（7）发生或者可能发生急性职业病危害事故时，未立即采取应急救援和控制措施或者未按照规定及时报告的。

（8）未按照规定在产生严重职业病危害的作业岗位醒目位置设置警示标识和中文警示说明的。

（9）拒绝职业卫生监督管理部门监督检查的。

（10）隐瞒、伪造、篡改、毁损职业健康监护档案、工作场所职业病危害因素检测评价结果等相关资料，或者拒不提供职业病诊断、鉴定所需资料的。

（11）未按照规定承担职业病诊断、鉴定费用和职业病病人的医疗、生活保障费用的。

二、职业卫生技术服务机构、医疗卫生机构的法律责任

（一）未按照规定报告职业病、疑似职业病应承担的法律责任

医疗卫生机构未按照规定报告职业病、疑似职业病的，由有关主管部门依据职

责分工责令限期改正，给予警告，可以并处1万元以下的罚款；弄虚作假的，并处2万元以上5万元以下的罚款；对直接负责的主管人员和其他直接责任人员，可以依法给予降级或者撤职的处分。

（二）未获得相应资质擅自从事职业病服务诊断活动应承担的法律责任

职业病防治法第七十九条规定，未取得职业卫生技术服务资质认可擅自从事职业卫生技术服务的，或者医疗卫生机构未经批准擅自从事职业健康检查、职业病诊断的，由安全生产监督管理部门和卫生行政部门依据职责分工责令立即停止违法行为，没收违法所得；违法所得5000元以上的，并处违法所得2倍以上10倍以下的罚款；没有违法所得或者违法所得不足5000元的，并处5000元以上5万元以下的罚款；情节严重的，对直接负责的主管人员和其他直接责任人员，依法给予降级、撤职或者开除的处分。

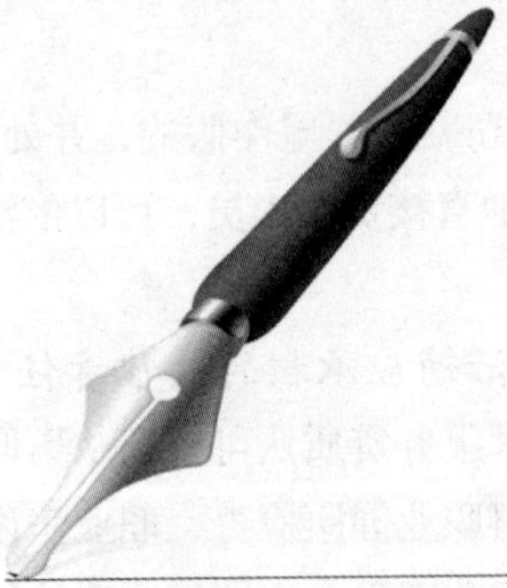

第七章

执业医师管理

导读

医师是指依法取得执业医师资格或者执业助理医师资格，经注册在医疗、预防、保健机构中执业的专业医务人员，包括执业医师和执业助理医师。医师应当具备良好的职业道德和医疗执业水平，发扬人道主义精神，履行防病治病、救死扶伤、保护人民健康的神圣职责。同时，医师也应受到全社会的尊重。医师依法履行职责，应受法律保护。

1998年6月26日，九届全国人大常委会三次会议通过了执业医师法，自1999年5月1日起施行。执业医师法为加强医师队伍的建设，提高医师职业道德和业务素质，保障医师合法权益，保护人民健康，提供了重要保障。

第一节　考试和注册

执业医师资格考试的性质是行业准入考试，是评价申请医师资格者是否具备从事医师工作所必需的专业知识与技能的考试，也是执业医师法和医师管理制度的核心内容。执业医师注册是对医师是否有行业资质的考核。这两项制度是我国社会管理制度化、规范化的社会主义市场经济的必然选择。

一、医师资格考试

（一）关于医师资格考试制度

国家实行医师资格考试制度。医师资格考试分为执业医师资格考试和执业助理医师资格考试。考试类别分为临床、中医（包括中医、民族医、中西医结合）、口腔、公共卫生四类。考试方式分为实践技能考试和医学综合笔试。医师资格考试方式的具体内容和方案由卫生部医师资格考试委员会制定。医师资格考试成绩合格，取得执业医师资格或者执业助理医师资格。

医师资格考试实行国家统一考试，每年举行一次。考试时间由卫生部医师资格考试委员会确定，提前3个月向社会公告。

（二）报考条件

执业医师法第九条规定，具有下列条件之一的，可以参加执业医师资格考试：

1. 具有高等学校医学专业本科以上学历，在执业医师指导下，在医疗、预防、保健机构中试用期满1年的；

2. 取得执业助理医师执业证书后，具有高等学校医学专科学历，在医疗、预防、保健机构中工作满2年的；具有中等专业学校医学专业学历，在医疗、预防、保健机构中工作满5年的。

执业医师法第十条规定，具有高等学校医学专科学历或者中等专业学校医学专业学历，在执业医师指导下，在医疗、预防、保健机构中试用期满1年的，可以参加执业助理医师资格考试。

执业医师法第十一条规定，以师承方式学习传统医学满3年或者经多年实践医术确有专长的，经县级以上人民政府卫生行政部门确定的传统医学专业组织或者医疗、预防、保健机构考核合格并推荐，可以参加执业医师资格或者执业助理医师资格考试。考试的内容和办法由国务院卫生行政部门另行制定。

（三）医师资格考试的组织管理

医师资格考试暂行办法第五条规定，卫生部医师资格考试委员会，负责全国医师资格考试工作。委员会下设办公室和专门委员会。各省、自治区、直辖市卫生行政部门牵头成立医师资格考试领导小组，负责本辖区的医师资格考试工作。领导小组组长由省级卫生行政部门的主要领导兼任。

二、医师执业注册

（一）关于医师执业注册制度

国家实行医师执业注册制度。医师经注册取得医师执业证书后，可以在医疗、预防、保健机构中按照注册的执业地点、执业类别、执业范围执业，从事相应的医疗、预防、保健业务。未经医师注册取得执业证书，不得从事医师执业活动。

（二）医师执业注册管理机构

卫生和计划生育委员会负责全国医师执业注册监督管理工作。

县级以上地方卫生行政部门是医师执业注册的主管部门，负责本行政区域内的医师执业注册监督管理工作。

（三）申请执业注册应提交的材料

申请医师执业注册，应当提交下列材料：（1）医师执业注册申请审核表；（2）二寸免冠正面半身照片两张；（3）医师资格证书；（4）注册主管部门指定的医疗机构出具的申请人6个月内的健康体验表；（5）申请人身份证明；（6）医疗、预防、保健机构的拟聘用证明；（7）省级以上卫生行政部门规定的其他材料。

获得执业医师资格或执业助理医师资格后2年内未注册者，申请注册时，还应提交在省级以上卫生行政部门指定的机构接受3至6个月的培训，并经考核合格的证明。

（四）医师执业注册的申请与批准

取得医师资格的，可以向所在地县级以上人民政府卫生行政部门申请注册。

除有执业医师法第十五条规定的情形外，受理申请的卫生行政部门应当自收到申请之日起30日内准予注册，并发给由国务院卫生行政部门统一印制的医师执业证书。

（五）不予注册的情形

不予注册医师资格的情形有：（1）不具有完全民事行为能力的；（2）因受刑事处罚，自刑罚执行完毕之日起至申请注册之日止不满2年的；（3）受吊销医师执业证书行政处罚，自处罚决定之日起至申请注册之日止不满2年的；（4）有国务院卫生行政部门规定不宜从事医疗、预防、保健业务的其他情形的。

受理申请的卫生行政部门对不符合条件不予注册的，应当自收到申请之日起30日内书面通知申请人，并说明理由。申请人有异议的，可以自收到通知之日起15日内，依法申请复议或者向人民法院提起诉讼。

（六）注销注册的情形

医师注册后有下列情形之一的，其所在的医疗、预防、保健机构应当在30日内报告准予注册的卫生行政部门，卫生行政部门应当注销注册，收回医师执业证书：（1）死亡或者被宣告失踪的；（2）受刑事处罚的；（3）受吊销医师执业证书行政处罚的；（4）依照执业医师法第三十一条规定暂停执业活动期满，再次考核仍不合格的；（5）中止医师执业活动满2年的；（6）有国务院卫生行政部门规定不宜从事医疗、预防、保健业务的其他情形的。

被注销注册的当事人有异议的，可以自收到注销注册通知之日起15日内，依法申请复议或者向人民法院提起诉讼。

（七）变更注册

医师变更执业地点、执业类别、执业范围等注册事项的，应当到原注册主管部门办理变更注册手续，并提交医师变更执业注册申请审核表、医师资格证书、医师执业证书以及省级以上卫生行政部门规定提交的其他材料。

原注册主管部门应当自收到变更注册申请之日起30日内办理变更注册手续。对因不符合变更注册条件不予变更的，应当自收到变更注册申请之日起30日内书面通知申请人，并说明理由。申请人如有异议的，可以依法申请行政复议或者向人民法院提起诉讼。

（八）重新注册

中止医师执业活动2年以上以及有执业医师法第十五条规定情形消失的，申请重新执业，应当由执业医师法第三十一条规定的机构考核合格，并依照相关规定重新注册。

（九）对个体行医的执业医师的管理

申请个体行医的执业医师，须经注册后在医疗、预防、保健机构中执业满五年，并按照国家有关规定办理审批手续；未经批准，不得行医。

县级以上地方人民政府卫生行政部门对个体行医的医师，应当按照国务院卫生行政部门的规定，经常监督检查，凡发现有执业医师法第十六条规定的情形的，应当及时注销注册，收回医师执业证书。

第二节　执业规则

医师在执业活动中应依法遵守国家的相关法律法规、诊疗规范、技术常规。医师执业规则主要涉及医师的权利、义务及执业要求，是本法核心内容，医师必须掌握。

一、医师在执业活动中享有的权利

医师在执业活动中享有下列权利：

（1）在注册的执业范围内，进行医学诊查、疾病调查、医学处置、出具相应的医学证明文件，选择合理的医疗、预防、保健方案。

（2）按照国务院卫生行政部门规定的标准，获得与本人执业活动相当的医疗设备基本条件。

（3）从事医学研究、学术交流，参加专业学术团体。

（4）参加专业培训，接受继续医学教育。

（5）在执业活动中，人格尊严、人身安全不受侵犯。

（6）获取工资报酬和津贴，享受国家规定的福利待遇。

（7）对所在机构的医疗、预防、保健工作和卫生行政部门的工作提出意见和建议，依法参与所在机构的民主管理。

二、医师在执业活动中的义务

医师在执业活动中履行下列义务：

（1）遵守法律、法规，遵守技术操作规范。

（2）树立敬业精神，遵守职业道德，履行医师职责，尽职尽责为患者服务。

（3）关心、爱护、尊重患者，保护患者的隐私。

（4）努力钻研业务，更新知识，提高专业技术水平。

（5）宣传卫生保健知识，对患者进行健康教育。

三、医师执业规则的具体规定

（一）医学文书规定

医师实施医疗、预防、保健措施，签署有关医学证明文件，必须亲自诊查、调查，并按照规定及时填写医学文书，不得隐匿、伪造或者销毁医学文书及有关资料。

医师不得出具与自己执业范围无关或者与执业类别不相符的医学证明文件。

（二）急救规定

急诊抢救是医疗工作的最前线。执业医师法第二十四条规定，对急危患者，医师应当采取紧急措施进行诊治；不得拒绝急救处置。

关于进一步加强急诊抢救工作的补充规定对急救工作作了如下规定：

（1）凡急诊抢救病人，不受划区医疗限制。

（2）为切实落实和坚持首诊负责制，要合理分流急诊抢救病人，防止某些医疗单位负担过重。

（3）抢救急、危、重病人，在病情稳定以前不许转院。

（4）要提高急诊分诊质量。

（5）要加强急救中心（站）的建设，充分发挥他们在院外、现场急救和协调当地急诊抢救工作中的作用。

（6）各医院急诊科（室）的设施和一切制度、规定，都要有利于分秒必争地争取抢救时机。

（7）各级医疗单位要按照要求建设急诊科室，尤其要落实人员和必要的设备。

（8）从事急诊抢救工作的各级人员，必须进一步树立全心全意为人民服务的思想，端正医德医风，改善服务态度。

（9）要加强对急诊抢救工作的领导。

（三）适用药品和医疗器械的规定

医师应当使用经国家有关部门批准使用的药品、消毒药剂和医疗器械。除正当诊断治疗外，不得使用麻醉药品、医疗用毒性药品、精神药品和放射性药品。

（四）告知和知情的规定

医师应当如实向患者或者其家属介绍病情，但应注意避免对患者产生不利后果。医师进行实验性临床医疗，应当经医院批准并征得患者本人或者其家属同意。侵权责任法第五十五条规定，医务人员在诊疗活动中应当向患者说明病情和医疗措施。需要实施手术、特殊检查、特殊治疗的，医务人员应当及时向患者说明医疗风险、替代医疗方案等情况，并取得其书面同意；不宜向患者说明的，应当向患者的近亲属说明，并取得其书面同意。

（五）禁止牟取不正当利益的规定

医师不得利用职务之便，索取、非法收受患者财物或者牟取其他不正当利益。

（六）服从调遣的规定

遇有自然灾害、传染病流行、突发重大伤亡事故及其他严重威胁人民生命健康的紧急情况时，医师应当服从县级以上人民政府卫生行政部门的调遣。

（七）依法报告的规定

医师发生医疗事故或者发现传染病疫情时，应当按照有关规定及时向所在机构或者卫生行政部门报告。

医师发现患者涉嫌伤害事件或者非正常死亡时，应当按照有关规定向有关部门报告。

（八）执业助理医师的规定

执业助理医师应当在执业医师的指导下，在医疗、预防、保健机构中按照其执业类别执业。在乡、民族乡、镇的医疗、预防、保健机构中工作的执业助理医师，可以根据医疗诊治的情况和需要，独立从事一般的执业活动。

以案释法 13

伪造医学文书案

2014年6月10日，A 市发生了一起交通事故，摩托车驾驶员张某与李某驾驶的小轿车相撞。事故发生后，李某下车查看，发现张某倒在血泊中，无法动弹，马上拨打了120急救电话。A 市120急救中心接到报警电话后立即通知 A 市第一人民医院接诊。

A 市第一医院医生朱某和护士吕某、江某接到出诊通知后，来到事故现场。实习护士江某采用腕式血压计测得张某已检测不到血压，医生朱某未亲自进一步核实，也未对张某进行心电监护仪监测心脏情况，就作出了张某已经死亡的判断。后张某的“尸体”被送至殡仪馆，家属发现张某还有呼吸后，再次报 A 市120急救中心要求急救，A 市120急救中心接报警电话后立即通知 A 市中医院出诊并对张某进行施救，但最终张某经抢救无效死亡。后此事引发医疗纠纷，激化了矛盾，造成了严重的不良影响。

6月11日，A 市卫生部门对参与此次救治措施和流程的医护等人员进行了详细的询问，发现张某的病历资料和相关数据填写随意并与出诊人员现场抢救情况存在出入。涉事医生朱某在抢救和诊疗过程中，严重不负责任，未经认真体格检查，草率采信了实习护士江某腕式血压计测得的数据，未亲自进一步核实，未对“患者”进行心电监护仪监测心脏情况，就作出了没有生命体征的错误判断，违反了卫生行政相关规章制度和技术操作规范，出现严重过失，并伪造《急诊科出诊记录》中的部分内容，致使张某被“二次宣布死亡”。

释解

本案中，医生朱某在诊治过程中极不负责任，同时违反卫生行政规章制度和技术操作规范，伪造医学文书，其行为违反了执业医师法第二十二条、三十七条的规定，情节严重。最终决定给予朱某警告、吊销执业医师执业证书的处分。

第三节　考核和培训

随着时代进步，人民群众对医疗服务的范围和质量提出了更高的要求，这就要求医务工作者要热爱学习，刻苦钻研、创新进取、不断提高专业素养、提升技术水平。对医师定期进行考核和培训，有利于规范医师的执业行为，提高医师素质，保证医疗质量和医疗安全。

一、医师定期考核

（一）概念与相关法律规定

执业医师法第三十一条规定，受县级以上人民政府卫生行政部门委托的机构或者组织应当按照医师执业标准，对医师的业务水平、工作成绩和职业道德状况进行定期考核。对医师的考核结果，考核机构应当报告准予注册的卫生行政部门备案。

（二）原则

医师定期考核管理办法第四条规定，定期考核应当坚持客观、科学、公平、公正、公开原则。

（三）考核部门

执业医师法第三十二条规定，县级以上人民政府卫生行政部门负责指导、检查和监督医师考核工作。

（四）考核方式

医师定期考核包括业务水平测评、工作成绩和职业道德评定。

业务水平测评由考核机构负责；工作成绩、职业道德评定由医师所在医疗、预防、保健机构负责，考核机构复核。

（五）考核结果

考核结果分为合格和不合格。

医师定期考核管理办法第二十七条规定，医师在考核周期内有下列情形之一的，考核机构应当认定为考核不合格：

（1）在发生的医疗事故中负有完全或主要责任的。

（2）未经所在机构或者卫生行政部门批准，擅自在注册地点以外的医疗、预防、保健机构进行执业活动的。

（3）跨执业类别进行执业活动的。

（4）代他人参加医师资格考试的。

（5）在医疗卫生服务活动中索要患者及其亲友财物或者牟取其他不正当利益的。

（6）索要或者收受医疗器械、药品、试剂等生产、销售企业或其工作人员给予的回扣、提成或者牟取其他不正当利益的。

（7）通过介绍病人到其他单位检查、治疗或者购买药品、医疗器械等收取回扣或者提成的。

（8）出具虚假医学证明文件，参与虚假医疗广告宣传和药品医疗器械促销的。

（9）未按照规定执行医院感染控制任务，未有效实施消毒或者无害化处置，造成疾病传播、流行的。

（10）故意泄漏传染病人、病原携带者、疑似传染病病人、密切接触者涉及个人隐私的有关信息、资料的。

（11）疾病预防控制机构的医师未依法履行传染病监测、报告、调查、处理职责，造成严重后果的。

（12）考核周期内，有一次以上医德考评结果为医德较差的。

（13）无正当理由不参加考核，或者扰乱考核秩序的。

（14）违反执业医师法有关规定，被行政处罚的。

对考核不合格的医师，县级以上人民政府卫生行政部门可以责令其暂停执业活动3个月至6个月，并接受培训和继续医学教育。暂停执业活动期满，再次进行考核，对考核合格的，允许其继续执业；对考核不合格的，由县级以上人民政府卫生行政部门注销注册，收回医师执业证书。

医师有下列情形之一的，县级以上人民政府卫生行政部门应当给予表彰或者奖励：

（1）在执业活动中，医德高尚，事迹突出的。

（2）对医学专业技术有重大突破，作出显著贡献的。

（3）遇有自然灾害、传染病流行、突发重大伤亡事故及其他严重威胁人民生命健康的紧急情况时，救死扶伤、抢救诊疗表现突出的。

（4）长期在边远贫困地区、少数民族地区条件艰苦的基层单位努力工作的。

（5）国务院卫生行政部门规定应当予以表彰或者奖励的其他情形的。

（六）考核结果异议的提出

被考核医师对考核结果有异议的，可以在收到考核结果之日起30日内，向考核机构提出复核申请。考核机构应当在接到复核申请之日起30日内对医师考核结果进行复核，并将复核意见书面通知医师本人。

二、培训

执业医师法规定，县级以上人民政府卫生行政部门应当制定医师培训计划，对医师进行多种形式的培训，为医师接受继续医学教育提供条件。县级以上人民政府卫生行政部门应当采取有力措施，对在农村和少数民族地区从事医疗、预防、保健业务的医务人员实施培训。

县级以上人民政府卫生行政部门委托的承担医师考核任务的医疗卫生机构，应当为医师的培训和接受继续医学教育提供和创造条件。

医疗、预防、保健机构应当按照规定和计划保证本机构医师的培训和继续医学教育。

第四节　相关法律责任

执业医师在社会中起到非常重要的作用，国家在保障医务人员的权利的同时，也对医务人员提出了相应的要求，对于违反执业医师法的人员，国家将追究其所需承担的法律责任。

一、以不正当手段取得医师执业证书应承担的法律责任

执业医师法第三十六条规定，以不正当手段取得医师执业证书的，由发给证书的卫生行政部门予以吊销；对负有直接责任的主管人员和其他直接责任人员，依法给予行政处分。

二、违反执业规则的法律责任

执业医师法第三十七条规定，医师在执业活动中，违反本法规定，有下列行为之一的，由县级以上人民政府卫生行政部门给予警告或者责令暂停6个月以上1年以下执业活动；情节严重的，吊销其执业证书；构成犯罪的，依法追究刑事责任：

（1）违反卫生行政规章制度或者技术操作规范，造成严重后果的。

（2）由于不负责任延误急危患者的抢救和诊治，造成严重后果的。

（3）造成医疗责任事故的。

（4）未经亲自诊查、调查，签署诊断、治疗、流行病学等证明文件或者有关出生、死亡等证明文件的。

（5）隐匿、伪造或者擅自销毁医学文书及有关资料的。

（6）使用未经批准使用的药品、消毒药剂和医疗器械的。

（7）不按照规定使用麻醉药品、医疗用毒性药品、精神药品和放射性药品的。

（8）未经患者或者其家属同意，对患者进行实验性临床医疗的。

（9）泄露患者隐私，造成严重后果的。

（10）利用职务之便，索取、非法收受患者财物或者牟取其他不正当利益的。

（11）发生自然灾害、传染病流行、突发重大伤亡事故以及其他严重威胁人民生命健康的紧急情况时，不服从卫生行政部门调遣的。

（12）发生医疗事故或者发现传染病疫情，患者涉嫌伤害事件或者非正常死亡，不按照规定报告的。

三、非法行医应承担的法律责任

执业医师法第三十九条规定，未经批准擅自开办医疗机构行医或者非医师行医的，由县级以上人民政府卫生行政部门予以取缔，没收其违法所得及其药品、器械，并处10万元以下的罚款；对医师吊销其执业证书；给患者造成损害的，依法承担赔偿责任；构成犯罪的，依法追究刑事责任。

刑法第三百三十六条规定，未取得医生执业资格的人非法行医，情节严重的，处3年以下有期徒刑、拘役或者管制，并处或者单处罚金；严重损害就诊人身体健康的，处3年以上10年以下有期徒刑，并处罚金；造成就诊人死亡的，处10年以上有期徒刑，并处罚金。

根据最高人民法院关于审理非法行医刑事案件具体应用法律若干问题的解释，具有下列情形之一的，应认定为刑法第三百三十六条规定的“未取得医生执业资格的人非法行医”：

（1）未取得或者以非法手段取得医师资格从事医疗活动的。

（2）个人未取得医疗机构执业许可证开办医疗机构的。

（3）被依法吊销医师执业证书期间从事医疗活动的。

（4）未取得乡村医生执业证书，从事乡村医疗活动的。

（5）家庭接生员实施家庭接生以外的医疗行为的。

四、阻碍医师依法执业应承担的法律责任

执业医师法第四十条规定，阻碍医师依法执业，侮辱、诽谤、威胁、殴打医师或者侵犯医师人身自由、干扰医师正常工作、生活的，依照治安管理处罚法的规定处罚；构成犯罪的，依法追究刑事责任。

五、医疗、预防、保健机构未履行报告职责应承担的法律责任

执业医师法第四十一条规定，医疗、预防、保健机构未依照本法第十六条的规定履行报告职责，导致严重后果的，由县级以上人民政府卫生行政部门给予警告；

并对该机构的行政负责人依法给予行政处分。

六、卫生行政部门工作人员或者医疗、预防、保健机构工作人员违反规定应承担的法律责任

执业医师法第四十二条规定，卫生行政部门工作人员或者医疗、预防、保健机构工作人员违反本法有关规定，弄虚作假、玩忽职守、滥用职权、徇私舞弊，尚不构成犯罪的，依法给予行政处分；构成犯罪的，依法追究刑事责任。

第八章

药品管理

导 读

药品是指用于预防、治疗、诊断人的疾病，有目的地调节人的生理机能并规定有适应证或者功能主治、用法和用量的物质，包括中药材、中药饮片、中成药、化学原料药及其制剂、抗生素、生化药品、放射性药品、血清、疫苗、血液制品和诊断药品等。药品与其他商品一样，通过一定渠道进入消费领域，具有商品的一般属性。但由于药品直接关系到每一个人生命的健康和社会共同利益，它又是一种特殊的商品。因此，保证药品质量，保障人体用药安全，维护人民身体健康和用药的合法权益显得尤为重要。

药品管理法是新中国成立后我国第一部药品管理法律，自1984年9月20日六届全国人大常委会七次会议通过以来，为有效、安全用药提供了法律保障。为了保证药品管理法的有效实施，国家先后制定了药品管理法实施条例、放射性药品管理办法、药品广告审查办法、药品召回管理办法等行政法规、部门规章。同时，各省、自治区、直辖市也相应制定了一系列有关药品管理的地方性法规和规章，可以说目前我国已形成了较为完备的药品监督管理法律体系。

第一节　药品生产企业管理

由于药品的特殊性，药品生产企业必须具备法定条件并经过法定程序审批，除此之外还应当符合国家制定的药品行业发展规划和产业政策。加强药品生产质量管理，确保药品安全是每一个药品生产企业的责任和义务。

一、药品生产许可证

药品管理法第七条规定，开办药品生产企业，须经企业所在地省、自治区、直辖市人民政府药品监督管理部门批准并发给药品生产许可证。无药品生产许可证的，不得生产药品。

（一）药品生产许可证申请程序

开办药品生产企业，申办人应当向拟办企业所在地省、自治区、直辖市人民政府药品监督管理部门提出申请。省、自治区、直辖市人民政府药品监督管理部门应当自收到申请之日起30个工作日内，依据药品管理法第八条规定的开办条件组织验收；验收合格的，发给药品生产许可证。

（二）药品生产许可证许可事项的变更

药品生产企业变更药品生产许可证许可事项的，应当在许可事项发生变更30日前，向原发证机关申请药品生产许可证变更登记；未经批准，不得变更许可事项。原发证机关应当自收到申请之日起15个工作日内作出决定。

（三）药品生产许可证的有效期、续期及缴销

药品生产许可证的有效期为5年。有效期届满，需要继续生产药品的，持证企业应当在许可证有效期届满前6个月，按照国务院药品监督管理部门的规定申请换发药品生产许可证。

药品生产企业终止生产药品或者关闭的，药品生产许可证由原发证部门缴销。

二、开办药品生产企业应具备的条件

药品管理法第八条规定，开办药品生产企业，必须具备以下条件：

（1）具有依法经过资格认定的药学技术人员、工程技术人员及相应的技术工人。

（2）具有与其药品生产相适应的厂房、设施和卫生环境。

（3）具有能对所生产药品进行质量管理和质量检验的机构、人员以及必要的仪器设备。

（4）具有保证药品质量的规章制度。

三、药品生产的质量管理

（一）生产标准

中药饮片必须按照国家药品标准炮制；国家药品标准没有规定的，必须按照省、自治区、直辖市人民政府药品监督管理部门制定的炮制规范炮制。省、自治区、直辖市人民政府药品监督管理部门制定的炮制规范应当报国务院药品监督管理部门备案。

除中药饮片的炮制外，药品必须按照国家药品标准和国务院药品监督管理部门批准的生产工艺进行生产，生产记录必须完整准确。药品生产企业改变影响药品质量的生产工艺的，必须报原批准部门审核批准。

（二）生产原料

药品生产企业生产药品所使用的原料药，必须具有国务院药品监督管理部门核发的药品批准文号或者进口药品注册证书、医药产品注册证书；但是，未实施批准文号管理的中药材、中药饮片除外。

（三）质量检验

药品生产企业必须对其生产的药品进行质量检验；不符合国家药品标准或者不按照省、自治区、直辖市人民政府药品监督管理部门制定的中药饮片炮制规范炮制的，不得出厂。

（四）药品的委托生产

经省、自治区、直辖市人民政府药品监督管理部门批准，药品生产企业可以接受委托生产药品。

接受委托生产药品的，受托方必须是持有与其受托生产的药品相适应的《药品生产质量管理规范》认证证书的药品生产企业。这里需要注意的是疫苗、血液制品和国务院药品监督管理部门规定的其他药品，不得委托生产。

第二节　药品经营企业管理

药品经营活动是药品经营企业组织机构、人员职责、管理制度与设备设施等诸多要素共同整合的复杂过程，任何一个要素发生问题都会影响所经营药品的质量，引发药品质量风险。加强药品经营企业管理能够起到保证药品经营质量、保证人民用药安全的作用。

一、药品经营许可证

药品管理法第十四条规定，开办药品批发企业，须经企业所在地省、自治区、直辖市人民政府药品监督管理部门批准并发给药品经营许可证；开办药品零售企业，须经企业所在地县级以上地方药品监督管理部门批准并发给药品经营许可证。无药品经营许可证的，不得经营药品。

（一）药品经营许可证的申请程序

开办药品批发企业，申办人应当向拟办企业所在地省、自治区、直辖市人民政府药品监督管理部门提出申请。省、自治区、直辖市人民政府药品监督管理部门应当自收到申请之日起30个工作日内，依据国务院药品监督管理部门规定的设置标准作出是否同意筹建的决定。申办人完成拟办企业筹建后，应当向原审批部门申请验收。原审批部门应当自收到申请之日起30个工作日内，依据药品管理法第十五条规定的开办条件组织验收；符合条件的，发给药品经营许可证。

（二）药品经营许可证许可事项的变更

药品经营企业变更药品经营许可证许可事项的，应当在原许可事项发生变更30日前，向原发证机关申请药品经营许可证变更登记。未经批准，不得变更许可事项。原发证机关应当自收到企业申请之日起15个工作日内作出决定。

（三）药品经营许可证的有效期、续期及缴销

药品经营许可证有效期为5年。有效期届满，需要继续经营药品的，持证企业应当在许可证有效期届满前6个月，按照国务院药品监督管理部门的规定申请换发药品经营许可证。

药品经营企业终止经营药品或者关闭的，药品经营许可证由原发证机关缴销。

二、开办药品经营企业应具备的条件

药品管理法第十五条规定，开办药品经营企业必须具备以下条件：

（1）具有依法经过资格认定的药学技术人员。

（2）具有与所经营药品相适应的营业场所、设备、仓储设施、卫生环境。

（3）具有与所经营药品相适应的质量管理机构或者人员。

（4）具有保证所经营药品质量的规章制度。

三、药品经营质量管理

药品经营企业必须按照国务院药品监督管理部门依据本法制定的药品经营质量管理规范经营药品。药品经营质量管理规范是药品经营管理和质量控制的基本准则，企业应当在药品采购、储存、销售、运输等环节采取有效的质量控制措施，确保药品质量。药品经营企业应当坚持诚实守信，依法经营。禁止任何虚假、欺骗行为。

（一）建立进货检验制度

药品经营企业购进药品，必须建立并执行进货检查验收制度，验明药品合格证明和其他标识；不符合规定要求的，不得购进。

（二）具备真实完整的购销记录

药品经营企业购销药品，必须有真实完整的购销记录。购销记录必须注明药品的通用名称、剂型、规格、批号、有效期、生产厂商、购（销）货单位、购（销）货数量、购销价格、购（销）货日期及国务院药品监督管理部门规定的其他内容。

（三）销售说明

药品经营企业销售药品必须准确无误，并正确说明用法、用量和注意事项；调配处方必须经过核对，对处方所列药品不得擅自更改或者代用。对有配伍禁忌或者超剂量的处方，应当拒绝调配；必要时，经处方医师更正或者重新签字，方可调配。

药品经营企业销售中药材，必须标明产地。

（四）药品保管和检查制度

药品经营企业必须制定和执行药品保管制度，采取必要的冷藏、防冻、防潮、

防虫、防鼠等措施，保证药品质量。

药品入库和出库必须执行检查制度。

（五）城乡集市贸易市场的药品出售规定

城乡集市贸易市场可以出售中药材，国务院另有规定的除外。

城乡集市贸易市场不得出售中药材以外的药品，但持有药品经营许可证的药品零售企业在规定的范围内可以在城乡集市贸易市场设点出售中药材以外的药品。具体办法由国务院规定。

以案释法 14

网店店主未经许可售进口药品获刑一年六个月

石某高中毕业后一直没找到称心的工作，看到许多朋友都在网上卖东西，于是石某在某网站注册了一家专营美容护理产品的小店，主要出售护肤、化妆类的产品。在经营过程中，石某发现很多人都热衷于海外商品，恰巧有一个亲戚在日本生活，这一商机令石某欣喜不已。经过考察，石某发现日本的药品在中国很是热销，特别是婴幼儿的常用药品，于是自2013年起石某的网店开始售卖日本进口的眼药水、感冒药、止痒药等药品。这些药品均是石某的亲戚在日本购买后通过邮局、海关运输进来，虽然曾被海关抓住、罚过几次款，但为了赚更多的钱，石某并未停止。

2014年6月，公安机关根据线索在石某的住处将其抓获，并查获了六十几种货品，经食品药品监督管理局认定，石某不具有药品经营许可证；日本原装池田模范堂婴幼儿眼药水等30种涉案产品应认定为药品，且系未经批准而进口，应按假药论处；其余37种产品无充分依据认定为药品。自2013年起，石某通过网店非法销售的境外药品累计销售额达8万元多，所扣押的境外药品价值8万多元。最终石某犯非法经营罪，被判处有期徒刑一年六个月。

释解

药品管理法第十四条规定，开办药品零售企业，须经企业所在地县级以上地方药品监督管理部门批准并发给药品经营许可证。无药品经营许可证的，不得经营药品。第四十八条规定，有下列情形之一的药品，按假药论处：……（2）依照本法必须批准而未经批准生产、进口，或者依照本法必须检验而未经检验即销售的。

刑法第二百二十五条规定，违反国家规定，有下列非法经营行为之一，扰乱市场秩序，情节严重的，处5年以下有期徒刑或者拘役，并处或者单处违法所得1倍以上5倍以下罚金；情节特别严重的，处5年以上有期徒刑，并处违法所得1倍以上5倍以下罚金或者没收财产：(1) 未经许可经营法律、行政法规规定的专营、专卖物品或者其他限制买卖的物品的；(2) 买卖进出口许可证、进出口原产地证明以及其他法律、行政法规规定的经营许可证或者批准文件的；(3) 未经国家有关主管部门批准非法经营证券、期货、保险业务的，或者非法从事资金支付结算业务的；(4) 其他严重扰乱市场秩序的非法经营行为。

本案中，石某在网络上销售药品，既未取得相应资质，所售药品也未经批准进口。在实际生活中，这样的情形并不少见，消费者应通过正规渠道购买具有国家批准文号的商品。

第三节　医疗机构制剂管理

医疗机构制剂是各医疗机构根据本单位临床需要经批准而配制、自用的固定处方制剂。医疗机构制剂在满足临床需求、促进医药事业发展方面发挥了重要作用，但是也存在一些问题。加强医疗机构药剂管理对于深化医药卫生体制改革、提高人民群众健康水平、促进社会和谐具有十分重要的意义。

一、医疗机构制剂许可证

医疗机构配制制剂，须经所在地省、自治区、直辖市人民政府卫生行政部门审核同意，由省、自治区、直辖市人民政府药品监督管理部门批准，发给医疗机构制剂许可证。无医疗机构制剂许可证的，不得配制制剂。

(一) 医疗机构制剂许可证许可事项的变更

药品管理法实施条例第二十一条规定，医疗机构变更医疗机构制剂许可证许可事项的，应当在许可事项发生变更30日前，依照该条例规定向原审核、批准机关申请医疗机构制剂许可证变更登记；未经批准，不得变更许可事项。原审核、批准机关应当在各自收到申请之日起15个工作日内作出决定。

医疗机构新增配制剂型或者改变配制场所的，应当经所在地省、自治区、直辖市人民政府药品监督管理部门验收合格后，依照前款规定办理医疗机构制剂许可证变更登记。

(二) 医疗机构制剂许可证的有效期、续期及缴销

医疗机构制剂许可证有效期为5年。有效期届满，需要继续配制制剂的，医疗机构应当在许可证有效期届满前6个月，按照国务院药品监督管理部门的规定申请换发医疗机构制剂许可证。

医疗机构终止配制制剂或者关闭的，医疗机构制剂许可证由原发证机关缴销。

二、医疗机构配制制剂的管理

医疗机构配制制剂，必须具有能够保证制剂质量的设施、管理制度、检验仪器和卫生条件。

医疗机构配制的制剂，应当是本单位临床需要而市场上没有供应的品种，并须经所在地省、自治区、直辖市人民政府药品监督管理部门批准后方可配制。配制的制剂必须按照规定进行质量检验；合格的，凭医师处方在本医疗机构使用。特殊情况下，经国务院或者省、自治区、直辖市人民政府的药品监督管理部门批准，医疗机构配制的制剂可以在指定的医疗机构之间调剂使用。医疗机构配制的制剂，不得在市场销售。

医疗机构的药剂人员调配处方，必须经过核对，对处方所列药品不得擅自更改或者代用。对有配伍禁忌或者超剂量的处方，应当拒绝调配；必要时，经处方医师更正或者重新签字，方可调配。

以案释法 15

警惕非法配制的医疗机构制剂

贾某是A市一家门诊部的法定代表人，门诊部的药品来源都是由批发单位配送，但有时门诊部也配制药品。贾某一般都是从正规渠道购进一些中药，再从网上订购一些白色塑料瓶、空胶囊盒，然后按照药方的种类和重量抓中草药，并将其打碎研粉，用空胶囊盒灌装，灌装好胶囊颗粒后放入白色的塑料瓶内，再用普通标签贴上，标注为“平喘胶囊”。这种所谓的“处方药”一瓶大概60粒左右，主治哮喘和咳嗽。贾某对外宣称这些药是祖传秘制，以方便患者为借口夸大疗效和适用范围。2015年9月，钱女士到该诊所就医，贾某给其开了一瓶“平喘胶囊”。钱女士到家后按照贾某的交代服用了3粒，当晚8时许，身体不适感加重，便到另一诊所输液。钱女士输液两分钟左右突然感觉胸闷，然后倒地，最终经抢救无效死亡。后经鉴定，输液药品符合国家规定，“平喘胶囊”属于未经国家批准的假药。

释解

根据药品管理法规定，医疗机构配制制剂，须经所在地省、自治区、直辖市人民政府卫生行政部门审核同意，由省、自治区、直辖市人民政府药品监督管理部门批准，发给医疗机构制剂许可证。无医疗机构制剂许可证的，不得配制制剂。医疗机构配制制剂，必须具有能够保证制剂质量的设施、管理制度、检验仪器和卫生条件。医疗机构的药剂人员调配处方，必须经过核对，对处方所列药品不得擅自更改或者代用。对有配伍禁忌或者超剂量的处方，应当拒绝调配；必要时，经处方医师更正或者重新签字，方可调配。

本案中，贾某非法配制的制剂按照某种固定处方提前批量生产，销售对象具有不确定性，未经过实验证明其安全性一旦长期服用，轻者延误治疗，重者危害生命安全。对于贾某应按照药品管理法和刑法的相关规定给予相应的处罚。

第四节　药品监督管理

药品监督管理是国家和政府的职能和义务。加强药品监督管理能够保证药品质量、保障人体用药安全。药品包装材料和容器是药品的有机组成部分，其质量与药品的质量息息相关。国家通过立法手段利用政府行政力量对药品及药品包装活动施行强制性管理。

一、药品管理

（一）新药研制

研制新药，必须按照国务院药品监督管理部门的规定如实报送研制方法、质量指标、药理及毒理试验结果等有关资料和样品，经国务院药品监督管理部门批准后，方可进行临床试验。药物临床试验机构资格的认定办法，由国务院药品监督管理部门、国务院卫生行政部门共同制定。完成临床试验并通过审批的新药，由国务院药品监督管理部门批准，发给新药证书。

（二）药品批准文号

生产新药或者已有国家标准的药品的，须经国务院药品监督管理部门批准，并发给药品批准文号；但是，生产没有实施批准文号管理的中药材和中药饮片除外。实施批准文号管理的中药材、中药饮片品种目录由国务院药品监督管理部门会同国务院中医药管理部门制定。药品生产企业在取得药品批准文号后，方可生产该药品。

已被撤销批准文号的药品，不得生产、销售和使用；已经生产的，由当地药品监督管理部门监督销毁或者处理。

（三）国家药品标准与制度

1. 国家药品标准

国务院药品监督管理部门颁布的药典和药品标准为国家药品标准。药品必须符合国家药品标准。

国务院药品监督管理部门组织药典委员会，负责国家药品标准的制定和修订。国务院药品监督管理部门的药品检验机构负责标定国家药品标准品、对照品。

2. 国家药品制度

国家实行：（1）中药品种保护制度；（2）处方药与非处方药分类管理制度；（3）药品储备制度。

（四）药品评价与调查

国务院药品监督管理部门组织药学、医学和其他技术人员，对新药进行审评，对已经批准生产的药品进行再评价。

国务院药品监督管理部门对已经批准生产或者进口的药品，应当组织调查；对疗效不确、不良反应大或者其他原因危害人体健康的药品，应当撤销批准文号或者进口药品注册证书。

（五）药品进口

药品进口，须经国务院药品监督管理部门组织审查，经审查确认符合质量标准、安全有效的，方可批准进口，并发给进口药品注册证书。禁止进口疗效不确、不良反应大或者其他原因危害人体健康的药品。医疗单位临床急需或者个人自用进口的少量药品，按照国家有关规定办理进口手续。

药品必须从允许药品进口的口岸进口，并由进口药品的企业向口岸所在地药品监督管理部门登记备案。海关凭药品监督管理部门出具的进口药品通关单放行。无进口药品通关单的，海关不得放行。口岸所在地药品监督管理部门应当通知药品检验机构按照国务院药品监督管理部门的规定对进口药品进行抽查检验，并依照规定收取检验费。

（六）进出口药品的限制规定

对国内供应不足的药品，国务院有权限制或者禁止出口。

进口、出口麻醉药品和国家规定范围内的精神药品，必须持有国务院药品监督管理部门发给的进口准许证、出口准许证。

（七）药品检验

国务院药品监督管理部门对下列药品在销售前或者进口时，指定药品检验机构进行检验；检验不合格的，不得销售或者进口：（1）国务院药品监督管理部门规定的生物制品；（2）首次在中国销售的药品；（3）国务院规定的其他药品。

（八）假药与劣药

根据药品管理法的规定，禁止生产（配制）假药与劣药。

1. 假药

有下列情形之一的，为假药：（1）药品所含成份与国家药品标准规定的成份不符的；（2）以非药品冒充药品或者以他种药品冒充此种药品的。

有下列情形之一的药品，按假药论处：（1）国务院药品监督管理部门规定禁止使用的；（2）依照本法必须批准而未经批准生产、进口，或者依照本法必须检验而未经检验即销售的；（3）变质的；（4）被污染的；（5）使用依照本法必须取得批准文号而未取得批准文号的原料药生产的；（6）所标明的适应证或者功能主治超出规定范围的。

2.劣药

药品成份的含量不符合国家药品标准的，为劣药。

有下列情形之一的药品，按劣药论处：（1）未标明有效期或者更改有效期的；（2）不注明或者更改生产批号的；（3）超过有效期的；（4）直接接触药品的包装材料和容器未经批准的；（5）擅自添加着色剂、防腐剂、香料、矫味剂及辅料的；（6）其他不符合药品标准规定的。

（九）特殊药品管理

药品管理法第三十五条规定，国家对麻醉药品、精神药品、医疗用毒性药品、放射性药品，实行特殊管理。国务院制定的医疗用毒性药品管理办法、放射性药品管理办法、麻醉药品和精神药品管理条例对以上药品的生产、制造、运输、销售和使用作了相应规定。

（十）从业人员健康检查

药品生产企业、药品经营企业和医疗机构直接接触药品的工作人员，必须每年进行健康检查。患有传染病或者其他可能污染药品的疾病的，不得从事直接接触药品的工作。

二、药品包装管理

（一）药品包装要求

直接接触药品的包装材料和容器，必须符合药用要求，符合保障人体健康、安全的标准，并由药品监督管理部门在审批药品时一并审批。药品生产企业不得使用未经批准的直接接触药品的包装材料和容器。对不合格的直接接触药品的包装材料和容器，由药品监督管理部门责令停止使用。

（二）药品包装的标识

药品包装必须按照规定印有或者贴有标签并附有说明书。

标签或者说明书上必须注明药品的通用名称、成份、规格、生产企业、批准文号、产品批号、生产日期、有效期、适应证或者功能主治、用法、用量、禁忌、不良反应和注意事项。

麻醉药品、精神药品、医疗用毒性药品、放射性药品、外用药品和非处方药的标签，必须印有规定的标志。

以案释法 16

某诊所销售假药案

2015年7月，甲市药监局对某诊所进行专项检查时，发现药房货架及中药柜内使用的筋骨痛消胶囊（全蝎乌蛇胶囊），既无药品或保健食品的批准文号，也无医疗器械的注册文号。筋骨痛消胶囊（全蝎乌蛇胶囊）包装盒及说明书上明确标示适用于治疗：风湿、类风湿关节炎、肩周炎、末梢神经炎、四肢麻木、痛风、骨质增生、颈椎病、腰腿疼、牙疼、红肿热疼、肌肉疼、周身关节疼、腰间盘突出、坐骨神经疼、股骨头坏死等疾病。后经送食品药品检验研究院检验，该品非法添加了双氯芬酸钠、吡罗昔康、醋酸泼尼松3种化学药品。据诊所负责人介绍，该诊所从2013年10月至2015年5月分10次从个体药贩手中购进上述筋骨痛消胶囊（全蝎乌蛇胶囊）共300盒，截止检查时已使用250盒，尚存50盒。同时检查中发现该诊所在购进该药品时既没有按规定要求索取供货单位的进货票据及企业备案资质，也未按规定要求进行购进登记，为非法渠道购进的假药。

释解

根据药品管理法第四十八条第一款的规定，药品所含成份与国家药品标准规定的成份不符的，为假药。根据药品管理法实施条例第二十六条的规定，医疗机构购进药品，必须有真实、完整的药品购进记录。药品购进记录必须注明药品的通用名称、剂型、规格、批号、有效期、生产厂商、供货单位、购货数量、购进价格、购货日期以及国务院药品监督管理部门规定的其他内容。刑法第一百四十一条规定，生产、销售假药的，处3年以下有期徒刑或者拘役，并处罚金；对人体健康造成严重危害或者有其他严重情节的，处3年以上10年以下有期徒刑，并处罚金；致人死亡或者有其他特别严重情节的，处10年以上有期徒刑、无期徒刑或者死刑，并处罚金或者没收财产。

本案中，该诊所的行为违反了以上规定，应当依照药品管理法的规定给予行政处罚。除此之外，还应依法追究诊所负责人的刑事责任。

第五节　药品价格和广告的管理

从当前我国国情看，医疗机构在药品销售中处于垄断地位，各种因素造成其过分依赖药品差价收入维持运转。在这种情况下，很多药品生产企业和批发企业竞相向医疗机构推销药品，竞争的重要手段就是虚列成本、虚高定价。因此，政府必须加强对药品价格的监管，降低过高的药品进销差价，减轻社会药费负担。我国药品广告管理现状整体上状况良好，但在日常的新闻报道中我们还是会听到各种各样关于药品虚假广告的揭示性报道，从这也可以看出我国的药品广告管理还是存在一定的漏洞，很多患者因轻信虚假广告宣传而延误了疾病的治疗甚至使生命受到了危害。因此，必须加大违法广告的检查惩处力度，防止违法广告继续坑害患者的健康乃至生命安全。

一、药品价格管理

（一）生产企业、经营企业和医疗机构应遵循的价格管理规定

依法实行市场调节价的药品，药品的生产企业、经营企业和医疗机构应当按照公平、合理和诚实信用、质价相符的原则制定价格，为用药者提供价格合理的药品。

药品的生产企业、经营企业和医疗机构应当遵守国务院价格主管部门关于药价管理的规定，制定和标明药品零售价格，禁止暴利和损害用药者利益的价格欺诈行为，并依法向政府价格主管部门提供其药品的实际购销价格和购销数量等资料。

医疗机构应当向患者提供所用药品的价格清单；医疗保险定点医疗机构还应当按照规定的办法如实公布其常用药品的价格，加强合理用药的管理。具体办法由国务院卫生行政部门规定。

（二）禁止性规定

禁止药品的生产企业、经营企业和医疗机构在药品购销中账外暗中给予、收受回扣或者其他利益。

禁止药品的生产企业、经营企业或者其代理人以任何名义给予使用其药品的医疗机构的负责人、药品采购人员、医师等有关人员以财物或者其他利益。禁止医疗机构的负责人、药品采购人员、医师等有关人员以任何名义收受药品的生产企业、经营企业或者其代理人给予的财物或者其他利益。

二、药品广告管理

（一）药品广告的批准

药品广告须经企业所在地省、自治区、直辖市人民政府药品监督管理部门批准，并发给药品广告批准文号；未取得药品广告批准文号的，不得发布。

（二）药品广告的发布媒介

处方药可以在国务院卫生行政部门和国务院药品监督管理部门共同指定的医学、药学专业刊物上介绍，但不得在大众传播媒介发布广告或者以其他方式进行以公众为对象的广告宣传。

（三）药品广告的内容要求

药品广告的内容必须真实、合法，以国务院药品监督管理部门批准的说明书为准，不得含有虚假的内容。

药品广告不得含有不科学的表示功效的断言或者保证；不得利用国家机关、医药科研单位、学术机构或者专家、学者、医师、患者的名义和形象作证明。

非药品广告不得有涉及药品的宣传。

（四）药品广告的监督检查

省、自治区、直辖市人民政府药品监督管理部门应当对其批准的药品广告进行检查，对于违反药品管理法和广告法的广告，应当向广告监督管理机关通报并提出处理建议，广告监督管理机关应当依法作出处理。

以案释法 17

某药品广告违法案

今年65岁的邢先生退休在家，由于他患有冠心病，多年来一直在吃药。近日，报纸上的一则关于特效心脏病药的广告引起他的注意。广告中所介绍的特效药的名称为“通络口服液”。在“通络口服液”的功能主治一栏写有：适用于冠心病、心绞痛、心肌缺血、心率失常、心肌梗塞、心动过缓、心脏传导阻滞、心室肥大、心力衰竭、胸憋胸痛、心慌气短、呼吸困难、房颤、早搏等心脏疾病。在产品介绍一栏写有：由于“通络口服液”是液体剂型，喝的时候能通过口腔黏膜吸收，20秒就能进入血液起效。同时，还有北京某医院著名专家的推荐以及多名患者用药后的反馈意见。

释解

药品管理法第六十条规定，药品广告的内容必须真实、合法，以国务院药品监督管理部门批准的说明书为准，不得含有虚假的内容。

药品广告不得含有不科学的表示功效的断言或者保证；不得利用国家机关、医药科研单位、学术机构或者专家、学者、医师、患者的名义和形象作证明。

本案中的药品广告含有以下违法情形：涉及药品适应证或者功能主治、药理作用等内容的宣传，未以国务院食品药品监督管理部门批准的说明书为准，进行扩大或者恶意隐瞒的宣传，含有说明书以外的理论、观点等内容；在产品介绍中，含有不科学地表示功效的断言或者保证的内容；利用专家、患者的名义和形象作证明。这一药品广告，违反了药品管理法的相关规定，严重欺骗和误导了消费者。

第六节　相关法律责任

本节的主要内容是对药品研究、生产、销售、进口、使用、价格、广告、药品采购、保管收受回扣等违法行为的处罚以及药品监督管理机构和工作人员违法行为的处罚。

一、生产、销售假药与劣药的法律责任

药品管理法第七十三条规定，生产、销售假药的，没收违法生产、销售的药品和违法所得，并处违法生产、销售药品货值金额2倍以上5倍以下的罚款；有药品批准证明文件的予以撤销，并责令停产、停业整顿；情节严重的，吊销药品生产许可证、药品经营许可证或者医疗机构制剂许可证；构成犯罪的，依法追究刑事责任。

药品管理法第七十四条规定，生产、销售劣药的，没收违法生产、销售的药品和违法所得，并处违法生产、销售药品货值金额1倍以上3倍以下的罚款；情节严重的，责令停产、停业整顿或者撤销药品批准证明文件、吊销药品生产许可证、药品经营许可证或者医疗机构制剂许可证；构成犯罪的，依法追究刑事责任。

药品管理法第七十五条规定，从事生产、销售假药及生产、销售劣药情节严重的企业或者其他单位，其直接负责的主管人员和其他直接责任人员10年内不得从事药品生产、经营活动。对生产者专门用于生产假药、劣药的原辅材料、包装材料、生产设备，予以没收。

药品管理法第七十六条规定，知道或者应当知道属于假劣药品而为其提供运输、保管、仓储等便利条件的，没收全部运输、保管、仓储的收入，并处违法收入50%以上3倍以下的罚款；构成犯罪的，依法追究刑事责任。

二、违法医疗制剂规定的法律责任

药品管理法第八十三条规定，医疗机构将其配制的制剂在市场销售的，责令改正，没收违法销售的制剂，并处违法销售制剂货值金额一倍以上三倍以下的罚款；有违法所得的，没收违法所得。

三、药品标识不符合规定的法律责任

药品管理法第八十五条规定，药品标识不符合该法规定的，除依法应当按照假药、劣药论处的外，责令改正，给予警告；情节严重的，撤销该药品的批准证明文件。

四、药品检验机构出具虚假检验报告的法律责任

药品管理法第八十六条规定，药品检验机构出具虚假检验报告，构成犯罪的，依法追究刑事责任；不构成犯罪的，责令改正，给予警告，对单位并处3万元以上5万元以下的罚款；对直接负责的主管人员和其他直接责任人员依法给予降级、撤职、

开除的处分，并处3万元以下的罚款；有违法所得的，没收违法所得；情节严重的，撤销其检验资格。药品检验机构出具的检验结果不实，造成损失的，应当承担相应的赔偿责任。

五、暗中给予、收受回扣应承担的法律责任

药品管理法第八十九条规定，药品的生产企业、经营企业、医疗机构在药品购销中暗中给予、收受回扣或者其他利益的，药品的生产企业、经营企业或者其代理人给予使用其药品的医疗机构的负责人、药品采购人员、医师等有关人员以财物或者其他利益的，由工商行政管理部门处1万元以上20万元以下的罚款，有违法所得的，予以没收；情节严重的，由工商行政管理部门吊销药品生产企业、药品经营企业的营业执照，并通知药品监督管理部门，由药品监督管理部门吊销其药品生产许可证、药品经营许可证；构成犯罪的，依法追究刑事责任。

药品管理法第九十条规定，药品的生产企业、经营企业的负责人、采购人员等有关人员在药品购销中收受其他生产企业、经营企业或者其代理人给予的财物或者其他利益的，依法给予处分，没收违法所得；构成犯罪的，依法追究刑事责任。

医疗机构的负责人、药品采购人员、医师等有关人员收受药品生产企业、药品经营企业或者其代理人给予的财物或者其他利益的，由卫生行政部门或者本单位给予处分，没收违法所得；对违法行为情节严重的执业医师，由卫生行政部门吊销其执业证书；构成犯罪的，依法追究刑事责任。

六、违反药品广告管理规定的法律责任

药品管理法第九十一条规定，违反本法有关药品广告的管理规定的，依照广告法的规定处罚，并由发给广告批准文号的药品监督管理部门撤销广告批准文号，1年内不受理该品种的广告审批申请；构成犯罪的，依法追究刑事责任。

药品监督管理部门对药品广告不依法履行审查职责，批准发布的广告有虚假或者其他违反法律、行政法规的内容的，对直接负责的主管人员和其他直接责任人员依法给予行政处分；构成犯罪的，依法追究刑事责任。

以案释法 18

擅自修改产品说明书致人损害案

2014年7月15日，56岁的退休教师许某因患三叉神经痛到甲市人民医院就诊，医生的处方为服用A制药厂生产的“卡马西平”。许某遵照医嘱，前3天每日3次，每次1片；第4天起每日3次，每次半片。服药7天后，许某的腰部及下肢出现皮疹，许某将该药的说明书找出，仔细阅读后发现不良反应中没有“皮疹”这一项，于是继

续服药。

7月25日，许某的体温上升到40度，视力模糊，上下眼皮及口腔溃疡，腹部绞痛，被送至医院。经医院内科、口腔科、皮肤科医生会诊，诊断许某为“因卡马西平引起的多型红斑药疹”，随后医院下达了“病危通知书”。

而后许某病情迅速恶化，每隔15分钟吐一次血水，血水中包括溃烂的体内黏膜，连续吐了5天5夜。后经医院多名专家的共同努力，终于将许某从死亡线上拉了回来，但是许某出院后从没停止过治疗，全身上下疤痕累累，耳鸣、四肢麻木，双目视力下降。

据调查，A制药厂生产的“卡马西平”的说明书与其递交给甲市卫生局的原始文件不符，A制药厂擅自将本应写在产品说明书中的29项不良反应删除了，对此A制药厂的解释是说明书篇幅有限。愤怒的许某一纸诉状将A制药厂告上了法庭。

释解

药品管理法第五十四条规定，药品包装必须按照规定印有或者贴有标签并附有说明书。标签或者说明书上必须注明药品的通用名称、成份、规格、生产企业、批准文号、产品批号、生产日期、有效期、适应证或者功能主治、用法、用量、禁忌、不良反应和注意事项。第九十二条规定，药品的生产企业、经营企业、医疗机构违反本法规定，给药品使用者造成损害的，依法承担赔偿责任。

消费者权益保护法第四十九条规定，经营者提供商品或者服务，造成消费者或者其他受害人人身伤害的，应当赔偿医疗费、护理费、交通费等为治疗和康复支出的合理费用，以及因误工减少的收入。造成残疾的，还应当赔偿残疾生活辅助具费和残疾赔偿金。造成死亡的，还应当赔偿丧葬费和死亡赔偿金。

产品质量法第二十七条第二款第五项规定，使用不当，容易造成产品本身损坏或者可能危及人身、财产安全的产品，应当有警示标志或者中文警示说明。

本案中，A制药厂擅自删除了说明书中的29项不良反应，不负责任地向消费者提供了信息不全的药品说明书，罔顾消费者的生命与健康。因此应依法承担相应的赔偿责任。

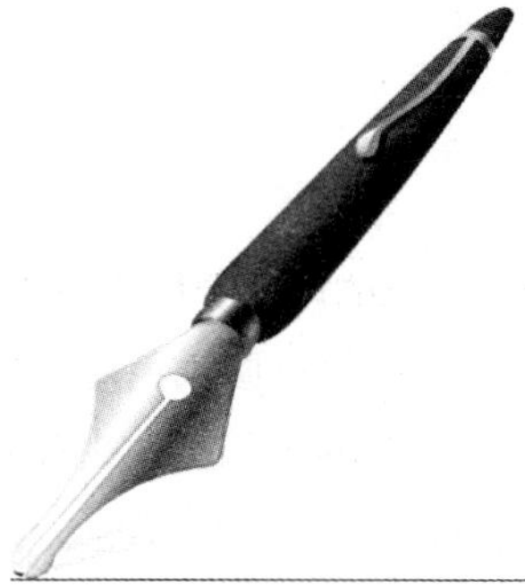

第九章

疫苗流通和预防接种管理

导读

疫苗的发现可谓是人类发展史上具有里程碑意义的事件。因为从某种意义上来说人类繁衍生息的历史就是人类不断同疾病和自然灾害斗争的历史，控制传染性疾病最主要的手段就是预防，而接种疫苗被认为是最行之有效的措施。我国是全球最大的疫苗生产国和使用国，也是世界上疫苗产品生产企业最多的国家。疫苗质量安全事关人民群众尤其是少年儿童生命健康，是不可触碰的“红线”。

疫苗流通和预防接种管理条例于2005年3月24日公布，2016年4月23日修订。疫苗流通和预防接种管理条例的实施对预防、控制传染病的发生、流行，保障人体健康和公共卫生，促进经济和社会协调发展，具有非常重要的意义。

第一节　疫苗流通和预防接种管理的重要性

一般情况下，疫苗是减毒或者灭活后的病毒，本身也常有一定副作用，但大多在可控范围内。因为疫苗是活性物质，又事关人的生命安全，所以在生产、运输、储藏、销售过程中都必须遵守严格的规范。某一环节的问题，都可能导致疫苗失效，甚至带来不可预见的对人体健康造成危害的情况，因此加强疫苗流通和预接种的管理就显得尤为重要。

一、疫苗的概念与分类

（一）疫苗的概念

疫苗，是指为了预防、控制传染病的发生、流行，用于人体预防接种的疫苗类预防性生物制品。

（二）疫苗的分类

1. 第一类疫苗

第一类疫苗，是指政府免费向公民提供，公民应当依照政府的规定受种的疫苗，包括国家免疫规划确定的疫苗，省、自治区、直辖市人民政府在执行国家免疫规划时增加的疫苗，以及县级以上人民政府或者其卫生主管部门组织的应急接种或者群体性预防接种所使用的疫苗。接种第一类疫苗由政府承担费用。

2. 第二类疫苗

第二类疫苗，是指由公民自费并且自愿受种的其他疫苗。接种第二类疫苗由受种者或者其监护人承担费用。

二、疫苗流通管理的重要性

疫苗从出厂到接种之前，流通环节特别是储存和运输过程，是疫苗供应链中最长的部分。由于疫苗自身的生物特性，其储存和运输必须满足特定条件。如果疫苗储存和运输条件保持得当，疫苗的质量虽不会提高，但会得到最大限度的保持，使其在进入使用环节时，质量安全风险在可控的范围内。反之，如果在疫苗流通过程中不采取有效措施，不加以严格管控，简单地将疫苗视为普通药品对待，任由不具备冷链条件的单位开展疫苗储存运输活动，或者在疫苗交接过程中不注重对全程温度记录的查验，势必会增加疫苗发生质量变异的风险。疫苗的质量变异很难通过外部观察确认，脱离冷链的疫苗可能会导致接种后防御无效的后果，因此对疫苗流通进行监督管理是十分重要的。

三、疫苗预接种管理的重要性

预防接种工作是防控传染病最经济、最有效的手段。党中央、国务院高度重视预防接种工作，先后颁布了传染病防治法等多部法律法规，实施了国家免疫规划，健全了预防接种服务体系，通过持续开展预防接种工作，先后消灭了天花等疾病，实现了无脊髓灰质炎目标，白喉、百日咳、麻疹、乙肝等严重危害儿童健康的传染病得到有效控制，建立起一道有效的免疫屏障。疫苗预防接种工作关系人民群众生命安全和身体健康，不能有丝毫的疏忽和差错。国家卫生计生委、食品药品监管总局将会同相关部门，依法履职，加强部门间政策协调和信息沟通，提高疫苗全过程、各环节监管能力，建立完善规范透明、公平有序、监督到位、处罚严明的疫苗流通机制和依法、科学、有序、规范的预防接种管理制度，确保接种安全，切实维护人民群众健康。

山东济南非法经营疫苗系列案件

2016年3月，山东省警方破获了一起涉案金额5.7亿的非法经营疫苗案。在长达5年多时间，庞某母女从陕西、重庆、吉林等10余个省市70余名医药公司业务员或疫苗贩子手中，低价购入流感、乙肝、狂犬病等人用疫苗（部分临期疫苗），然后加价售往湖北、安徽、广东、河南、四川等24个省、市、自治区247名人员手中。据警方介绍，这些疫苗是正规疫苗生产厂家生产的，但其未按规定进行冷链存储和运输，部分属于临期疫苗，流通过程中存在过期、变质的风险。

此次疫苗安全事件引发社会高度关注，党中央、国务院高度重视，有关部门和地方密切配合，立即开展了案件查办和处置工作。针对此次事件，国务院立即组织和完成《疫苗流通和预防接种管理条例》的修订工作，2016年4月25日，国务院总理李克强签署第668号国务院令，公布《国务院关于修改疫苗流通和预防接种管理条例的决定》（以下简称《决定》），自公布之日起施行。

一、《决定》改革了第二类疫苗流通方式，取消疫苗批发企业经营疫苗的环节，明确将疫苗的采购全部纳入省级公共资源交易平台，第二类疫苗由省级疾病预防控制机构组织在平台上集中采购，由县级疾病预防控制机构向疫苗生产企业采购后供应给本行政区域的接种单位。同时，疾病预防控制机构、接种单位要建立真实、完整的购进、接收等记录，做到票、账、货、款一致。

二、《决定》强化了疫苗全程冷链储运管理制度，明确配送责任，强化储运的冷链管理，要求疫苗储运全过程不得脱离冷链并定时监测记录温度，部分疫苗还应加贴温控标签，同时在疫苗接收环节增设索要温度监测记录的义务。

三、《决定》完善了疫苗全程追溯管理制度，规定国家建立疫苗全程追溯制度，相关企业和单位应记录疫苗流通、使用信息，实现疫苗最小包装单位的全程可追溯；对包装无法识别、来源不明等情形的疫苗，要如实登记并向药品监管部门报告，由监管部门会同卫生主管部门监督销毁。

四、《决定》加大了处罚及问责力度，对未在规定的冷藏条件下储运疫苗等严重违法行为提高了罚款额度、增设了禁业处罚，增加了地方政府及监管部门主要负责人应当引咎辞职的规定，并完善了与刑事责任的衔接。

第二节　疫苗流通与疫苗接种

加强疫苗流通和预防接种的管理，对预防、控制传染病的发生、流行，保障人体健康和公共卫生，促进经济和社会协调发展，具有非常重要的意义。

一、疫苗流通

（一）疫苗采购

采购疫苗，应当通过省级公共资源交易平台进行。

（二）第一类疫苗的使用计划、供应和分发

1. 使用计划

省级疾病预防控制机构应当根据国家免疫规划和本地区预防、控制传染病的发生、流行的需要，制定本地区第一类疫苗的使用计划（以下称使用计划），并向依照国家有关规定负责采购第一类疫苗的部门报告，同时报同级人民政府卫生主管部门备案。使用计划应当包括疫苗的品种、数量、供应渠道与供应方式等内容。

依照国家有关规定负责采购第一类疫苗的部门应当依法与疫苗生产企业或者疫苗批发企业签订政府采购合同，约定疫苗的品种、数量、价格等内容。

2. 供应

疫苗生产企业或者疫苗批发企业应当按照政府采购合同的约定，向省级疾病预防控制机构或者其指定的其他疾病预防控制机构供应第一类疫苗，不得向其他单位或者个人供应。

疫苗生产企业、疫苗批发企业应当在其供应的纳入国家免疫规划疫苗的最小外包装的显著位置，标明“免费”字样以及国务院卫生主管部门规定的“免疫规划”专用标识。

3. 分发

省级疾病预防控制机构应当做好分发第一类疫苗的组织工作，并按照使用计划将第一类疫苗组织分发到设区的市级疾病预防控制机构或者县级疾病预防控制机构。县级疾病预防控制机构应当按照使用计划将第一类疫苗分发到接种单位和乡级医疗卫生机构。乡级医疗卫生机构应当将第一类疫苗分发到承担预防接种工作的村医疗卫生机构。医疗卫生机构不得向其他单位或者个人分发第一类疫苗；分发第一类疫苗，不得收取任何费用。

传染病暴发、流行时，县级以上地方人民政府或者其卫生主管部门需要采取应急接种措施的，设区的市级以上疾病预防控制机构可以直接向接种单位分发第一类疫苗。

（三）第二类疫苗的销售与供应

1. 销售

第二类疫苗由省级疾病预防控制机构组织在省级公共资源交易平台集中采购，由县级疾病预防控制机构向疫苗生产企业采购后供应给本行政区域的接种单位。

疫苗生产企业应当直接向县级疾病预防控制机构配送第二类疫苗，或者委托具备冷链储存、运输条件的企业配送。接受委托配送第二类疫苗的企业不得委托配送。

县级疾病预防控制机构向接种单位供应第二类疫苗可以收取疫苗费用以及储存、运输费用。疫苗费用按照采购价格收取，储存、运输费用按照省、自治区、直辖市的规定收取。收费情况应当向社会公开。

2. 供应

县级疾病预防控制机构可以向接种单位供应第二类疫苗；设区的市级以上疾病预防控制机构不得直接向接种单位供应第二类疫苗。

（四）疫苗的质量控制

1. 疫苗储存、运输过程中的质量控制

疾病预防控制机构、接种单位、疫苗生产企业、接受委托配送疫苗的企业应当遵守疫苗储存、运输管理规范，保证疫苗质量。疫苗储存、运输的全过程应当始终处于规定的温度环境，不得脱离冷链，并定时监测、记录温度。对于冷链运输时间长、需要配送至偏远地区的疫苗，省级疾病预防控制机构应当提出加贴温度控制标签的要求。

2. 疫苗销售、接收、购进时应提供的资料

疫苗生产企业在销售疫苗时，应当提供由药品检验机构依法签发的生物制品每批检验合格或者审核批准证明复印件，并加盖企业印章；销售进口疫苗的，还应当提供进口药品通关单复印件，并加盖企业印章。

疾病预防控制机构、接种单位在接收或者购进疫苗时，应当向疫苗生产企业索取前款规定的证明文件，并保存至超过疫苗有效期2年备查。

（五）记录资料的建立

疫苗生产企业应当依照药品管理法和国务院药品监督管理部门的规定，建立真实、完整的销售记录，并保存至超过疫苗有效期2年备查。

疾病预防控制机构应当依照国务院卫生主管部门的规定，建立真实、完整的购进、储存、分发、供应记录，做到票、账、货、款一致，并保存至超过疫苗有效期2年备查。疾病预防控制机构接收或者购进疫苗时应当索要疫苗储存、运输全过程的温度监测记录；对不能提供全过程温度监测记录或者温度控制不符合要求的，不得接收或者购进，并应当立即向药品监督管理部门、卫生主管部门报告。

二、疫苗接种

（一）疫苗接种工作的原则与方案

国务院卫生主管部门应当制定、公布预防接种工作规范，并根据疫苗的国家标准，结合传染病流行病学调查信息，制定、公布纳入国家免疫规划疫苗的免疫程序和其他疫苗的免疫程序或者使用指导原则。

省、自治区、直辖市人民政府卫生主管部门应当根据国务院卫生主管部门制定的免疫程序、疫苗使用指导原则，结合本行政区域的传染病流行情况，制定本行政区域的接种方案，并报国务院卫生主管部门备案。

各级疾病预防控制机构依照各自职责，根据国家免疫规划或者接种方案，开展与预防接种相关的宣传、培训、技术指导、监测、评价、流行病学调查、应急处置等工作，并依照国务院卫生主管部门的规定作好记录。

（二）疫苗接种单位

1. 疫苗接种单位应具备的条件

疫苗接种单位应具备的条件有：（1）具有医疗机构执业许可证件；（2）具有经过县级人民政府卫生主管部门组织的预防接种专业培训并考核合格的执业医师、执业助理医师、护士或者乡村医生；（3）具有符合疫苗储存、运输管理规范的冷藏设施、设备和冷藏保管制度。

承担预防接种工作的城镇医疗卫生机构，应当设立预防接种门诊。

2. 疫苗接种单位的工作规范

接种单位应当承担责任区域内的预防接种工作，并接受所在地的县级疾病预防控制机构的技术指导。

接种单位接种疫苗，应当遵守预防接种工作规范、免疫程序、疫苗使用指导原则和接种方案，并在其接种场所的显著位置公示第一类疫苗的品种和接种方法。

（三）医疗卫生人员在疫苗接种过程中的责任

医疗卫生人员在实施接种前，应当告知受种者或者其监护人所接种疫苗的品种、作用、禁忌、不良反应以及注意事项，询问受种者的健康状况以及是否有接种禁忌等情况，并如实记录告知和询问情况。受种者或者其监护人应当了解预防接种的相关知识，并如实提供受种者的健康状况和接种禁忌等情况。

医疗卫生人员应当对符合接种条件的受种者实施接种，并依照国务院卫生主管部门的规定，记录疫苗的品种、生产企业、最小包装单位的识别信息、有效期、接种时间、实施接种的医疗卫生人员、受种者等内容。接种记录保存时间不得少于5年。

对于因有接种禁忌而不能接种的受种者，医疗卫生人员应当对受种者或者其监护人提出医学建议。

（四）儿童预防接种证制度

国家对儿童实行预防接种证制度。在儿童出生后1个月内，其监护人应当到儿童居住地承担预防接种工作的接种单位为其办理预防接种证。接种单位对儿童实施接种时，应当查验预防接种证，并作好记录。

儿童入托、入学时，托幼机构、学校应当查验预防接种证，发现未依照国家免疫规划受种的儿童，应当向所在地的县级疾病预防控制机构或者儿童居住地承担预防接种工作的接种单位报告，并配合疾病预防控制机构或者接种单位督促其监护人在儿童入托、入学后及时到接种单位补种。

儿童离开原居住地期间，由现居住地承担预防接种工作的接种单位负责对其实施接种。

（五）群体性预防接种管理

县级以上地方人民政府卫生主管部门根据传染病监测和预警信息，为了预防、控制传染病的暴发、流行，需要在本行政区域内部分地区进行群体性预防接种的，应当报经本级人民政府决定，并向省、自治区、直辖市人民政府卫生主管部门备案。

需要在省、自治区、直辖市行政区域全部范围内进行群体性预防接种的，应当由省、自治区、直辖市人民政府卫生主管部门报经本级人民政府决定，并向国务院卫生主管部门备案。

需要在全国范围或者跨省、自治区、直辖市范围内进行群体性预防接种的，应当由国务院卫生主管部门决定。作出批准决定的人民政府或者国务院卫生主管部门应当组织有关部门做好人员培训、宣传教育、物资调用等工作。

（六）疫苗接种

1. 第一类疫苗的接种

疾病预防控制机构应当及时向接种单位分发第一类疫苗。接种单位应按照国家免疫规划对居住在其责任区域内需要接种第一类疫苗的受种者接种，并达到国家免疫规划所要求的接种率。如接种单位在完成国家免疫规划后剩余第一类疫苗的，应当向原疫苗分发单位报告，并说明理由。

2. 第二类疫苗的接种

国务院卫生主管部门或者省、自治区、直辖市人民政府卫生主管部门可以根据传染病监测和预警信息发布接种第二类疫苗的建议信息，其他任何单位和个人不得发布。

3. 疫苗接种的费用

接种单位接种第一类疫苗不收取任何费用；接种第二类疫苗可以收取服务费、接种耗材费，具体收费标准由所在地的省、自治区、直辖市人民政府价格主管部门核定。

以案释法 19

疫苗接种前医疗人员未履行告知义务应承担法律责任

2015年5月6日，年仅2岁的小菲在父母带领下到A区中医院的社区服务站接种流行性腮腺炎疫苗。次日，小菲出现低烧情况。5月10日，小菲发高烧并逐渐出现双下肢活动功能障碍，经多家医院诊断为“急性播散性脑脊髓炎，平衡功能障碍”。2015年6月，A区预防接种异常反应诊断小组鉴定，认为小菲为急性播散性脑脊髓炎，但不完全排除多发性硬化症等少见病，且与小菲的病史和体征考虑病毒感染因素最大，没有足够依据说明是由疫苗接种后引起的。小菲的父母多次与医院交涉未果遂起诉至法院，要求中医院及药品购进单位A区疾控中心、甲市疾控中心连带赔偿各项损失共计80万余元。

法院委托甲市法庭科学技术鉴定研究所鉴定，结论为，小菲所出现的神经系统功能障碍与接种流行性腮腺炎疫苗有关，其残疾等级为4级。法院经审理认为，中医院在接种疫苗过程中，违反疫苗流通和预接种管理条例中规定的“告知义务”，其过错行为给患者造成损失，应承担相应的法律后果；A区疾控中心与甲市疾控中心不是直接实施注射行为的单位，不承担民事赔偿责任。据此，判决中医院赔偿小菲各项损失共计33万余元。

释解

根据疫苗流通和预防接种管理条例第二十五条的规定，医疗卫生人员在实施接种前，应当告知受种者或者其监护人所接种疫苗的品种、作用、禁忌、不良反应以及注意事项，询问受种者的健康状况以及是否有接种禁忌等情况，并如实记录告知和询问情况。受种者或者其监护人应当了解预防接种的相关知识，并如实提供受种者的健康状况和接种禁忌等情况。

本案中，法庭科学技术鉴定研究所的鉴定意见指出小菲接种疫苗后出现的功能障碍与接种疫苗有关，说明医疗行为产生了损害后果，医院接种时未履行告知义务违反法定程序，有一定过错，应承担相应的法律后果。

第三节　预防接种异常反应的处理

对绝大多数人而言，接种疫苗是安全的。但由于疫苗的生物学特性和人体的个体差异，有少数接种者会发生不良反应。其中绝大多数可自愈或仅需一般处理，仅有极少部分人出现异常反应，严重异常反应的概率更低。世界卫生组织研究显示：各类疫苗引起的严重异常反应发生概率为1/10万 -1/100万。值得注意的是在预防接种不良反应中，一般反应、疫苗质量事故、接种事故、偶合症和心因性反应等情形不属于异常反应，与疫苗本身无关。

一、预防接种异常反应的概念

预防接种异常反应，是指合格的疫苗在实施规范接种过程中或者实施规范接种后造成受种者机体组织器官、功能损害，相关各方均无过错的药品不良反应。

疫苗流通和预防接种管理条例第四十一条规定，下列情形不属于预防接种异常反应：

（1）因疫苗本身特性引起的接种后一般反应。

（2）因疫苗质量不合格给受种者造成的损害。

（3）因接种单位违反预防接种工作规范、免疫程序、疫苗使用指导原则、接种方案给受种者造成的损害。

（4）受种者在接种时正处于某种疾病的潜伏期或者前驱期，接种后偶合发病。

（5）受种者有疫苗说明书规定的接种禁忌，在接种前受种者或者其监护人未如实提供受种者的健康状况和接种禁忌等情况，接种后受种者原有疾病急性复发或者病情加重。

（6）因心理因素发生的个体或者群体的心因性反应。

二、预防接种异常反应的报告与调查诊断

（一）预防接种异常反应的报告

疾病预防控制机构和接种单位及其医疗卫生人员发现预防接种异常反应、疑似预防接种异常反应或者接到相关报告的，应当依照预防接种工作规范及时处理，并立即报告所在地的县级人民政府卫生主管部门、药品监督管理部门。接到报告的卫生主管部门、药品监督管理部门应当立即组织调查处理。

（二）预防接种异常反应的调查诊断

1. 调查诊断专家组

省级、设区的市级和县级疾病预防控制机构应当成立预防接种异常反应调查诊断专家组，负责预防接种异常反应调查诊断。调查诊断专家组由流行病学、临床医学、药学等专家组成。

县级卫生行政部门、药品监督管理部门接到疑似预防接种异常反应的报告后，对需要进行调查诊断的，交由县级疾病预防控制机构组织专家进行调查诊断。

有下列情形之一的，应当由设区的市级或者省级预防接种异常反应调查诊断专家组进行调查诊断：（1）受种者死亡、严重残疾的；（2）群体性疑似预防接种异常反应的；（3）对社会有重大影响的疑似预防接种异常反应。

2.调查诊断结论的作出

预防接种异常反应调查诊断专家组应当依据法律、行政法规、部门规章和技术规范，结合临床表现、医学检查结果和疫苗质量检验结果等，进行综合分析，作出调查诊断结论。

死亡病例调查诊断需要尸检结果的，受种方拒绝或者不配合尸检，承担无法进行调查诊断的责任。

3.调查诊断结果争议的处理

受种方、接种单位、疫苗生产企业对预防接种异常反应调查诊断结论有争议时，可以在收到预防接种异常反应调查诊断结论之日起60日内向接种单位所在地设区的市级医学会申请进行预防接种异常反应鉴定，并提交预防接种异常反应鉴定所需的材料。

三、预防接种异常反应鉴定

预防接种异常反应鉴定工作应当遵循公开、公正的原则，坚持实事求是的科学态度，做到事实清楚、定性准确。预防接种异常反应鉴定由设区的市级和省、自治区、直辖市医学会负责。

（一）鉴定专家库

省、自治区、直辖市医学会建立预防接种异常反应鉴定专家库，为省级、设区的市级医学会的预防接种异常反应鉴定提供专家。专家库由临床、流行病、医学检验、药学、法医等相关学科的专家组成，并依据相关学科设置专业组。

负责鉴定的医学会应当根据受理的预防接种异常反应鉴定所涉及的学科专业，确定专家鉴定组的构成和人数。专家鉴定组人数为5人以上单数。

（二）不予受理的情形

有下列情形之一的，医学会不予受理预防接种异常反应鉴定：（1）无预防接种异常反应调查诊断结论的；（2）已向人民法院提起诉讼的（人民法院、检察院委托的除外），或者已经人民法院调解达成协议或者判决的；（3）受种方、接种单位、疫苗生产企业未按规定提交有关材料的；（4）提供的材料不真实的；（5）不缴纳鉴定费的；（6）省级卫生行政部门规定的其他情形。

（三）鉴定结论的作出

专家鉴定组应当认真审阅有关资料，依照有关规定和技术标准，运用科学原理和专业知识，独立进行鉴定。在事实清楚的基础上，进行综合分析，作出鉴定结论，并制作鉴定书。

鉴定结论应当按半数以上专家鉴定组成员的一致意见形成。专家鉴定组成员在鉴定结论上签名。专家鉴定组成员对鉴定结论的不同意见，应当予以注明。

以案释法 20

疫苗预接种异常反应案的处理

2014年8月，甲市A县村民钱某行至某养殖场外，养殖场场主所饲养的两只狗突然窜出将钱某咬伤。随后场主将钱某送到当地村卫生所接受治疗。医务人员立即给钱某用肥皂水反复冲洗伤口，然后用碘酒消毒伤口，并根据本人要求，为其接种狂犬病疫苗以及破伤风疫苗（破伤风皮试阴性后注射），接种后医生嘱咐钱某禁忌饮酒、食用浓茶等辛辣刺激性食物，不得进行剧烈活动。同时，填写人用狂犬病疫苗（vero细胞）接种卡，按照接种程序为钱某安排具体接种日期。钱某按照卫生所医生的医嘱，在指定的日期进行狂犬病疫苗接种。当注射完三次后，钱某开始自觉发热、头昏、双上肢及面部麻木，有蚁走感，于9月5日前往甲市人民医院就诊。9月16日起因双下肢乏力伴肌肉跳动感先后到多家医院进行诊治，分别被诊为多发性神经病、慢性格林巴利综合征（注射狂犬病疫苗所致）等。随后县预防接种异常反应调查诊断专家组的诊断为：疫苗所致慢性多发性神经根神经病。

接到报告后甲市药监局派人到A县，会同当地卫生、药监部门暂时封存了钱某所接种的同一批次狂犬疫苗，并由药监部门取样送检。随后，中国药品生物制品检定所作出了检验报告，结论表明，该疫苗的检验项目都符合规定。在排除疫苗存在质量问题的可能性后，A县卫生部门对卫生所的接种过程、钱某的既往身体情况等进行了调查，最后确认卫生所的接种过程符合规范要求，也没有发现钱某在接种前有禁忌证。

随后，甲市预防接种异常反应调查诊断专家组对这一病例进行了诊断，认为钱某系疫苗所致慢性多发性神经根神经病，损伤符合医疗事故分级标准（试行）二级丙。

释解

疫苗流通和预防接种管理条例第四十一条规定，下列情形不属于预防接种异常反应：（1）因疫苗本身特性引起的接种后一般反应；（2）因疫苗质量不合格给受种者造成的损害；（3）因接种单位违反预防接种工作规范、免疫程序、疫苗使用指导原则、接种方案给受种者造成的损害……第四十二条规定，疾病预防控制机构和接种单位及其医疗卫生人员发现预防接种异常反应、疑似预防接种异常反应或者接到相关报告的，应当依照预防接种工作规范及时处理，并立即报告所在地的县级人民政府卫生主管部门、药品监督管理部门。接到报告的卫生主管部门、药品监督管理部门应当立即组织调查处理。

本案中，钱某发生疑似疫苗接种异常反应后，A 县卫生部门随即对疫苗质量、接种过程、受种者的身体状况进行调查，排除了疫苗质量、接种过程、受种者的身体状况的影响，最终确定了钱某的情况符合疫苗接种异常反应，这一系列行为符合疫苗流通和预接种管理条例的规定。疫苗流通和预接种管理条例第四十六条规定，因预防接种异常反应造成受种者死亡、严重残疾或者器官组织损伤的，应当给予一次性补偿。因接种第一类疫苗引起预防接种异常反应需要对受种者予以补偿的，补偿费用由省、自治区、直辖市人民政府财政部门在预防接种工作经费中安排。因接种第二类疫苗引起预防接种异常反应需要对受种者予以补偿的，补偿费用由相关的疫苗生产企业承担。钱某应适用第二类情况，其补偿费用应由钱某所注射疫苗的生产企业承担。

第四节　监督管理

完善疫苗监管体制和管理长效机制，是保障人民群众生命健康的重要环节。要做好这项长期工作，必须强化各环节和部门的监管力度。

一、药品监督管理部门的监管

（一）监管措施

药品监督管理部门应依照药品管理法及其实施条例的有关规定，对疫苗在储存、运输、供应、销售、分发和使用等环节中的质量进行监督检查，并将检查结果及时向同级卫生主管部门通报。药品监督管理部门根据监督检查需要对疫苗进行抽查检验的，有关单位和个人应当予以配合，不得拒绝。

（二）处理

药品监督管理部门在监督检查中，对有证据证明可能危害人体健康的疫苗及其有关材料可以采取查封、扣押的措施，并在 7 日内作出处理决定；疫苗需要检验的，应当自检验报告书发出之日起15日内作出处理决定。

二、疾病预防控制机构、接种单位、疫苗生产及批发企业的监管

疾病预防控制机构、接种单位、疫苗生产企业、疫苗批发企业发现假劣或者质量可疑的疫苗，应当立即停止接种、分发、供应、销售，并立即向所在地的县级人民政府卫生主管部门和药品监督管理部门报告，不得自行处理。接到报告的卫生主管部门应当立即组织疾病预防控制机构和接种单位采取必要的应急处置措施，同时向上级卫生主管部门报告；接到报告的药品监督管理部门应当对假劣或者质量可疑的疫苗依法采取查封、扣押等措施。

疾病预防控制机构、接种单位对包装无法识别、超过有效期、脱离冷链、经检

验不符合标准、来源不明的疫苗，应当如实登记，向所在地县级人民政府药品监督管理部门报告，由县级人民政府药品监督管理部门会同同级卫生主管部门按照规定监督销毁。疾病预防控制机构、接种单位应当如实记录销毁情况，销毁记录保存时间不得少于5年。

三、县级以上人民政府的监管

县级以上人民政府卫生主管部门在各自职责范围内履行下列监督检查职责：

（1）对医疗卫生机构实施国家免疫规划的情况进行监督检查。

（2）对疾病预防控制机构开展与预防接种相关的宣传、培训、技术指导等工作进行监督检查。

（3）对医疗卫生机构分发和购买疫苗的情况进行监督检查。

卫生主管部门应当主要通过对医疗卫生机构依照疫苗流通和预防接种管理条例规定所作的疫苗分发、储存、运输和接种等记录进行检查，履行监督管理职责；必要时，可以进行现场监督检查。卫生主管部门对监督检查情况应当予以记录，发现违法行为的，应当责令有关单位立即改正。

卫生主管部门、药品监督管理部门的工作人员依法履行监督检查职责时，不得少于2人，并出示证明文件；对被检查人的商业秘密应当保密。

卫生主管部门、药品监督管理部门发现疫苗质量问题和预防接种异常反应以及其他情况时，应当及时互相通报，实现信息共享。

四、疫苗全程追溯制度

国家建立疫苗全程追溯制度。国务院药品监督管理部门会同国务院卫生主管部门制定统一的疫苗追溯体系技术规范。

疫苗生产企业、疾病预防控制机构、接种单位应当依照药品管理法、疫苗流通和预防接种管理条例和国务院药品监督管理部门、卫生主管部门的规定建立疫苗追溯体系，如实记录疫苗的流通、使用信息，实现疫苗最小包装单位的生产、储存、运输、使用全过程可追溯。

以案释法 21

疫苗接种不应存在监管漏洞

2014年5月，B区疾控中心接报，B区公安两名民警被发现疑似麻疹症状，按照消除麻疹的相关防治要求，B区公安40岁以下民警必须应急接种麻疹疫苗，由区卫生院对相关民警开展预防性应急接种。在接种的过程中，一位民警发现疫苗包装盒上的有效期已过。经核实，该批应急接种共接种550人左右，接种的疫苗分别来自两家生物制品研究所。其中过期疫苗共65支，接种130人，均为民警与辅警。

事件发生后，B区卫生局迅速启动应急处置程序：一是对接种这批过期疫苗的民警和辅警进行为期3天的医学观察，并联系市医院作为定点治疗单位，一旦民警和辅警出现不适症状，立即就诊；二是全区各预防接种单位立即核查所有疫苗，坚决杜绝类似事件的发生；三是对该起事件开展详细的调查，对相关责任人员启动问责程序。

释解

根据疫苗流通和预防接种管理条例的规定，疫苗接种单位应当依照规定建立并保存真实、完整的疫苗接收或者购进记录；实施预防接种的医疗卫生人员应依照规定填写并保存接种记录、对接种疫苗的情况进行登记并报告。尽管疫苗的流通、存储、接种都有非常严格的工作流程，但在现实生活中，使用假疫苗和过期疫苗现象还是屡见不鲜的。无论是国家免费还是收费疫苗，其间都有极大的经济利益。在利益的驱动下，使用假疫苗和过期疫苗事件才反复出现，并导致现有的程序设计被轻易架空。这一系列问题暴露出我国在接种疫苗过程中存在监管漏洞，防止过期疫苗危害百姓健康，既需要卫生和药品监管部门通力合作，将现有的法律运用到位，也应强化法律效力，在制度上多下功夫。

第五节　相关法律责任

疫苗流通和预防接种管理条例对卫生行政部门、疾控机构及预防接种单位在疫苗流通和预接种中的职责、义务作了详尽规定。以上单位在履行各自职责过程中违反规定的，应承担相应的法律责任。

一、县级以上人民政府卫生主管部门、药品监督管理部门违法行为应承担的法律责任

疫苗流通和预防接种管理条例第五十六条规定，县级以上人民政府卫生主管部门、药品监督管理部门违反本条例规定，有下列情形之一的，由本级人民政府、上级人民政府卫生主管部门或者药品监督管理部门责令改正，通报批评；造成受种者人身损害，传染病传播、流行或者其他严重后果的，对直接负责的主管人员和其他直接责任人员依法给予处分；造成特别严重后果的，其主要负责人还应当引咎辞职；构成犯罪的，依法追究刑事责任：

（1）未依照本条例规定履行监督检查职责，或者发现违法行为不及时查处的。

（2）未及时核实、处理对下级卫生主管部门、药品监督管理部门不履行监督管

理职责的举报的。

（3）接到发现预防接种异常反应或者疑似预防接种异常反应的相关报告，未立即组织调查处理的。

（4）擅自进行群体性预防接种的。

（5）违反本条例的其他失职、渎职行为。

二、疾病预防控制机构、接种单位应承担的法律责任

疫苗流通和预防接种管理条例第五十八条规定，疾病预防控制机构有下列情形之一的，由县级以上人民政府卫生主管部门责令改正，通报批评，给予警告；有违法所得的，没收违法所得；拒不改正的，对主要负责人、直接负责的主管人员和其他直接责任人员依法给予警告至降级的处分：

（1）未按照使用计划将第一类疫苗分发到下级疾病预防控制机构、接种单位、乡级医疗卫生机构的。

（2）未依照规定建立并保存疫苗购进、储存、分发、供应记录的。

（3）接收或者购进疫苗时未依照规定索要温度监测记录，接收、购进不符合要求的疫苗，或者未依照规定报告的。

乡级医疗卫生机构未依照本条例规定将第一类疫苗分发到承担预防接种工作的村医疗卫生机构的，依照前款的规定给予处罚。

疫苗流通和预防接种管理条例第五十九条规定，接种单位有下列情形之一的，由所在地的县级人民政府卫生主管部门责令改正，给予警告；拒不改正的，对主要负责人、直接负责的主管人员依法给予警告至降级的处分，对负有责任的医疗卫生人员责令暂停3个月以上6个月以下的执业活动：

（1）接收或者购进疫苗时未依照规定索要温度监测记录，接收、购进不符合要求的疫苗，或者未依照规定报告的。

（2）未依照规定建立并保存真实、完整的疫苗接收或者购进记录的。

（3）未在其接种场所的显著位置公示第一类疫苗的品种和接种方法的。

（4）医疗卫生人员在接种前，未依照本条例规定告知、询问受种者或者其监护人有关情况的。

（5）实施预防接种的医疗卫生人员未依照规定填写并保存接种记录的。

（6）未依照规定对接种疫苗的情况进行登记并报告的。

疫苗流通和预防接种管理条例第六十条规定，疾病预防控制机构、接种单位有下列情形之一的，由县级以上地方人民政府卫生主管部门责令改正，给予警告；有违法所得的，没收违法所得；拒不改正的，对主要负责人、直接负责的主管人员和其他直接责任人员依法给予警告至撤职的处分；造成受种者人身损害或者其他严重后果的，对主要负责人、直接负责的主管人员依法给予开除的处分，并由

原发证部门吊销负有责任的医疗卫生人员的执业证书；构成犯罪的，依法追究刑事责任：

（1）违反本条例规定，未通过省级公共资源交易平台采购疫苗的。

（2）违反本条例规定，从疫苗生产企业、县级疾病预防控制机构以外的单位或者个人购进第二类疫苗的。

（3）接种疫苗未遵守预防接种工作规范、免疫程序、疫苗使用指导原则、接种方案的。

（4）发现预防接种异常反应或者疑似预防接种异常反应，未依照规定及时处理或者报告的。

（5）擅自进行群体性预防接种的。

（6）未依照规定对包装无法识别、超过有效期、脱离冷链、经检验不符合标准、来源不明的疫苗进行登记、报告，或者未依照规定记录销毁情况的。

三、违法规定销售或买卖第二类疫苗应承担的法律责任

疫苗流通和预防接种管理条例第六十五条规定，疫苗生产企业向县级疾病预防控制机构以外的单位或者个人销售第二类疫苗的，由药品监督管理部门没收违法销售的疫苗，并处违法销售的疫苗货值金额2倍以上5倍以下的罚款；有违法所得的，没收违法所得；其直接负责的主管人员和其他直接责任人员5年内不得从事药品生产经营活动；情节严重的，依法吊销疫苗生产资格或者撤销疫苗进口批准证明文件，其直接负责的主管人员和其他直接责任人员10年内不得从事药品生产经营活动；构成犯罪的，依法追究刑事责任。

四、违法规定储存、运输疫苗应承担的法律责任

疫苗流通和预防接种管理条例第六十六条规定，疾病预防控制机构、接种单位、疫苗生产企业、接受委托配送疫苗的企业未在规定的冷藏条件下储存、运输疫苗的，由药品监督管理部门责令改正，给予警告，对所储存、运输的疫苗予以销毁；由卫生主管部门对疾病预防控制机构、接种单位的主要负责人、直接负责的主管人员和其他直接责任人员依法给予警告至撤职的处分，造成严重后果的，依法给予开除的处分，并吊销接种单位的接种资格；由药品监督管理部门依法责令疫苗生产企业、接受委托配送疫苗的企业停产、停业整顿，并处违反规定储存、运输的疫苗货值金额2倍以上5倍以下的罚款，造成严重后果的，依法吊销疫苗生产资格或者撤销疫苗进口批准证明文件，其直接负责的主管人员和其他直接责任人员10年内不得从事药品生产经营活动；构成犯罪的，依法追究刑事责任。

五、未经指定擅自从事接种工作应承担的法律责任

疫苗流通和预防接种管理条例第六十八条规定，未经卫生主管部门依法指定擅自从事接种工作的，由所在地或者行为发生地的县级人民政府卫生主管部门责令改

正，给予警告；有违法持有的疫苗的，没收违法持有的疫苗；有违法所得的，没收违法所得；拒不改正的，对主要负责人、直接负责的主管人员和其他直接责任人员依法给予警告、降级的处分。

六、违反规定进行群体性预防接种应承担的法律责任

疫苗流通和预防接种管理条例第七十一条规定，卫生主管部门、疾病预防控制机构、接种单位以外的单位或者个人违反本条例规定进行群体性预防接种的，由县级以上人民政府卫生主管部门责令立即改正，没收违法持有的疫苗，并处违法持有的疫苗货值金额2倍以上5倍以下的罚款；有违法所得的，没收违法所得。

以案释法 22

疫苗接种单位工作人员未遵守疫苗接种工作规范应承担相应的法律责任

2015年5月10日，5岁的小华在小区内玩耍时，被邻居家饲养的狗咬伤眼眉部位，小华的父母见小华被咬伤的部位比较情况严重，非常着急，立即将小华送往最近的卫生所。卫生所的工作人员看了看孩子的伤情后，劝告家属不必紧张，没大问题，注射狂犬病疫苗就可以了。随后，大夫医嘱给予狂犬疫苗注射，共五针完成一个免疫疗程。小华当天注射完第一针狂犬疫苗后便跟随父母回家了，随后几天小华没什么不适反应和症状。第7天，卫生室医务人员葛某为小华注射完1剂狂犬疫苗后，告知小华的父母应带小华到防疫站注射血清蛋白。第二日小华因恐水、怕风，住进市传染病医院，被确诊为狂犬病，于5月20日死亡。

小华的死令小华的父母十分痛心，认为卫生所在首次为小华注射狂犬病疫苗时并未及时告知他们应注射抗狂犬病免疫球蛋白，而是在第三次注射时才告知，其行为属于严重不负责，于是将卫生所告上法院。

释解

疫苗流通和预防接种管理条例第二十五条规定，医疗卫生人员在实施接种前，应当告知受种者或者其监护人所接种疫苗的品种、作用、禁忌、不良反应以及注意事项，询问受种者的健康状况以及是否有接种禁忌等情况，并如实记录告知和询问情况。受种者或者其监护人应当了解预防接种的相关知识，并如实提供受种者的健康状况和接种禁忌等情况。第六十条第三项规定，疾病预防控制机构、接种单位有下列情形之一的，由县级以上地方人民政府卫生主管部门责令改正，给

予警告；有违法所得的，没收违法所得；拒不改正的，对主要负责人、直接负责的主管人员和其他直接责任人员依法给予警告至撤职的处分；造成受种者人身损害或者其他严重后果的，对主要负责人、直接负责的主管人员依法给予开除的处分，并由原发证部门吊销负有责任的医疗卫生人员的执业证书；构成犯罪的，依法追究刑事责任。

本案中，小华在注射疫苗后狂犬病仍然发作，经救治无效死亡，卫生所的工作人员在实施疫苗接种前未尽到告知义务，接种疫苗时也未遵守预防接种工作规范、免疫程序、疫苗使用指导原则，其对于小华的死应承担相应的赔偿责任。

第十章

卫生管理其他相关制度

导 读

本章主要从卫生行政许可、医疗美容以及医疗事故方面展开叙述，所涉及的法律法规包括卫生行政许可管理办法、医疗美容服务管理办法、医疗事故处理条例等。通过对本章内容的学习有利于进一步加强对卫生法律知识的了解与掌握。

第一节 卫生行政许可

卫生行政许可管理办法已于2004年经卫生部部务会议讨论通过。卫生行政许可管理办法对卫生行政许可的申请与受理、审查与决定、听证、变更与延续、监督检查、法律责任等作出了明确规定。本节主要是围绕卫生行政许可管理办法简要对卫生行政许可相关知识进行介绍。

一、概述

（一）卫生行政许可的概念

卫生行政许可是卫生行政部门根据公民、法人或者其他组织的申请，按照卫生法律、法规、规章和卫生标准、规范进行审查，准予其从事与卫生管理有关的特定活动的行为。

（二）卫生行政许可应遵循的原则

实施卫生行政许可，应当遵循公开、公平、公正、便民原则，提高办事效率，提供优质服务。

（三）实施卫生行政许可的法定依据

卫生行政部门实施卫生行政许可必须严格遵守法律、法规、规章规定的权限和程序。各级卫生行政部门不得自行设定卫生行政许可项目，不得实施没有法定依据的卫生行政许可。各级卫生行政部门实施的卫生行政许可应当有下列法定依据：(1) 法律、行政法规；(2) 国务院决定；(3) 地方性法规；(4) 省、自治区、直辖市人民政府规章。

(四) 卫生行政许可的效力范围

申请人依法取得的卫生行政许可，其适用范围没有地域限制，在全国范围内有效，各级卫生行政部门不得采取备案、登记、注册等方式重复或者变相重复实施卫生行政许可。

二、申请与受理

(一) 卫生行政许可的申请

公民、法人或者其他组织申请卫生行政许可，应当按照法律、法规、规章规定的程序和要求向卫生行政部门提出申请。申请人在提示申请的同时，应当如实向卫生行政部门提交有关材料，并对其申请材料的真实性负责，承担相应的法律责任。卫生行政部门不得要求申请人提交与其申请的卫生行政许可事项无关的技术资料和其他材料。

(二) 卫生行政许可的受理

卫生行政许可管理办法第十二条规定，卫生行政部门接收卫生行政许可申请时，应当对申请事项是否需要许可、申请材料是否齐全等进行核对，并根据下列情况分别作出处理：

(1) 申请事项依法不需要取得卫生行政许可的，应当即时告知申请人不受理。

(2) 申请事项依法不属于卫生行政部门职权范围的，应当即时作出不予受理的决定，并告知申请人向有关行政机关申请。

(3) 申请材料存在可以当场更正的错误，应当允许申请人当场更正，但申请材料中涉及技术性的实质内容除外。申请人应当对更正内容予以书面确认。

(4) 申请材料不齐全或者不符合法定形式的，应当当场或者在5日内出具申请材料补正通知书，一次告知申请人需要补正的全部内容，逾期不告知的，自收到申请材料之日起即为受理。补正的申请材料仍然不符合有关要求的，卫生行政部门可以要求继续补正。

(5) 申请材料齐全、符合法定形式，或者申请人按照要求提交全部补正申请材料的，卫生行政部门应当受理其卫生行政许可申请。

三、审查与决定

(一) 卫生行政许可的审查

卫生行政部门受理申请后，应当根据法律、法规和规章的规定，确定审查申请材料的方式并及时对申请人提交的申请材料进行审查。

（二）卫生行政许可决定

1. 卫生行政许可决定的作出时限

卫生行政部门对申请材料审查后，应当在受理申请之日起20日内作出卫生行政许可决定；20日内不能作出卫生行政许可决定的，经本级卫生行政部门负责人批准，可以延长10日，并应当将延长期限的理由书面告知申请人。

2. 卫生行政许可决定的作出

（1）对申请人的现场审查。卫生行政部门依法需要对申请人进行现场审查的，应当及时指派两名以上工作人员进行现场审查，并根据现场审查结论在规定期限内作出卫生行政许可决定。

（2）行政许可事项的检验、检测、检疫。卫生行政部门依法需要对申请行政许可事项进行检验、检测、检疫的，应当自受理申请之日起5日内指派两名以上工作人员按照技术标准、技术规范进行检验、检测、检疫，并书面告知检验、检测、检疫所需期限。需要延长检验、检测、检疫期限的，应当另行书面告知申请人。检验、检测、检疫所需时间不计算在卫生行政许可期限内。

卫生行政部门依法需要根据检验、检测、检疫结果作出卫生行政许可决定的，检验、检测、检疫工作由依法认定的具有法定资格的技术服务机构承担。

（3）行政许可决定需要其他结论、结果作为依据的情形。卫生行政部门依法需要根据鉴定、专家评审结论作出卫生行政许可决定的，应当书面告知申请人组织专家评审的所需期限。卫生行政部门根据专家评审结论作出是否批准的卫生行政许可决定。需要延长专家评审期限的，应当另行书面告知申请人。鉴定、专家评审所需时间不计算在卫生行政许可期限内。

卫生行政部门依法需要根据考试、考核结果作出卫生行政许可决定的，申请人在考试、考核合格成绩确定后，根据其考试、考核结果向卫生行政部门提出申请，卫生行政部门应当在规定期限内作出卫生行政许可决定。

（4）结论的作出。申请人的申请符合法定条件、标准的，卫生行政部门应当依法作出准予卫生行政许可的书面决定。依法需要颁发卫生行政许可证件的，应当向申请人颁发加盖卫生行政部门印章的卫生行政许可证件。

卫生行政部门作出不予卫生行政许可的书面决定的，应当说明理由，告知申请人享有依法申请行政复议或者提起行政诉讼的权利，并加盖卫生行政部门印章。

3. 卫生行政许可决定的公开

卫生行政部门作出的卫生行政许可决定，除涉及国家秘密、商业秘密或者个人隐私的以外，应当予以公开，公众有权查阅。

四、听证

（一）法定听证的情形

法律、法规、规章规定实施卫生行政许可应当听证的事项，或者卫生行政部门认为需要听证的涉及重大公共利益的卫生行政许可事项，卫生行政部门应当在作出卫生行政许可决定前向社会公告，并举行听证。听证公告应当明确听证事项、听证举行的时间、地点、参加人员要求及提出申请的时间和方式等。

卫生行政许可直接涉及申请人与他人之间重大利益关系，卫生行政部门应当在作出卫生行政许可决定前发出卫生行政许可听证告知书，告知申请人、利害关系人有要求听证的权利。

（二）个人申请听证的情形

申请人、利害关系人要求听证的，应当自收到卫生行政部门卫生行政许可听证告知书后5日内提交申请听证的书面材料。逾期不提交的，视为放弃听证的权利。

卫生行政部门应当在接到书面材料20日内组织听证，并在举行听证的7日前，发出卫生行政许可听证通知书，将听证的事项、时间、地点通知申请人、利害关系人。

五、卫生行政许可的变更与延续

（一）卫生行政许可的变更

被许可人在卫生行政许可有效期满前要求变更卫生行政许可事项的，应当向作出卫生行政许可决定的卫生行政部门提出申请，并按照要求提供有关材料。

卫生行政部门对被许可人提出的变更申请，应当按照有关规定进行审查。对符合法定条件和要求的，卫生行政部门应当依法予以变更，并换发行政许可证件或者在原许可证件上予以注明；对不符合法定条件和要求的，卫生行政部门应当作出不予变更行政许可的书面决定，并说明理由。

（二）卫生行政许可的延续

被许可人依法需要延续卫生行政许可有效期的，应当在该卫生行政许可有效期届满30日前向作出卫生行政许可决定的卫生行政部门提出申请，并按照要求提供有关材料。但法律、法规、规章另有规定的，依照其规定。

卫生行政部门接到延续申请后，应当按照本办法的有关规定作出受理或者不予受理的决定。受理延续申请的，应当在该卫生行政许可有效期届满前作出是否准予延续的决定；逾期未作决定的，视为准予延续。

六、监督检查

（一）对其他卫生行政部门的监督检查

上级卫生行政部门应当加强对下级卫生行政部门实施的卫生行政许可的监督检查，发现下级卫生行政部门实施卫生行政许可违反规定的，应当责令下级卫生行政部门纠正或者直接予以纠正。

卫生行政部门发现其他地方卫生行政部门违反规定实施卫生行政许可的，应当立即报告共同上级卫生行政部门。接到报告的卫生行政部门应当及时进行核实，对情况属实的，应当责令有关卫生行政部门立即纠正；必要时，上级卫生行政部门可以直接予以纠正。

（二）对被许可人的监督检查

卫生行政部门应当加强对被许可人从事卫生行政许可事项活动情况的监督检查，并按照规定记录监督检查情况和处理结果，监督检查记录应当按照要求归档。卫生行政部门依法对被许可人生产、经营、服务的场所和生产经营的产品以及使用的用品用具等进行实地检查、抽样检验、检测时，应当严格遵守卫生行政执法程序和有关规定，不得妨碍被许可人正常生产经营和服务活动，不得索取或者收受被许可人的财物，不得谋取其他利益。

（三）撤销卫生行政许可的情形

卫生行政许可管理办法第五十七条规定，有下列情况之一的，作出卫生行政许可决定的卫生行政部门或者上级卫生行政部门，可以撤销卫生行政许可：(1) 卫生行政部门工作人员滥用职权，玩忽职守，对不符合法定条件的申请人作出准予卫生行政许可决定的；(2) 超越法定职权作出准予卫生行政许可决定的；(3) 违反法定程序作出准予卫生行政许可决定的；(4) 对不具备申请资格或者不符合法定条件的申请人准予卫生行政许可的；(5) 依法可以撤销卫生行政许可决定的其他情形。

（四）注销卫生行政许可的情形

卫生行政许可管理办法第五十八条规定，有下列情形之一的，卫生行政部门应当依法办理有关卫生行政许可的注销手续：(1) 卫生行政许可复验期届满或者有效期届满未延续的；(2) 赋予公民特定资格的卫生行政许可，该公民死亡或者丧失行为能力的；(3) 法人或其他组织依法终止的；(4) 卫生行政许可被依法撤销、撤回、或者卫生行政许可证件被依法吊销的；(5) 因不可抗力导致卫生行政许可事项无法实施的；(6) 法律、法规规定的应当注销卫生行政许可的其他情形。

第二节　突发公共卫生事件应急

为了有效预防、及时控制和消除突发公共卫生事件的危害，保障公众身体健康与生命安全，维护正常的社会秩序，国务院制定了突发公共卫生事件应急条例。突发公共卫生事件应急条例着重解决突发公共卫生事件应急处理工作中存在的信息渠道不畅、信息统计不准、应急反应不快、应急准备不足等问题，旨在建立统一、高效、有权威的突发公共卫生事件应急处理机制。突发公共卫生事件应急条例的颁布实施是中国公共卫生事业发展史上的一个里程碑，标志着中国将突发公共卫生事件应急处理纳入了法制轨道。

一、概述

（一）突发公共卫生事件的概念

突发公共卫生事件，是指突然发生，造成或者可能造成社会公众健康严重损害的重大传染病疫情、群体性不明原因疾病、重大食物和职业中毒以及其他严重影响公众健康的事件。

（二）突发事件应急工作应遵循的原则

突发事件应急工作，应当遵循预防为主、常备不懈的方针，贯彻统一领导、分级负责、反应及时、措施果断、依靠科学、加强合作的原则。

（三）突发事件应急工作的组织管理

突发事件发生后，国务院设立全国突发事件应急处理指挥部，由国务院有关部门和军队有关部门组成，国务院主管领导人担任总指挥，负责对全国突发事件应急处理的统一领导、统一指挥。

省、自治区、直辖市人民政府成立地方突发事件应急处理指挥部，省、自治区、直辖市人民政府主要领导人担任总指挥，负责领导、指挥本行政区域内突发事件应急处理工作。

县级以上地方人民政府卫生行政主管部门，具体负责组织突发事件的调查、控制和医疗救治工作。

二、预防与应急准备

（一）突发事件应急预案

1. 突发事件应急预案的制定

国务院卫生行政主管部门按照分类指导、快速反应的要求，制定全国突发事件应急预案，报请国务院批准。

省、自治区、直辖市人民政府根据全国突发事件应急预案，结合本地实际情况，制定本行政区域的突发事件应急预案。

2. 全国突发事件应急预案的内容

全国突发事件应急预案应当包括以下主要内容：

（1）突发事件应急处理指挥部的组成和相关部门的职责。

（2）突发事件的监测与预警。

（3）突发事件信息的收集、分析、报告、通报制度。

（4）突发事件应急处理技术和监测机构及其任务。

（5）突发事件的分级和应急处理工作方案。

（6）突发事件预防、现场控制，应急设施、设备、救治药品和医疗器械以及其他物资和技术的储备与调度。

（7）突发事件应急处理专业队伍的建设和培训。

（二）突发事件监测与预警系统

国家建立统一的突发事件预防控制体系。

县级以上地方人民政府应当建立和完善突发事件监测与预警系统。

县级以上各级人民政府卫生行政主管部门，应当指定机构负责开展突发事件的日常监测，并确保监测与预警系统的正常运行。

监测与预警工作应当根据突发事件的类别，制定监测计划，科学分析、综合评价监测数据。对早期发现的潜在隐患以及可能发生的突发事件，应当依照本条例规定的报告程序和时限及时报告。

（三）应对突发事件的物资保障和宣传教育

1. 物资保障

国务院有关部门和县级以上地方人民政府及其有关部门，应当根据突发事件应急预案的要求，保证应急设施、设备、救治药品和医疗器械等物资储备。

县级以上各级人民政府应当加强急救医疗服务网络的建设，配备相应的医疗救治药物、技术、设备和人员，提高医疗卫生机构应对各类突发事件的救治能力。

设区的市级以上地方人民政府应当设置与传染病防治工作需要相适应的传染病专科医院，或者指定具备传染病防治条件和能力的医疗机构承担传染病防治任务。

2. 宣传教育

县级以上地方人民政府卫生行政主管部门，应当定期对医疗卫生机构和人员开展突发事件应急处理相关知识、技能的培训，定期组织医疗卫生机构进行突发事件应急演练，推广最新知识和先进技术。

三、报告与信息发布

（一）突发事件的应急报告

1. 报告情形

（1）发生或者可能发生传染病暴发、流行的。

（2）发生或者发现不明原因的群体性疾病的。

（3）发生传染病菌种、毒种丢失的。

（4）发生或者可能发生重大食物和职业中毒事件的。

2. 报告时限

突发事件监测机构、医疗卫生机构和有关单位发现有应当报告情形之一的，应当在2小时内向所在地县级人民政府卫生行政主管部门报告；接到报告的卫生行政主管部门应当在2小时内向本级人民政府报告，并同时向上级人民政府卫生行政主管部门和国务院卫生行政主管部门报告。

县级人民政府应当在接到报告后2小时内向设区的市级人民政府或者上一级人民政府报告；设区的市级人民政府应当在接到报告后2小时内向省、自治区、直辖市人民政府报告。

省、自治区、直辖市人民政府应当在接到报告1小时内，向国务院卫生行政主管部门报告。

3.报告要求

任何单位和个人对突发事件，不得隐瞒、缓报、谎报或者授意他人隐瞒、缓报、谎报。

（二）突发事件的通报

国务院卫生行政主管部门应当根据发生突发事件的情况，及时向国务院有关部门和各省、自治区、直辖市人民政府卫生行政主管部门以及军队有关部门通报。

突发事件发生地的省、自治区、直辖市人民政府卫生行政主管部门，应当及时向毗邻省、自治区、直辖市人民政府卫生行政主管部门通报。

接到通报的省、自治区、直辖市人民政府卫生行政主管部门，必要时应当及时通知本行政区域内的医疗卫生机构。

县级以上地方人民政府有关部门，已经发生或者发现可能引起突发事件的情形时，应当及时向同级人民政府卫生行政主管部门通报。

（三）突发事件的举报

任何单位和个人有权向人民政府及其有关部门报告突发事件隐患，有权向上级人民政府及其有关部门举报地方人民政府及其有关部门不履行突发事件应急处理职责，或者不按照规定履行职责的情况。接到报告、举报的有关人民政府及其有关部门，应当立即组织对突发事件隐患、不履行或者不按照规定履行突发事件应急处理职责的情况进行调查处理。

对举报突发事件有功的单位和个人，县级以上各级人民政府及其有关部门应当予以奖励。

（四）突发事件的信息发布

国务院卫生行政主管部门负责向社会发布突发事件的信息。必要时，可以授权省、自治区、直辖市人民政府卫生行政主管部门向社会发布本行政区域内突发事件的信息。

信息发布应当及时、准确、全面。

四、应急处理

（一）突发事件应急预案的启动

突发事件发生后，卫生行政主管部门应当组织专家对突发事件进行综合评估，初步判断突发事件的类型，提出是否启动突发事件应急预案的建议。

在全国范围内或者跨省、自治区、直辖市范围内启动全国突发事件应急预案，由国务院卫生行政主管部门报国务院批准后实施。省、自治区、直辖市启动突发事件应急预案，由省、自治区、直辖市人民政府决定，并向国务院报告。

应急预案启动前，县级以上各级人民政府有关部门应当根据突发事件的实际情况，做好应急处理准备，采取必要的应急措施。应急预案启动后，突发事件发生地的人民政府有关部门，应当根据预案规定的职责要求，服从突发事件应急处理指挥部的统一指挥，立即到达规定岗位，采取有关的控制措施。

（二）突发事件应急处理的物资保障

突发事件发生后，国务院有关部门和县级以上地方人民政府及其有关部门，应当保证突发事件应急处理所需的医疗救护设备、救治药品、医疗器械等物资的生产、供应；铁路、交通、民用航空行政主管部门应当保证及时运送。

根据突发事件应急处理的需要，突发事件应急处理指挥部有权紧急调集人员、储备的物资、交通工具以及相关设施、设备；必要时，对人员进行疏散或者隔离，并可以依法对传染病疫区实行封锁。

突发事件应急处理指挥部根据突发事件应急处理的需要，可以对食物和水源采取控制措施。

（三）传染病的应急处理

1. 交通工具上的传染病应急处理措施

交通工具上发现根据国务院卫生行政主管部门的规定需要采取应急控制措施的传染病病人、疑似传染病病人，其负责人应当以最快的方式通知前方停靠点，并向交通工具的营运单位报告。交通工具的前方停靠点和营运单位应当立即向交通工具营运单位行政主管部门和县级以上地方人民政府卫生行政主管部门报告。卫生行政主管部门接到报告后，应当立即组织有关人员采取相应的医学处置措施。

交通工具上的传染病病人密切接触者，由交通工具停靠点的县级以上各级人民政府卫生行政主管部门或者铁路、交通、民用航空行政主管部门，根据各自的职责，依照传染病防治法律、行政法规的规定，采取控制措施。

涉及国境口岸和出入境的人员、交通工具、货物、集装箱、行李、邮包等需要采取传染病应急控制措施的，依照国境卫生检疫法律、行政法规的规定办理。

2. 医疗卫生机构的传染病应急处理措施

医疗卫生机构应当对因突发事件致病的人员提供医疗救护和现场救援，对就诊病人必须接诊治疗，并书写详细、完整的病历记录；对需要转送的病人，应当按照规定将病人及其病历记录的复印件转送至接诊的或者指定的医疗机构。

医疗机构收治传染病病人、疑似传染病病人，应当依法报告所在地的疾病预防控制机构。接到报告的疾病预防控制机构应当立即对可能受到危害的人员进行调查，根据需要采取必要的控制措施。医疗卫生机构应当对传染病病人密切接触者采取医学观察措施和卫生防护措施，防止交叉感染和污染。

3. 其他有关部门的协作义务

传染病暴发、流行时，街道、乡镇以及居民委员会、村民委员会应当组织力量，团结协作，群防群治，协助卫生行政主管部门和其他有关部门、医疗卫生机构做好疫情信息的收集和报告、人员的分散隔离、公共卫生措施的落实工作，向居民、村民宣传传染病防治的相关知识。

县级以上各级人民政府应当提供必要资金，保障因突发事件致病、致残的人员得到及时、有效的救治。具体办法由国务院财政部门、卫生行政主管部门和劳动保障行政主管部门制定。

有关部门、医疗卫生机构应当对传染病做到早发现、早报告、早隔离、早治疗，切断传播途径，防止扩散。

在突发事件中需要接受隔离治疗、医学观察措施的病人、疑似病人和传染病病人的密切接触者拒绝配合采取医学措施的，由公安机关依法协助强制执行。

以案释法 23

一起群体染寄生虫病事件

2015年7月5日，乔某及朋友来到甲市的一家名为百里香的饭店就餐，在服务员的推荐下，点了一道名为凉拌螺肉的凉菜。7月15日起，乔某开始感觉双肩疼痛，颈部僵硬，随后出现双侧肋部及颈部皮肤感觉异常，有刺痛感。7月20日左右，乔某感到头痛加重，伴恶心。为此，原告先后求诊于甲市的多家医院。2015年7月30日，乔某前往甲市中心医院就诊，被确诊为“广州管圆线虫病”，随即进行住院治疗。在乔某求诊、住院过程中，7月5日与乔某一起吃饭的朋友们也陆续出现了与乔某类似的症状。

后经查，百里香饭店为降低成本擅自将凉拌螺肉的原材料由海螺更换为福寿螺，且加工工艺不当（未彻底加热），没有杀死福寿螺中所携带的广州管圆线虫幼虫，是导致乔某及其朋友无辜染病的原因所在。此次事件共导致乔某在内的23人感染“广州管圆线虫病”。

群体染寄生虫病事件发生后，甲市卫生局表示，已采取紧急措施，组织开展广州管圆线虫病症状监测，主动搜索病例；加强发热门诊、呼吸内科、神经内科等医师对有“三高”（高热、嗜酸细胞高、颅压高）、“三痛”（头痛、肌肉痛、皮肤刺痛）症状的患者进行医学检查，及时做出诊断和鉴别诊断。同时，甲市所有医疗机构对广州管圆线虫病实行每日报告制度。市卫生局还组织协调市、区卫生监督部门对市售福寿螺进行监督检查，发现广州管圆线虫阳性者，立即封存、销毁。

乔某认为此次事件导致其承受着身体上的剧烈疼痛及药物治疗带来的副作用，更是由于该病初期的无法确诊及潜在的后遗症等问题给其精神上造成无法弥补的伤害，于是一纸诉状将百里香饭店告上法院。要求百里香饭店赔偿其医疗费、误工费、交通费、住院伙食补助费、精神损害抚慰金等各项费用共计20万元。经法院核定最终判决百里香饭店赔偿乔某3万元。

释解

根据突发公共卫生事件应急条例第二条的规定，本案应属于突发公共卫生事件。百里香饭店应当对其出售的食品的安全及卫生应负高度的注意义务，其向乔某等出售的菜品因加工工艺不当，导致菜品中携带广州管圆线虫幼虫，从而导致乔某身患“广州管圆线虫病”，表明其未尽管理义务，主观上具有明显过错，因此应对乔某所遭受的人身损害及相应的财产损害负有完全赔偿责任。

第三节　医疗美容服务管理

随着人们生活水平的提高，很多人开始关注起自己的容貌，各类美容医疗机构成就了无数爱美人士的美丽梦想。但因美容机构资质良莠不齐，消费者自我保护意识薄弱等因素，医疗美容事故频频发生。我国对医疗美容实行许可制度，同时对执业人员也设定了相应的资格条件。

一、概述

（一）医疗美容的概念

医疗美容，是指运用手术、药物、医疗器械以及其他具有创伤性或者侵入性的医学技术方法对人的容貌和人体各部位形态进行的修复与再塑。

（二）美容医疗机构的概念

美容医疗机构，是指以开展医疗美容诊疗业务为主的医疗机构。

（三）医疗美容项目的分级管理

医疗美容项目分级管理目录依据手术难度和复杂程度以及可能出现的医疗意外和风险大小，将美容外科项目分为四级：

一级：操作过程不复杂，技术难度和风险不大的美容外科项目。

二级：操作过程复杂程度一般，有一定技术难度，有一定风险，需使用硬膜外腔阻滞麻醉、静脉全身麻醉等完成的美容外科项目。

三级：操作过程较复杂，技术难度和风险较大，因创伤大需术前备血，并需要气管插管全麻的美容外科项目。

四级：操作过程复杂，难度高、风险大的美容外科项目。

医疗美容科为一级科目，美容外科、美容牙科、美容皮肤科和美容中医科为二级科目。

（四）医疗美容服务的监督管理

卫生部（含国家中医药管理局）主管全国医疗美容服务管理工作。县级以上地方人民政府卫生行政部门（含中医药行政管理部门，下同）负责本行政区域内医疗美容服务监督管理工作。

二、机构设置、登记

（一）设置条件

医疗美容服务管理办法第五条规定，申请举办美容医疗机构或医疗机构设置医疗美容科室必须同时具备下列条件：

（1）具有承担民事责任的能力。

（2）有明确的医疗美容诊疗服务范围。

（3）符合医疗机构基本标准（试行）。

（4）省级以上人民政府卫生行政部门规定的其他条件。

（二）登记和备案

申请举办美容医疗机构的单位或者个人，应按照本办法以及医疗机构管理条例和医疗机构管理条例实施细则的有关规定办理设置审批和登记注册手续。

卫生行政部门自收到合格申办材料之日起30日内作出批准或不予批准的决定，并书面答复申办者。上级卫生行政部门对下级卫生行政部门违规作出的审批决定应自发现之日起30日内予以纠正或撤销。

美容医疗机构必须经卫生行政部门登记注册并获得医疗机构执业许可证后方可开展执业活动。

美容医疗机构和医疗美容科室开展医疗美容项目应当由登记机关指定的专业学会核准，并向登记机关备案。

三、执业人员资格

（一）主诊医师应具备的条件

医疗美容服务管理办法第十一条规定，负责实施医疗美容项目的主诊医师必须同时具备下列条件：

（1）具有执业医师资格，经执业医师注册机关注册。

（2）具有从事相关临床学科工作经历。其中，负责实施美容外科项目的应具有6年以上从事美容外科或整形外科等相关专业临床工作经历。负责实施美容牙科项目的应具有5年以上从事美容牙科或口腔科专业临床工作经历。负责实施美容中医科和美容皮肤科项目的应分别具有3年以上从事中医专业和皮肤病专业临床工作经历。

（3）经过医疗美容专业培训或进修并合格，或已从事医疗美容临床工作1年以上。

（4）省级人民政府卫生行政部门规定的其他条件。

不具备以上主诊医师条件的执业医师，可在主诊医师的指导下从事医疗美容临床技术服务工作。

（二）护理工作人员应具备的条件

医疗美容服务管理办法第十三条规定，从事医疗美容护理工作的人员，应同时具备下列条件：

（1）具有护士资格，并经护士注册机关注册。

（2）具有2年以上护理工作经历。

（3）经过医疗美容护理专业培训或进修并非合格，或已从事医疗美容临床护理工作6个月以上。

四、执业规则

（一）医疗美容机构及科室的执业规则

实施医疗美容项目必须在相应的美容医疗机构或开设医疗美容科室的医疗机构中进行。美容医疗机构及开设医疗美容科室的医疗机构不得开展未向登记机关备案的医疗美容项目。

美容医疗机构和医疗美容科室应根据自身条件和能力在卫生行政部门核定的诊疗科目范围内开展医疗服务，未经批准不得擅自扩大诊疗范围。美容医疗机构使用的医用材料须经有关部门批准。美容医疗机构和医疗美容科室应加强医疗质量管理，不断提高服务水平。

（二）人员的执业规则

美容医疗机构执业人员要严格执行有关法律、法规和规章，遵守医疗美容技术操作规程，同时应尊重就医者的隐私权，未经就医者本人或监护人同意，不得向第三方披露就医者病情及病历资料。

医疗美容服务实行主诊医师负责制。医疗美容项目必须由主诊医师负责或在其指导下实施。执业医师对就医者实施治疗前，必须向就医者本人或亲属书面告知治疗的适应证、禁忌证、医疗风险和注意事项等，并取得就医者本人或监护人的签字同意。未经监护人同意，不得为无行为能力或者限制行为能力人实施医疗美容项目。

（三）医疗过失的处理

美容医疗机构和医疗美容科室发生重大医疗过失，要按规定及时报告当地人民政府卫生行政部门。

五、监督管理

（一）市场准入管理

任何单位和个人，未取得医疗机构执业许可证并经登记机关核准开展医疗美容诊疗科目，不得开展医疗美容服务。

（二）各级人民政府的监管

各级地方人民政府卫生行政部门要加强对医疗美容项目备案的审核。发现美容医疗机构及开设医疗美容科的医疗机构不具备开展某医疗美容项目的条件和能力，应及时通知该机构停止开展该医疗美容项目。

（三）相关部门的监管

各相关专业学会和行业协会要积极协助卫生行政部门规范医疗美容服务行为，加强行业自律工作。

（四）对医疗美容广告的管理

发布医疗美容广告必须按照国家有关广告管理的法律、法规的规定办理。

以案释法 24

医疗美容服务机构应取得医疗机构执业许可证

35岁的高女士是一家大型商场的营业员。由于职业原因，高女士格外在意自己的形象。随着年龄的增长，其面部出现了几处明显的黄褐斑。后在工作中，高女士认识了水芙蓉美容会所的老板韩某。韩某多次动员高女士到自己的店里做祛斑手术。2014年12月，高女士来到韩某的店里，与韩某签订了一份祛斑协议，祛斑费用共计8800元。当天，高女士预付3000元。

此后，高女士按韩某的要求做了E光、补水、激光等祛斑项目，但数月后，效果并不明显。2015年3月，韩某改用药水为高女士提取面部黄褐斑。不久，高女士面部出现灼痛发红，脱皮结疤后又出现了凹陷。在高女士交涉之下，韩某承诺3至6个月后恢复完好。同年7月，高女士去医院就诊，被诊断为颞、颧、面部疤痕（增生期）。随后高女士申请伤残鉴定，鉴定意见认为，高女士面部疤痕形成系美容会所涂药物不当，致面部形成大片不规则瘢痕，致残面积超过5平方厘米，评定为人损八级伤残。

当地卫生部门经检查发现，水芙蓉美容会所未取得医疗机构执业许可证，遂对业主韩某作出责令其停止执业活动、没收违法所得、罚款等行政处罚。为赔偿问题，高女士一纸诉状将韩某告上了法院。

法院审理认为，双方签订的祛斑协议属美容服务合同。被告按其自制的疗程为原告进行激光、补水等项目后，因祛斑效果不明显而擅自在原告面部使用成份不明的药水，造成原告面部损害，存在严重过错。被告因非法开展医学美容项目造成的损害，不属医疗事故范畴，应按人身损害赔偿标准予以赔偿。原告选择不具备医疗资质的被告进行祛斑医学美容，自身也有一定过错，应减轻被告20%的责任。最终，判决被告赔偿原告高女士各项损失合计20元，并退还原告吴女士美容费3000元。

释解

医疗美容服务管理办法第八条规定，美容医疗机构必须经卫生行政部门登记注册并获得医疗机构执业许可证后方可开展执业活动。本案中，韩某在会所未取得医疗美容执业资格的情况下，采取自制的疗程，为高女士实施医疗美容项目，违反了法律的禁止性规定，对因此造成的损害应承担相应的侵权责任。

第四节　医疗事故处理

近年来，医疗纠纷已成为社会热点问题之一。妥善处理医疗纠纷，保护医患双方的合法权益深受社会各界关注。为了正确处理医疗事故，保护患者和医疗机构及其医务人员的合法权益，维护医疗秩序，保障医疗安全，促进医学科学的发展，国务院制定了医疗事故处理条例。医疗事故处理条例明确了卫生行政部门在医疗事故处理工作中的职责，将行政处理与司法程序严格区分开来，有利于及时、妥善处理医疗事故，保护医患双方的合法权益。同时，加强了对医疗机构的社会监督，使医疗机构增强责任感，切实采取有效措施加强内部规范化管理，努力提高医疗质量，有效防范医疗事故的发生。

一、概述

（一）医疗事故的概念

医疗事故，是指医疗机构及其医务人员在医疗活动中，违反医疗卫生管理法律、行政法规、部门规章和诊疗护理规范、常规，过失造成患者人身损害的事故。

医疗事故处理条例第三十三条规定，有下列情形之一的，不属于医疗事故：

（1）在紧急情况下为抢救垂危患者生命而采取紧急医学措施造成不良后果的。

（2）在医疗活动中由于患者病情异常或者患者体质特殊而发生医疗意外的。

（3）在现有医学科学技术条件下，发生无法预料或者不能防范的不良后果的。

（4）无过错输血感染造成不良后果的。

（5）因患方原因延误诊疗导致不良后果的。

（6）因不可抗力造成不良后果的。

（二）医疗事故的分级

根据对患者人身造成的损害程度，医疗事故分为四级：

一级医疗事故：造成患者死亡、重度残疾的。

二级医疗事故：造成患者中度残疾、器官组织损伤导致严重功能障碍的。

三级医疗事故：造成患者轻度残疾、器官组织损伤导致一般功能障碍的。

四级医疗事故：造成患者明显人身损害的其他后果的。

具体分级标准由国务院卫生行政部门制定。

（三）处理医疗事故应遵循的原则

处理医疗事故，应当遵循公开、公平、公正、及时、便民的原则，坚持实事求是的科学态度，做到事实清楚、定性准确、责任明确、处理恰当。

二、医疗事故的预防与处置

（一）医疗事故的预防

1. 医疗机构及其医务人员应遵纪守法

医疗机构及其医务人员在医疗活动中，必须严格遵守医疗卫生管理法律、行政法规、部门规章和诊疗护理规范、常规，恪守医疗服务职业道德。

医疗机构应当对其医务人员进行医疗卫生管理法律、行政法规、部门规章和诊疗护理规范、常规的培训和医疗服务职业道德教育。

2. 设置医疗服务质量监控部门

医疗机构应当设置医疗服务质量监控部门或者配备专（兼）职人员，具体负责监督本医疗机构的医务人员的医疗服务工作，检查医务人员执业情况，接受患者对医疗服务的投诉，向其提供咨询服务。

3. 保管病例及医学资料

医疗机构应当按照国务院卫生行政部门规定的要求，书写并妥善保管病历资料，严禁涂改、伪造、隐匿、销毁或者抢夺病历资料。因抢救急危患者，未能及时书写病历的，有关医务人员应当在抢救结束后6小时内据实补记，并加以注明。

患者有权复印或者复制其门诊病历、住院志、体温单、医嘱单、化验单（检验报告）、医学影像检查资料、特殊检查同意书、手术同意书、手术及麻醉记录单、病理资料、护理记录以及国务院卫生行政部门规定的其他病历资料。医疗机构应当为患者提供复印或者复制服务并在复印或者复制的病历资料上加盖证明印记。复印或者复制病历资料时，应当有患者在场。

4. 如实告知患者

在医疗活动中，医疗机构及其医务人员应当将患者的病情、医疗措施、医疗风险等如实告知患者，及时解答其咨询；但是，应当避免对患者产生不利后果。

（二）医疗事故的处置

1. 医务人员的报告义务

医务人员在医疗活动中发生或者发现医疗事故、可能引起医疗事故的医疗过失行为或者发生医疗事故争议的，应当立即向所在科室负责人报告，科室负责人应当及时向本医疗机构负责医疗服务质量监控的部门或者专（兼）职人员报告；负责医疗服务质量监控的部门或者专（兼）职人员接到报告后，应当立即进行调查、核实，将有关情况如实向本医疗机构的负责人报告，并向患者通报、解释。

2. 医疗机构的报告义务

发生医疗事故的，医疗机构应当按照规定向所在地卫生行政部门报告。

发生下列重大医疗过失行为的，医疗机构应当在12小时内向所在地卫生行政部门报告：（1）导致患者死亡或者可能为二级以上的医疗事故；（2）导致3人以上人身损害后果；（3）国务院卫生行政部门和省、自治区、直辖市人民政府卫生行政部门规定的其他情形。

3. 医疗事故发生后的补救措施

发生或者发现医疗过失行为，医疗机构及其医务人员应当立即采取有效措施，避免或者减轻对患者身体健康的损害，防止损害扩大。

4. 相关资料的封存

发生医疗事故争议时，死亡病例讨论记录、疑难病例讨论记录、上级医师查房记录、会诊意见、病程记录应当在医患双方在场的情况下封存和启封。封存的病历资料可以是复印件，由医疗机构保管。

疑似输液、输血、注射、药物等引起不良后果的，医患双方应当共同对现场实物进行封存和启封，封存的现场实物由医疗机构保管；需要检验的，应当由双方共同指定的、依法具有检验资格的检验机构进行检验；双方无法共同指定时，由卫生行政部门指定。疑似输血引起不良后果，需要对血液进行封存保留的，医疗机构应当通知提供该血液的采供血机构派员到场。

5. 尸检

患者死亡，医患双方当事人不能确定死因或者对死因有异议的，应当在患者死亡后48小时内进行尸检；具备尸体冻存条件的，可以延长至7日。尸检经死者近亲属同意并签字后由按照国家有关规定取得相应资格的机构和病理解剖专业技术人员进行。

医疗事故争议双方当事人可以请法医病理学人员参加尸检，也可以委派代表观察尸检过程。拒绝或者拖延尸检，超过规定时间，影响对死因判定的，由拒绝或者拖延的一方承担责任。

三、医疗事故的技术鉴定

（一）医疗事故技术鉴定的提出

卫生行政部门接到医疗机构关于重大医疗过失行为的报告或者医疗事故争议当事人要求处理医疗事故争议的申请后，对需要进行医疗事故技术鉴定的，应当交由负责医疗事故技术鉴定工作的医学会组织鉴定；医患双方协商解决医疗事故争议，需要进行医疗事故技术鉴定的，由双方当事人共同委托负责医疗事故技术鉴定工作的医学会组织鉴定。

（二）医疗事故技术鉴定的组织机构

设区的市级地方医学会和省、自治区、直辖市直接管辖的县（市）地方医学会负责组织首次医疗事故技术鉴定工作。省、自治区、直辖市地方医学会负责组织再次鉴定工作。必要时，中华医学会可以组织疑难、复杂并在全国有重大影响的医疗事故争议的技术鉴定工作。

（三）医疗事故技术鉴定专家组

1. 医疗事故技术鉴定专家库的建立

医疗事故处理条例第二十三条规定，负责组织医疗事故技术鉴定工作的医学会应当建立专家库。专家库由具备下列条件的医疗卫生专业技术人员组成：（1）有良好的业务素质和执业品德；（2）受聘于医疗卫生机构或者医学教学、科研机构并担任相应专业高级技术职务3年以上。

符合前款第（1）项规定条件并具备高级技术任职资格的法医可以受聘进入专家库。

负责组织医疗事故技术鉴定工作的医学会依照本条例规定聘请医疗卫生专业技术人员和法医进入专家库，可以不受行政区域的限制。

2. 医疗事故技术鉴定专家组成员的确定

参加医疗事故技术鉴定的相关专业的专家，由医患双方在医学会主持下从专家库中随机抽取。在特殊情况下，医学会根据医疗事故技术鉴定工作的需要，可以组织医患双方在其他医学会建立的专家库中随机抽取相关专业的专家参加鉴定或者函件咨询。

专家鉴定组成员有下列情形之一的，应当回避，当事人也可以以口头或者书面的方式申请其回避：（1）是医疗事故争议当事人或者当事人的近亲属的；（2）与医疗事故争议有利害关系的；（3）与医疗事故争议当事人有其他关系，可能影响公正鉴定的。

专家鉴定组进行医疗事故技术鉴定，实行合议制。专家鉴定组人数为单数，涉及的主要学科的专家一般不得少于鉴定组成员的二分之一；涉及死因、伤残等级鉴定的，并应当从专家库中随机抽取法医参加专家鉴定组。

（四）医疗事故技术鉴定

1. 医疗事故技术鉴定的依据

医疗事故专家鉴定组依照医疗卫生管理法律、行政法规、部门规章和诊疗护理规范、常规，运用医学科学原理和专业知识，独立进行医疗事故技术鉴定，对医疗事故进行鉴别和判定，为处理医疗事故争议提供医学依据。

任何单位或者个人不得干扰医疗事故技术鉴定工作，不得威胁、利诱、辱骂、殴打专家鉴定组成员。专家鉴定组成员不得接受双方当事人的财物或者其他利益。

2. 医疗事故技术鉴定所需资料的提交

负责组织医疗事故技术鉴定工作的医学会应当自受理医疗事故技术鉴定之日起5日内通知医疗事故争议双方当事人提交进行医疗事故技术鉴定所需的材料。

当事人应当自收到医学会的通知之日起10日内提交有关医疗事故技术鉴定的材料、书面陈述及答辩。医疗机构提交的有关医疗事故技术鉴定的材料应当包括下列内容：

（1）住院患者的病程记录、死亡病例讨论记录、疑难病例讨论记录、会诊意见、上级医师查房记录等病历资料原件。

（2）住院患者的住院志、体温单、医嘱单、化验单（检验报告）、医学影像检查资料、特殊检查同意书、手术同意书、手术及麻醉记录单、病理资料、护理记录等病历资料原件。

（3）抢救急危患者，在规定时间内补记的病历资料原件。

（4）封存保留的输液、注射用物品和血液、药物等实物，或者依法具有检验资格的检验机构对这些物品、实物作出的检验报告。

（5）与医疗事故技术鉴定有关的其他材料。

在医疗机构建有病历档案的门诊、急诊患者，其病历资料由医疗机构提供；没有在医疗机构建立病历档案的，由患者提供。

双方当事人应当按照规定如实提交进行医疗事故技术鉴定所需要的材料，并积极配合调查。当事人任何一方不予配合，影响医疗事故技术鉴定的，由不予配合的一方承担责任。

3. 医疗事故技术鉴定结论的作出

专家鉴定组应当认真审查双方当事人提交的材料，听取双方当事人的陈述及答辩并进行核实。

专家鉴定组应当在事实清楚、证据确凿的基础上，综合分析患者的病情和个体差异，作出鉴定结论，并制作医疗事故技术鉴定书。鉴定结论以专家鉴定组成员的过半数通过。鉴定过程应当如实记载。

4. 医疗事故技术鉴定书

负责组织医疗事故技术鉴定工作的医学会应当自接到当事人提交的有关医疗事

故技术鉴定的材料、书面陈述及答辩之日起45日内组织鉴定并出具医疗事故技术鉴定书。

医疗事故技术鉴定书应当包括下列主要内容：

（1）双方当事人的基本情况及要求。

（2）当事人提交的材料和负责组织医疗事故技术鉴定工作的医学会的调查材料。

（3）对鉴定过程的说明。

（4）医疗行为是否违反医疗卫生管理法律、行政法规、部门规章和诊疗护理规范、常规。

（5）医疗过失行为与人身损害后果之间是否存在因果关系。

（6）医疗过失行为在医疗事故损害后果中的责任程度。

（7）医疗事故等级。

（8）对医疗事故患者的医疗护理医学建议。

四、医疗事故的赔偿

（一）医疗事故赔偿的解决方式

1.协商

发生医疗事故的赔偿等民事责任争议，医患双方可以协商解决。双方当事人协商解决医疗事故的赔偿等民事责任争议的，应当制作协议书。协议书应当载明双方当事人的基本情况和医疗事故的原因、双方当事人共同认定的医疗事故等级以及协商确定的赔偿数额等，并由双方当事人在协议书上签名。

2.调解

已确定为医疗事故的，卫生行政部门应医疗事故争议双方当事人请求，可以进行医疗事故赔偿调解。调解时，应当遵循当事人双方自愿原则，并应当依据本条例的规定计算赔偿数额。

经调解，双方当事人就赔偿数额达成协议的，制作调解书，双方当事人应当履行；调解不成或者经调解达成协议后一方反悔的，卫生行政部门不再调解。

3.诉讼

发生医疗事故的赔偿等民事责任争议，医患双方不愿意协商或者协商不成的，当事人可以向卫生行政部门提出调解申请，也可以直接向人民法院提起民事诉讼。

（二）医疗事故赔偿数额的确定

1.确定赔偿数额时应考虑的因素

医疗事故赔偿，应当考虑下列因素，确定具体赔偿数额：

（1）医疗事故等级。

（2）医疗过失行为在医疗事故损害后果中的责任程度。

（3）医疗事故损害后果与患者原有疾病状况之间的关系。

不属于医疗事故的，医疗机构不承担赔偿责任。

2. 确定赔偿数额时的计算项目和标准

医疗事故赔偿，按照下列项目和标准计算：

（1）医疗费：按照医疗事故对患者造成的人身损害进行治疗所发生的医疗费用计算，凭据支付，但不包括原发病医疗费用。结案后确实需要继续治疗的，按照基本医疗费用支付。

（2）误工费：患者有固定收入的，按照本人因误工减少的固定收入计算，对收入高于医疗事故发生地上一年度职工年平均工资3倍以上的，按照3倍计算；无固定收入的，按照医疗事故发生地上一年度职工年平均工资计算。

（3）住院伙食补助费：按照医疗事故发生地国家机关一般工作人员的出差伙食补助标准计算。

（4）陪护费：患者住院期间需要专人陪护的，按照医疗事故发生地上一年度职工年平均工资计算。

（5）残疾生活补助费：根据伤残等级，按照医疗事故发生地居民年平均生活费计算，自定残之月起最长赔偿30年；但是，60周岁以上的，不超过15年；70周岁以上的，不超过5年。

（6）残疾用具费：因残疾需要配置补偿功能器具的，凭医疗机构证明，按照普及型器具的费用计算。

（7）丧葬费：按照医疗事故发生地规定的丧葬费补助标准计算。

（8）被扶养人生活费：以死者生前或者残疾者丧失劳动能力前实际扶养且没有劳动能力的人为限，按照其户籍所在地或者居所地居民最低生活保障标准计算。对不满16周岁的，扶养到16周岁。对年满16周岁但无劳动能力的，扶养20年；但是，60周岁以上的，不超过15年；70周岁以上的，不超过5年。

（9）交通费：按照患者实际必需的交通费用计算，凭据支付。

（10）住宿费：按照医疗事故发生地国家机关一般工作人员的出差住宿补助标准计算，凭据支付。

（11）精神损害抚慰金：按照医疗事故发生地居民年平均生活费计算。造成患者死亡的，赔偿年限最长不超过6年；造成患者残疾的，赔偿年限最长不超过3年。

以案释法 25

医疗事故索赔案

贾某，男，45岁。从2014年2月，贾某突然发现自己的手脚明显增大，且经常感到头痛乏力，腰酸背痛。于是2014年5月，贾某来到A市人民医院求医。经诊断，他患上了垂体腺瘤。当时，医生告诉贾某，可采用伽马刀手术治疗，并告诉他伽马刀是一种非常先进的放射治疗设备。5月25日，医院对贾某进行了伽马刀治疗。出院后，贾某复查发现瘤体确实萎缩。但术后半年左右，贾某开始出现视力模糊的情况，术后一年，贾某双眼几乎失明，性功能也完全丧失。从2015年开始，贾某先后在北京、上海等地求医，可情况并未好转。这使得贾某怀疑到了一年前的伽马刀手术。

2015年4月，贾某委托一司法鉴定所做司法鉴定。鉴定意见认为，贾某的右眼完全失明、左眼有0.5视力，构成三级伤残。而且，医院对贾某的治疗过程中存在医疗过失行为，与贾某目前的医疗后果存在一定因果关系。贾某与医院协商未果，将医院告上法院，要求医院赔偿医疗费、残疾赔偿金、精神损失费等共计100多万元。

释解

医疗事故处理条例第四十六条规定，发生医疗事故的赔偿等民事责任争议，医患双方可以协商解决；不愿意协商或者协商不成的，当事人可以向卫生行政部门提出调解申请，也可以直接向人民法院提起民事诉讼。

本案中，因A市人民医院的医疗过错对贾某的身体造成了严重的伤害，在双方协商未果的情况下，贾某通过诉讼维护了自身的合法权益。

第十一章

我国人口与计划生育法律制度

导读

计划生育是指有计划地生育子女的措施，是我国的一项基本国策。计划生育政策是指由国家制定或在国家指导下制定的规范育龄夫妇生育行为（包括生育数量和质量）的准则。主要内容及目的是：提倡晚婚、晚育，少生、优生，从而有计划地控制人口。计划生育这一基本国策自制定以来，对我国的人口问题和发展问题的积极作用不可忽视。到21世纪初，我国的计划生育政策又做出了一些调整。由于20世纪80年代出生的第一批独生子女已经到达适婚年龄，在许多地区，特别是经济较为发达的地区，计划生育政策有一定程度的放松。

人口与计划生育法把国家确定的现行生育政策法律化、制度化，从法律上确定了我国现行的基本生育政策。 由于我国人口基数庞大，因此有必要做好控制人口的工作。及时了解计划生育的法律法规和政策是每个人的权利和义务。

第一节　我国人口与计划生育法律制度的历史沿革

新中国成立以来，人口和计划生育工作走过了曲折、悲壮、辉煌的历程。所谓“曲折”，是因为我们党在人口问题的认识上出现过反复和偏差；所谓“悲壮”，是因为广大群众特别是育龄妇女为落实基本国策做出了巨大奉献和牺牲；所谓“辉煌”，是因为在社会生产力尚不发达的情况下，用不到30年的时间，完成了人口再生产类型的历史性转变，进入低生育水平国家行列。

一、鼓励与节制反复生育阶段（1949—1959年）

人口现象是长周期事件，人口问题与经济发展密不可分。面对人口过快增长的现状，党和政府已认识到需要控制人口和实行计划生育政策，开始支持群众避孕节育。当时对人口形势较有代表性的思想认识是马寅初的《新人口论》。但是，1958年大跃进运动使原本孕育起来的计划生育思想发生动摇，客观上造成鼓励人口增长的思想重新占据统治地位。

（一）“人定胜天”的苏联人口理论模式

新中国成立之初，百废待兴，国家需要大量劳动力投入生产和建设，在生产技术落后的背景下，劳动人口数量是影响生产力发展能力的重要因素。毛泽东曾在《唯心历史观的破产》中指出：“中国人口众多是一件极大的好事。”而且，在当时的国际政治环境下，我国人口政策严重受到苏联人口政策的影响，政务院卫生部全力支持和宣传苏联鼓励人口增长和奖励多子女母亲的政策。

（二）马寅初的“新人口论”

1957年马寅初发表《新人口论》主张控制人口。1953年全国第一次人口普查，我国人口数量6亿多，出生率上升到37.0‰，死亡率下降到14.0‰，自然增长率创下23.0‰的新高。1957年7月5日，《人民日报》一整版刊发著名经济学家、人口学家、北京大学校长马寅初的《新人口论》。文章分析了人口增长过快同经济社会发展的矛盾，主张控制人口数量、提高人口质量。马寅初指出，当时我国最大的矛盾是“人口增加得太快而资金积累得似乎太慢”，并从工业原料、科学研究、粮食供应等方面论证“非控制人口不可”。同时指出，实行计划生育是控制人口最好最有效的办法。

二、计划生育思想复苏阶段（1960—1969年）

面对人口迅猛增长和经济严重受挫的双重压力，政府重新认识到人口过快增长给社会经济和人民生活造成的影响，提出在城市和人口稠密的农村进行节制生育，适当控制人口自然增长率，并将大力提倡晚婚作为控制人口增长的一项具体措施。期间虽然发生了“文化大革命”，但党和政府控制人口和计划生育的态度并没有改变。

1962年周恩来提出，在人口多的城市、人口密的地区，应该提倡节制生育、计划生育。至于人口稀的地方，像江西省的农村，或者边远的省、自治区，比如西藏、青海、新疆、内蒙古，那些地方多增加一些人是好的。这也要因地制宜，区别对待。1962年12月18日，中央、国务院发出《关于认真提倡计划生育的指示》：“在城市和人口稠密的农村提倡节制生育，适当控制人口自然增长率，使生育问题由毫无计划的状态逐渐走向有计划的状态，这是我国社会主义建设中既定的政策。”

三、计划生育政策起步和趋紧阶段（1970—1984年）

（一）“晚、稀、少”的政策写入宪法

1973年12月，第一次全国计划生育汇报会提出“晚、稀、少”的政策。1978年3月，五届全国人大一次会议通过的《中华人民共和国宪法》第五十三条规定“国家提倡和推行计划生育”。计划生育第一次以法律形式载入我国宪法。

（二）"最好一个，最多两个"

1979年1月，全国计划生育办公室主任会议强调，今后要提倡每对夫妇生育子女数最好一个，最多两个，间隔三年以上。同时提出，对于只生一胎、不再生第二胎的育龄夫妇，要给予表扬；对于生第二胎和二胎以上的，应从经济上加以必要的限制。

（三）独生子女政策

在人口与经济发展比例关系失调状况日益恶化的形势下，国务院成立了计划生育领导小组，各地区也建立计划生育工作机构，并以1980年9月25日发表的《中共中央关于控制我国人口增长问题致全体共产党员、共青团员的公开信》为标志开始进一步收紧生育政策，将"最多两个"转变为严格控制生育第二个孩子和施行独生子女政策。但是，独生子女生育政策与农村生产实际和农民生育意愿严重脱节，造成政策贯彻执行阻力重重，恶性事件频发。

四、计划生育政策调整阶段（1984—1999年）

（一）"只生育一个孩子"

1980年9月，五届全国人大三次会议经过认真研究，认为在今后三、四十年内，必须在人口问题上采取一个坚决的措施，就是除了在人口稀少的少数民族地区以外，要普遍大力提倡一对夫妇只生育一个孩子，以便把人口增长率尽快控制住。1980年9月25日，党中央发表《关于控制我国人口增长问题致全体共产党员、共青团员的公开信》，提倡"一对夫妇只生育一个孩子"。至此，标志我国一孩政策正式出台并全面实施。1981年，国家成立计划生育委员会。1982年9月，党的十二大把计划生育确定为基本国策。

（二）"开小口、堵大口"

1982年，《中共中央、国务院关于进一步做好计划生育工作的指示》规定"农村普遍提倡一对夫妇只生育一个孩子，某些群众确有实际困难要求生二胎的，经过审批可以有计划地安排。不论哪一种情况都不能生三胎。"1984年4月，中共中央转发了《关于计划生育情况的汇报》的7号文件，对"一孩"政策进行修正。提出"对农村继续有控制地把口子开得稍大一些，按照规定的条件，经过批准，可以生二胎；坚决制止大口子，即严禁生育超计划的二胎和多胎"，即"开小口、堵大口"。

1988年，中央提出"农村某些群众确有实际困难，包括独生女，要求生二胎的，经过批准可以间隔几年后生第二个孩子"。在1990年新增人口快速增长给国家的经济社会发展和人民生活改善带来极大压力的形势下，《中共中央国务院关于加强计划生育工作严格控制人口增长的决定》重申了坚定不移地贯彻落实计划生育政策，保持政策的稳定性和连续性，把计划生育工作摆到与经济建设同等重要的位置上来。

五、稳定低生育水平的"双独二胎时代"（本世纪初至2010年）

在实现了人口再生产类型的转变之后，2000年发布的《中共中央国务院关于加强人口与计划生育工作稳定低生育水平的决定》表明，人口与计划生育工作的主要任务将转向稳定低生育水平，提高出生人口素质。

2002年9月施行的人口与计划生育法规定，符合条件的家庭可以要求安排生育第二个子女。具体办法由省、自治区、直辖市人民代表大会或者其常务委员会规定。山东、四川等27个省份在上世纪末已实行“双独二胎”政策，湖北、甘肃、内蒙古在2002年实行，河南省在2011年实行，成为最后实行“双独二胎”政策的省份。

在人口发展呈现前所未有复杂局面的背景下，2007年发布的《中共中央国务院关于全面加强人口和计划生育工作统筹解决人口问题的决定》重申要继续稳定低生育水平。

六、逐步放松的“单独两孩时代”（2010年至2014年）

2010年1月6日《国家人口发展“十二五”规划思路征求意见稿》提出“稳妥开展实行夫妻一方是独生子女的家庭可以生育第二个孩子的政策试点工作”。该政策由于备受争议，之后被搁置，直到2013年卫计委机构进行调整之后，重新启动“单独两孩”政策。

2013年11月，十八届三中全会审议通过《中共中央关于全面深化改革若干重大问题的决定》。决定提出，坚持计划生育的基本国策，启动实施一方是独生子女的夫妇可生育两个孩子的政策，逐步调整完善生育政策，促进人口长期均衡发展。

七、2015年“全面二胎时代的”到来

十八届五中全会决定实施“全面两孩”政策。这是中国生育政策史上一次重大的历史性改革，也意味着独生子女政策自此终结。

2015年7月10日，国家卫计委在回答记者有关“全面放开二孩”问题时表示，当前主要任务是要继续组织实施好单独两孩政策，同时也要积极做好进一步调整完善生育政策的研究论证工作。生育政策的调整事关全局、事关长远，必须权衡利弊，审慎决策。按照中央的部署，依照法定程序，逐步调整完善。

综上所述，从新中国成立初期的鼓励生育和限制节育，到70年代“晚、稀、少”政策的推广，再到“全面二胎”政策的施行，生育政策经历了不断调整的变动过程。无论在哪个时期，生育政策都是针对当时人口形势和人口与社会经济发展之间关系进行深入分析的结果，对人口形势和发展趋势的认识不同，采取的政策也会迥异。

第二节　我国人口与计划生育法律制度的现状

一、晚婚晚育假取消

根据十八届五中全会关于“全面两孩”政策的部署，法律取消了相关鼓励晚婚晚育的条款，而是规定了符合法律法规规定生育的，无论是一孩还是两孩，甚至一

些符合地方法规规定的再生育三孩以上的，都可以享有延长生育假的相关奖励，及其他相关的社会福利。

二、独生子女奖励继续执行

在国家提倡一对夫妻生育一个子女期间，自愿终身只生育一个子女的夫妻，国家发给《独生子女父母光荣证》。获得《独生子女父母光荣证》的夫妻，按照国家和省、自治区、直辖市有关规定享受独生子女父母奖励；获得《独生子女父母光荣证》的夫妻，独生子女发生意外伤残、死亡的，按照规定获得扶助；在国家提倡一对夫妻生育一个子女期间，按照规定应当享受计划生育家庭老年人奖励扶助的，继续享受相关奖励扶助。

三、延长生育假

符合法律法规生育子女的夫妻，可以获得延长生育假的奖励或者其他福利待遇。这意味着，无论是生育第一个孩子，还是第二个孩子，均可以获得延长生育假。

四、非法生育三孩需缴社会抚养费

修改后的人口与计划生育法实施后，非法生育三孩及以上子女的家庭要缴纳社会抚养费。根据规定，育龄夫妻自主选择计划生育避孕节育措施，预防和减少非意愿妊娠。同时，将原法第三十六条第三项中规定的法律责任中删去“实施假节育手术”行为。

第三节　我国人口与计划生育法律制度的发展与完善

稳妥扎实有序实施全面两孩政策，贯彻落实新修改的《中华人民共和国人口与计划生育法》，完善相关行政法规以及地方性法规。各省、自治区、直辖市政府综合评估本地人口发展形势和计划生育工作基础以及政策实施风险，科学制定实施方案，报国务院主管部门备案，确保政策平稳落地，生育水平不出现大幅波动。

一、改革生育服务管理制度

实行生育登记服务制度，对生育两个以内（含两个）孩子的，不实行审批，由家庭自主安排生育。改进再婚等情形再生育管理。优化办事流程，简化办理手续，全面推行网上办事，进一步简政便民。依法依规查处政策外多孩生育。

二、加强出生人口监测预测

加强人口变动情况调查，科学预测出生人口变动趋势，建立出生人口监测和预警机制。加快推进国家人口基础信息库和人口健康信息化建设，实现国家与省级人口和计划生育信息互联互通，实现户籍管理、婚姻、人口健康、教育、社会保障等信息共享。

三、合理配置公共服务资源

根据生育服务需求和人口变动情况，合理配置妇幼保健、儿童照料、学前和中小学教育、社会保障等资源，满足新增公共服务需求。引导和鼓励社会力量举办非营利性妇女儿童医院、普惠性托儿所和幼儿园等服务机构。

在这些方面，教育部门已经在做安排，提出要大力增加公立的幼儿园，同时采取政府购买服务的方式，引导和鼓励社会力量举办普惠性幼儿园。各地也要推进三岁以下婴幼儿托幼机构的建设，鼓励以社区为依托，兴办托儿所，也鼓励女职工集中的单位恢复托儿所。同时加强月嫂、婴幼儿看护人员的培训，增加社会这方面人力的供给，推动在机场、车站等公共场所设置母婴室，方便妈妈们母乳喂养。

四、依法保障女性生育自由权益

要严格落实劳动法、妇女权益保障法等法律法规，制定和完善保障妇女合法权益的配套措施，要保障妇女就业、休假的权利，要支持女职工生育以后能重返工作岗位。特别是鼓励用人单位制定有利于女职工平衡职业和家庭关系的政策，帮助女职工做好职业规划，坚决反对在妇女就业问题上的歧视。

从法律上讲，男女双方都应平等地享有生育权，但生育的过程决定了是否生育应由女性同意。因为胎儿虽是夫妻双方的结晶，但女人是生育的主要完成者，将为此作出许多牺牲，付出许多心血，经历许多痛苦，还要面临着怀孕和生产、哺育和看护、教育和看管等绝大部分抚养子女的义务。因此，完善妇女权益保障的相关法律法规，切实维护妇女权益，有助于计划生育基本国策的贯彻落实。

五、加强妇幼健康计划生育服务

推进优生优育全程服务，落实孕前优生健康检查，加强孕产期保健服务和出生缺陷综合防治，提高出生人口素质。向不孕不育等生育困难人员提供必要的辅助生殖技术服务。推进妇幼保健计划生育服务机构标准化建设和规范化管理，加强孕产妇与新生儿危急重症救治能力建设。加快产科和儿科医师、助产士及护士人才培养，合理确定服务价格，在薪酬分配等方面加大政策倾斜力度。全面推进知情选择，向育龄人群提供安全、有效、适宜的避孕节育服务，提高服务的公平性和可及性。加强基础研究和科技创新，开发推广避孕节育、优生优育、生殖保健的新技术新产品。

六、推进流动人口基本公共卫生计生服务均等化

按照常住人口配置服务资源，将流动人口纳入城镇基本公共卫生和计划生育服务范围。巩固完善流动人口信息互通、服务互补、管理互动的全国“一盘棋”工作机制。推进网上信息核查和共享，做好流动人口在居住地的生育登记服务。广泛开展生殖健康科普宣传，增强流动人口等人群自我保健意识和防护能力。关怀关爱流

动人口和留守人群，促进社会融合。

（一）强化基层基础工作

完善宣传倡导、依法管理、优质服务、政策推动、综合治理的计划生育长效工作机制。深入开展计划生育优质服务先进单位创建活动。建立健全卫生和计划生育综合监督行政执法体系，加强计划生育服务管理能力建设。稳定和加强县、乡级计划生育工作力量，妥善解决好村级计划生育专干的报酬待遇、养老保障等问题。

（二）充分发挥社会组织作用

加强政府与社会协同治理，广泛动员工会、共青团、妇联等群团组织和其他社会组织共同做好计划生育工作。充分发挥计划生育协会的生力军作用，切实加强县、乡级计划生育协会的组织和能力建设，更好地承担宣传教育、生殖健康咨询服务、优生优育指导、计划生育家庭帮扶、权益维护和流动人口服务等工作。鼓励社会组织依法开展人口和计划生育公益慈善与帮扶救助活动。在城乡社区和企事业单位，引导群众广泛开展计划生育自我管理、自我服务、自我教育、自我监督。

（三）构建有利于计划生育的家庭发展支持体系

加大对计划生育家庭扶助力度，切实保障计划生育家庭合法权益，使他们优先分享改革发展的成果。对政策调整前的独生子女家庭和农村计划生育双女家庭，继续实行现行各项奖励扶助政策，在社会保障、集体收益分配、就业创业、新农村建设等方面予以倾斜。完善计划生育家庭奖励扶助制度和特别扶助制度，实行扶助标准动态调整。帮扶存在特殊困难的计划生育家庭，妥善解决他们的生活照料、养老保障、大病治疗和精神慰藉等问题。推进计划生育与扶贫开发相结合，继续实施“少生快富”工程。对政策调整后自愿只生育一个子女的夫妻，不再实行独生子女父母奖励优惠等政策。

（四）增强家庭抚幼和养老功能

研究完善生育保障、住房、税收等相关经济社会政策和家庭发展政策，为生育、幼儿养育、青少年的发展提供支持。家庭是孩子的第一学校，家长就是第一位老师，多开展这方面的培训，要为有需要的家庭提供信息和服务，促进儿童的全面发展。

建立完善包括生育支持、幼儿养育、青少年发展、老人赡养、病残照料等在内的家庭发展政策，鼓励按政策生育。完善计划生育奖励假制度。增强社区幼儿照料、托老日间照料和居家养老等服务功能。推进医疗卫生与养老服务相结合，探索建立长期护理保险制度。加大对残疾人家庭、贫困家庭和独居老人的帮扶支持力度。广泛开展创建幸福家庭活动和新家庭计划。

（五）促进社会性别平等

深入开展关爱女孩行动，创造有利于女孩成长成才的社会环境。综合治理出生人口性别比偏高问题，依法严厉打击非医学需要的胎儿性别鉴定和选择性别人工终止妊娠行为。依法保障妇女的宅基地、房屋等财产继承权和土地承包权。依法保障女性就业、休假等合法权益，支持女性生育后重返工作岗位，鼓励用人单位制定有利于职工平衡工作与家庭关系的措施。

七、切实加强组织领导

(一)落实党政责任

各级党委和政府要坚持计划生育党政一把手亲自抓、负总责，将实施全面两孩政策、改革完善计划生育服务管理作为全面深化改革的重要任务，加强统筹规划、政策协调和工作落实。坚持和完善计划生育目标管理责任制，确保责任到位、措施到位、投入到位。对人口和计划生育工作主要目标任务未完成、严重弄虚作假、违法行政造成恶劣影响等情形，实行“一票否决”。

（二）加强部门协作

进一步完善计划生育兼职委员和领导小组制度，建立健全重大经济社会政策人口发展影响评估机制，促进相关经济社会政策与计划生育政策有效衔接。各有关部门要认真履行职责，重点解决好政策配套、公共服务保障、执法协调、信息互通等问题，加强对各地工作的指导。

强化督导落实，各地区各有关部门要按照本决定要求，制定实施方案，细化改革任务，明确实施步骤。加强对各项改革措施的跟踪评估，及时发现和解决改革中的苗头性、倾向性问题。各级党委和政府每年要向中央专题报告本地区计划生育工作情况，中央将定期开展督查。

（三）深化人口发展战略研究

深入研究新形势下人口与经济、社会、资源、环境之间的互动关系以及人口数量、素质、结构和分布的变动趋势，加强前瞻性研究，完善人口发展战略，编制中长期规划。科学评估经济增长和社会发展对生育行为的影响，准确研判生育水平变动态势，做好政策储备。加强人口发展的国际比较研究，促进国际交流与合作。

（四）做好宣传和舆论引导

各地区各部门要把思想和行动统一到中央的决策部署上来，大力宣传计划生育取得的伟大成就，做好实施全面两孩政策解读。加强人口基本国情和计划生育基本国策教育，不断增强全社会的国情和国策意识。总结推广计划生育服务管理改革的好经验、好做法，表彰先进典型。正确引导社会舆论，营造支持政策落实和改革创新的良好氛围。

第十二章

人口与计划生育管理

导读

计划生育这一项基本国策自制定并实行以来，为解决我国人口和社会发展问题起到了积极的作用。人口与计划生育法以法律的形式确立了计划生育这一项基本国策的地位，为加快人口与计划生育法治建设，全面提高人口与计划生育工作服务水平，实现人口与经济社会协调和可持续发展产生了重大而深远的影响。随着经济水平与教育程度的提高，目前我国面临着老龄化严重、未富先老的窘境。因此21世纪初，我国的计划生育政策有一定程度的放松。2015年10月，十八届五中全会作出“全面实施一对夫妇可生育两个孩子政策”的决策部署，“全面二孩”政策自2016年1月1日起实施。

第一节　我国人口与计划生育现状

本节从人口现状出发，阐述了计划生育国策以及人口与计划生育法的出台背景，明确了国家开展人口与计划生育工作的宗旨、目的以及对各级政府部门的工作要求等内容。

一、我国的人口现状

（一）人口总量

人口，是构成社会生活主体并具有一定数量和质量的人所组成的社会群体。人口的数量、结构及变动与经济、社会发展密不可分。为了及时掌握我国人口状况，目前我国统计部门实施的人口调查制度包括每10年一次的人口普查、两次普查间的1%人口抽样调查以及其他年份进行的年度人口变动情况抽样调查。人口普查在尾数逢0的年份进行，1% 人口抽样调查一般在尾数逢5的年份开展。我国最近的一次人口普查是在2010年11月进行的第六次人口普查。2012年6月国家统计局发布了中国2010年人口普查资料，统计数据显示2010年我国大陆总人口为133281万人。

2016年国家统计局发布的2015年国民经济和社会发展统计公报则显示，截止到2015年末，我国大陆总人口137462万人，其中城镇常住人口77116万人，占总人口比重（常住人口城镇化率）为56.10%。全年出生人口1655万人，出生率为12.07‰；死亡人口975万人，死亡率为7.11‰；自然增长率为4.96‰。

（二）人口城镇化

人口城镇化，通常指人口向城镇集中或乡村地区转变为城镇地区，从而变乡村人口为城镇人口，使城镇人口比重不断上升的过程。1978年时，我国的城镇化率大概只有18%，而到2015年，我国城镇化率已达到56%。

城镇化率的提高是一个了不起的成就，但我们也要看到存在的问题。现在的方法是用常住人口来计算，在城市工作居住超过6个月，就算作常住人口，计入城镇化率。这样算的话，两亿多农民工就算作了城市人。但实际上，全国绝大多数农民工并没有享受到与市民同等的待遇，在城市里没有真正意义上的“家”。目前我国的户籍人口城镇化率只有30% 多，距离真正意义上高质量的城镇化还有不小的差距。

国务院总理李克强在十二届全国人大四次会议上所作的政府工作报告明确指出，要推进新型城镇化和农业现代化，促进城乡区域协调发展。缩小城乡区域差距，既是调整经济结构的重点，也是释放发展潜力的关键。要深入推进以人为核心的新型城镇化，实现1亿左右农业转移人口和其他常住人口在城镇落户，完成约1亿人居住的棚户区和城中村改造，引导约1亿人在中西部地区就近城镇化。到2020年，常住人口城镇化率达到60%、户籍人口城镇化率达到45%。

（三）人口年龄结构

人口年龄结构是指一定时点、一定地区各年龄组人口在全体人口中的比重。根据反映人口年龄结构的一定指标，可将人口区分为年轻型、成年型和老年型三种结构类型。国际上通常看法是，当一个国家或地区60岁以上老年人口占人口总数的10%，或65岁以上老年人口占人口总数的7%，即意味着这个国家或地区的人口处于老龄化社会。

自20世纪90年代以来，随着计划生育政策的不断落实，我国人口出生率持续降低，全国人口出生率下降到14‰以下。改革开放后，我国经济迅速发展，人民的生活水平有了极大的提高。医疗卫生事业的发展，使老年人的健康水平普遍提高，人均寿命达到70多岁，与发达国家持平。在2000年时，我国60岁及以上人口占总人口的比例达到了7%，这标志着我国进入了老龄型社会。到2012年，我国60岁及以上人口占总人口的比例为14.3%，处于快速老龄化阶段。

现阶段，我国仍处在社会主义初期，仍属于中等收入国家。在这样的背景下，我国人口老龄化体现出其独有的特征：未富先老、规模更大、速度更快、赡养负担更重、二元结构明显。我国面临着人口老龄化危机特有的巨大挑战。

（四）人口性别结构

人口性别结构通常用“性别比”来衡量，它是用来反映该国家或地区人口的性别结构是否合理或协调。据国家统计局最新数据显示，我国2015年出生人口性别比为113.51。在过去的20多年里，这个比例曾一度高于120，是世界上最悬殊的出生性别比例之一。居高不下的人口性别比，说明了我国人口面临的严重问题，今后若干年内，将会因为人口性别失衡而产生拐卖妇女、强奸犯罪、社会治安等诸多问题。因此，性别问题实际是发展战略问题，我们必须正视。当然，引起这个问题的原因有诸多方面，包括长期的重男轻女思想、传宗接代思想、养儿防老思维等。目前，为综合治理人口性别比偏高问题，国家卫计委等7部门决定在全国开展整治“两非”专项行动，也就是非医学需要的胎儿性别鉴定和选择性别人工终止妊娠专项行动。

二、计划生育政策

（一）计划生育政策的产生背景

党的十一届三中全会以后，国家将人口发展纳入现代化建设总体战略。1980年党中央发表《关于控制我国人口增长问题致全体共产党员共青团员的公开信》，提倡一对夫妇生育一个孩子。1982年2月，党中央、国务院下发关于进一步做好计划生育工作的指示，强调实行必要的奖励和限制，保证计划生育工作的顺利开展。1982年9月，党的十二大把实行计划生育确定为基本国策，同年11月写入新修改的宪法。1991年党中央、国务院作出《关于加强计划生育工作严格控制人口增长的决定》，明确提出要坚定不移地贯彻落实现行生育政策，严格控制人口增长。

（二）计划生育立法

1978年，我国第一次提倡和推行计划生育。1982年，宪法进一步增加了有关计划生育的条款和内容。我国其他法律中也有许多关于人口与计划生育的规定。如婚姻法第十六条规定，夫妻双方都有实行计划生育的义务。

为了实现人口与经济、社会、资源、环境的协调发展，保障公民计划生育的合法权益，促进家庭幸福、民族繁荣与社会进步，2001年12月29日，九届全国人大常委会二十五次会议通过了人口与计划生育法。这是我国第一部以人口与计划生育工作为主要内容的专门法律。它的实施标志着我国人口与计划生育法治建设进入了一个新阶段，是我国人口与计划生育事业发展史上一个重要的里程碑，为实现人口与经济社会协调发展和可持续发展战略，综合治理人口问题提供了法律保证。

（三）计划生育工作的开展

人口与计划生育法第三条规定，开展人口与计划生育工作，应当与增加妇女受教育和就业机会、增进妇女健康、提高妇女地位相结合。妇女在繁衍后代、养育子女及家庭生活中扮演着重要的角色，承担着重要的责任，但由于社会保障制度不健全及落后生育观念的影响，使得妇女社会地位偏低。在计划生育工作中，提高妇女素质和地位是一个很重要的方面，国家应保障妇女享有与男子平等的文化教育权利。另外在劳动权益方面，国家也应保障妇女享有与男子平等的劳动权利，各单位在录用职工时，除不适合妇女的工种或者岗位外，不得以性别为由拒绝录用妇女或者提高对妇女的录用标准。任何单位不得以女职工结婚、怀孕、产假、哺乳等为由单方解除劳动合同。

（四）计划生育工作的实施部门与职责

国务院负责领导全国的人口与计划生育工作。地方各级人民政府是领导人口与计划生育工作的责任主体，负责领导本行政区域内的人口与计划生育工作。

人口与计划生育法第四条规定，各级人民政府及其工作人员在推行计划生育工作中应当严格依法行政，文明执法，不得侵犯公民的合法权益。该法第七条规定，工会、共产主义青年团、妇女联合会及计划生育协会等社会团体、企业事业组织和公民应当协助人民政府开展人口与计划生育工作。只有正确贯彻实施，计划生育这一基本国策才能落到实处。

（五）计划生育工作的成果

目前，经过全国人民艰苦不懈的努力，我国人口与计划生育工作取得了举世瞩目的成就：人口过快增长的势头得到有效控制，生育率下降到较低水平，全国基本实现了从“高出生、低死亡、高自然增长”到“低出生、低死亡、低自然增长”的现代人口再生产模式的历史性转变，人民群众传统婚育观念明显转变，计划生育这一项基本国策基本上已为人民群众所接受。

但是，我国在发展上存在人口红利消失、临近超低生育率水平、人口老龄化加剧、出生性别比失调等问题。在低生育率和人口老龄化加剧的社会大趋势下，全面放开二胎政策，既是对人类生育权的合理尊重，也是对我国未来的发展负责任。为此，继“单独二胎”政策之后，十八届五中全会公报提出：促进人口均衡发展，坚持计划生育的基本国策，完善人口发展战略，全面实施一对夫妇可生育两个孩子政策，积极开展应对人口老龄化行动。

以案释法 26

当今社会男女不平等现象依然存在

江某的家位于偏远山区。由于受到社会、经济发展的制约与陈旧思想观念的束缚，这里的女童入学率和升学率普遍很低。江某12岁时小学毕业，当时成绩很好，但是父母让她辍学在家。无奈，江某从此辍学在家务农。几年后，在别人的介绍下，江某嫁给了当地的农民李某并与之育有一子。某日李某在工地干活时不慎从脚手架上坠落后经抢救无效死亡，自此生活的重担落在了江某身上。为了给孩子筹集学费，江某连日穿梭在劳务市场想要谋求一份工作，但是她发现很多单位在招用人员的时候会明确提出仅限男性的限制条件，加之自身学历不高，且无特殊技能，在找工作过程中波折不断。不过，功夫不负有心人，江某最终寻得了一份家政的工作。

释解

目前，我国开展人口与计划生育工作所面临的现状是，生产力水平较低，各地方发展不平衡，社会保障制度尚不健全，落后生育观念的影响还将长期存在。能否在计划生育工作中充分体现和保护妇女的合法权益，将直接关系到计划生育基本国策的落实。因此，人口与计划生育法第三条规定，开展人口与计划生育工作，应当与增加妇女受教育和就业机会、增进妇女健康、提高妇女地位相结合。

本案中，江某无论是在受教育方面还是在就业机会方面明显受到了差别待遇，这说明提高妇女素质和地位是现在亟待解决的一个问题。妇女接受教育，有利于生育观念的转变；妇女充分就业，可以为其提供生活保障，解决后顾之忧，增进妇女健康，提高出生人口素质。

第二节　人口发展规划的制定与实施

人口的发展变化和经济的发展变化是相互依存、相互制约的，控制人口增长有利于经济和社会的发展，因此我们必须坚持人口与发展综合决策，制定符合国情的人口发展规划，并将其纳入国民经济和社会发展总体规划中，以确保人口计划的实现。本节主要围绕人口发展规划展开叙述。

一、关于人口发展规划

人口发展规划是依据人口现状和未来发展趋势、结合未来经济社会的发展变化，制定的人口发展具体目标和要求。我国自20世纪70年代起开始制定全国人口发展规划，并将其纳入国民经济和社会发展规划。人口发展规划按期限可以分为年度计划、五年计划和远景（长期）规划；按区域范围可分为基层人口发展规划、地区人口发展规划和全国人口发展规划。近些年来计划生育工作的实践证明，通过制定人口发展规划，调节人口与经济、社会、环境的关系，是我国人口与计划生育工作的一个重要的调控手段。

根据2015年10月29日十八届五中全会通过的《中共中央关于制定国民经济和社会发展第十三个五年规划的建议》，“十三五”时期我国应坚持计划生育的基本国策，完善人口发展战略。全面实施一对夫妇可生育两个孩子政策。提高生殖健康、妇幼保健、托幼等公共服务水平。帮扶存在特殊困难的计划生育家庭，注重家庭发展。

积极开展应对人口老龄化行动，弘扬敬老、养老、助老社会风尚，建设以居家为基础、社区为依托、机构为补充的多层次养老服务体系，推动医疗卫生和养老服务相结合，探索建立长期护理保险制度。全面放开养老服务市场，通过购买服务、股权合作等方式支持各类市场主体增加养老服务和产品供给。

二、人口发展规划的制定

我国采取的是政府计划生育控制人口的模式，人口发展规划由各级发展计划和计划生育部分共同编制。人口与计划生育法第九条规定，国务院编制人口发展规划，并将其纳入国民经济和社会发展计划。县级以上地方各级人民政府根据全国人口发展规划以及上一级人民政府人口发展规划，结合当地实际情况编制本行政区域的人口发展规划，并将其纳入国民经济和社会发展计划。

三、人口发展规划的实施

（一）人口与计划生育实施方案

县级以上各级人民政府根据人口发展规划，制定人口与计划生育实施方案并组织实施。县级以上各级人民政府计划生育行政部门负责人口与计划生育实施方案的日常工作。乡、民族乡、镇的人民政府和城市街道办事处负责本管辖区域内的人口与计划生育工作，贯彻落实人口与计划生育实施方案。

人口与计划生育法第十一条规定，人口与计划生育实施方案应当规定控制人口数量，加强母婴保健，提高人口素质的措施。母婴保健事业应当纳入国民经济和社会发展计划。国务院卫生行政部门主管全国母婴保健工作，根据不同地区情况提出分级分类指导原则，并对全国母婴保健工作实施监督管理。国务院其他有关部门在各自职责范围内，配合卫生行政部门做好母婴保健工作。国家鼓励、支持母婴保健领域的教育和科学研究，推广先进、实用的母婴保健技术，普及母婴保健科学知识。

（二）人口与计划生育宣传教育

人口与计划生育法第十三条规定，计划生育、教育、科技、文化、卫生、民政、新闻出版、广播电视等部门应当组织开展人口与计划生育宣传教育。大众传媒负有开展人口与计划生育的社会公益性宣传的义务。学校应当在学生中，以符合受教育者特征的适当方式，有计划地开展生理卫生教育、青春期教育或者性健康教育。

（三）人口与计划生育经费投入与保障

人口与计划生育法第十五条规定，国家根据国民经济和社会发展状况逐步提高人口与计划生育经费投入的总体水平。各级人民政府应当保障人口与计划生育工作必要的经费。各级人民政府应当对贫困地区、少数民族地区开展人口与计划生育工作给予重点扶持。国家鼓励社会团体、企业事业组织和个人为人口与计划生育工作提供捐助。任何单位和个人不得截留、克扣、挪用人口与计划生育工作费用。

（四）人口与计划生育工作的落实

人口与计划生育法第十二条规定，村民委员会、居民委员会应当依法做好计划生育工作。机关、部队、社会团体、企业事业组织应当做好本单位的计划生育工作。

人口与计划生育法第十四条规定，流动人口的计划生育工作由其户籍所在地和现居住地的人民政府共同负责管理，以现居住地为主。流动人口计划生育工作是新时期我国人口与计划生育工作的重要组成部分，在工作过程中应当坚持公平对待、合理引导、完善管理、优质服务的原则，坚持以人为本、管理与服务相结合，保障流动人口依法享有生育权利，依法获得人口与计划生育科普教育、计划生育技术和生殖保健服务，以及法律、法规规定的其他各项权利。各级人口和计划生育部门应当在当地人民政府的统一领导和社会治安综合治理领导小组的协调指导下，会同公安、民政、人力资源和社会保障、建设、卫生、工商等有关部门，充分发挥村（社区）居民自治组织的作用，对流动人口计划生育工作实行综合决策、综合管理，共同做好管理和服务工作。各级人口和计划生育部门应当明确各业务机构在流动人口计划生育管理与服务中的职责。流动人口较多的地方应根据需要，设立流动人口计划生育管理机构，配备必要的专（兼）职工作人员。

以案释法 27

计划生育工作费用不得挪作他用

葛某，男，38岁，某村支部书记。自2013年以来，葛某利用其负责代收代缴全村计划生育收费的工作职务之便，收取计生对象的社会抚养费或其他计生罚款后，有10000元隐瞒没有上缴到镇里，驻村干部及其他村干部均不知此事。当镇里催收相关费用时，由于村里税费不能及时收上来，葛某这一行为被有关部门发现，最终检察院以涉嫌贪污罪向人民法院提起公诉。

释解

根据刑法的规定，国家工作人员利用职务上的便利，侵吞、窃取、骗取或者以其他手段非法占有公共财物的，构成贪污罪。受国家机关、国有公司、企业、事业单位、人民团体委托管理、经营国有财产的人员，利用职务上的便利，侵吞、窃取、骗取或者以其他手段非法占有国有财物的，以贪污罪论处。人口与计划生育法第十五条规定，任何单位和个人不得截留、克扣、挪用人口与计划生育工作费用。

本案中的葛某是村支部书记，其受镇政府委托协助镇政府代收代缴本村的计生收费，具备贪污罪的主体资格。葛某明知不得隐瞒截留、挪用、贪污、私分计生收费，却故意隐瞒截留占有，且没有告诉驻村领导及其他村干部，其主观上故意占有十分明显。其收取社会抚养费或其他计生罚款之后，有10000元隐瞒不上缴，已经占有控制该款，贪污行为已实施完毕，构成既遂。葛某犯罪事实清楚，证据确实充分，应当受到法律制裁。

第三节　生育调节

公民有生育的权利，但夫妻双方同样应履行计划生育的义务。由于我国人口众多，控制人口数量、提高人口素质、改善人口结构是我国计划生育工作的基本要求。从国家和人民的长远利益出发，必须实行计划生育政策，因此就需要以经济、行政、法律、医学手段调整人类的生育行为。本节主要从公民的生育权及应履行的义务方面进行阐述。

一、关于生育调节

生育调节，是指以经济、行政、法律、医学手段调整人类的生育行为。人口与计划生育法第十八条规定，国家提倡一对夫妻生育两个子女。符合法律、法规规定条件的，可以要求安排再生育子女。具体办法由省、自治区、直辖市人民代表大会或者其常务委员会规定。少数民族也要实行计划生育，具体办法由省、自治区、直辖市人民代表大会或者其常务委员会规定。夫妻双方户籍所在地的省、自治区、直辖市之间关于再生育子女的规定不一致的，按照有利于当事人的原则适用。

二、公民的生育权

（一）生育权概述

生育权，是指公民享有生育子女及获得与此相关的信息和服务的权利。1974年联合国在布加勒斯特召开的世界人口会议通过的世界人口行动计划对生育权作了经典性的定义："所有夫妇和个人享有自由负责地决定其子女数量和间隔以及为此目的而获得信息、教育与方法的基本权利；夫妇和个人在行使这种权利的责任时，应考虑他们现在子女和未来子女的需要以及他们对社会的责任。"联合国在1984年和1994年分别召开的国际人口与发展会议通过的墨西哥宣言和国际人口与发展会议行动纲要对上述概念又进行了重申，并将生育权作为最基本的人权。

（二）自由决定是否生育的权利

公民有生育的权利，也有不生育的自由。公民有权利选择生育与不生育，不生育也不应当受到歧视。人口与计划生育法第二十二条规定，禁止歧视、虐待生育女婴和不育的妇女。我国妇女权益保障法第五十一条规定："妇女有按照国家有关规定生育子女的权利，也有不生育的自由。"

（三）自由决定生育子女时间、数量、间隔的权利

世界人口行动计划指出，所有夫妻和个人都有自由而负责任地决定其子女人数和生育间隔，以及获得作出这种决定所需要的新信息、教育和方法的基本权利；夫妻和个人在行使这一权利时，应考虑到他们本人及他们未来孩子的生活需要，以及他们对社会所负有的责任。在我国，国家在规定公民享有生育权的同时，规定夫妻有实行计划生育的义务。我国公民生育权的行使要符合我国法律、法规的规定，决定生育子女时间、数量和间隔时，也要依照有关法律、法规的规定去做。从表面上看，我国公民的生育意愿是受到了一定限制，但从国家和公民的长远利益考虑，这是对社会负责的表现。

（四）男女双方在繁衍后代问题上享有平等的权利

生育是男女双方的共同行为，不可能依靠单方实现，因此，一方不能强迫另一方实现这个权利，这个权利应当是以双方协商为基础的，两个人共同的意愿才能实现。联合国有关国际公约中提出，各国政府应当促进和鼓励妇女和男子平等参与家庭责任的所有方面，包括计划生育、育儿和家务。我国妇女权益保障法也对保护妇女的生育权作出了专门规定。之所以这样规定并不是排斥男性的生育权，而是由于传统的旧思想、旧观念及习惯势力的影响，使妇女的生育权得不到保障，常常被忽视、被剥夺，因而国内法和国际法都进一步强调保障妇女的生育权利。

（五）生殖健康权

1994年世界人口与发展大会通过的行动纲领，提出了"生殖健康"的概念。生殖健康是指生殖系统及其功能和过程的一切事宜上身体、精神和社会等方面的健康状态，而不仅仅是指没有疾病或者不虚弱。因此，生殖健康表示人们能够有满意而且安全的性生活，有生育能力，可以自由决定是否和何时生育及生育多少。

公民有权获得科学知识和信息，有避孕措施的知情权和安全保障权利以及患不孕症公民有获得咨询和治疗的权利。人口与计划生育法明确规定，国家创造条件，保障公民知情选择安全、有效、适宜的避孕节育措施。实施避孕节育手术，应当保证受术者的安全。计划生育技术服务人员应当指导实行计划生育的公民选择安全、有效、适宜的避孕措施。妇女权益保障法也规定，育龄夫妻双方按照国家有关规定计划生育，有关部门应当提供安全、有效的避孕药具和技术，保障实施节育手术的妇女的健康和安全。这些都是从生殖健康的角度为保障公民生育权作出的规定。

三、公民实行计划生育的义务

我国宪法规定夫妻双方有实行计划生育的义务。根据人口与计划生育法的规定，

夫妻双方在实行计划生育中负有共同的责任。计划生育工作既反映了国家的总体利益，也充分考虑到公民的实际困难，它强调国家指导、群众自愿。所以，公民应当规范生育行为，履行法定义务，依法负责任地行使生育权。

（一）依照法律、法规的规定决定生育子女的数量和间隔时间

根据人口与计划生育法的规定，公民履行计划生育义务，要依照有关法律、法规的规定合理安排生育。公民达到法定婚龄可以结婚，结婚后可以自主安排生育两个子女。如果要求再生育子女，就要符合法律、法规规定的条件。

（二）自觉落实避孕节育措施，接受计划生育技术服务指导

人口与计划生育法规定，实行计划生育，以避孕为主。国家创造条件，保障公民知情选择安全、有效、适宜的避孕节育措施。实施避孕节育手术，应当保证受术者的安全。育龄夫妻自主选择计划生育避孕节育措施，预防和减少非意愿妊娠。实行计划生育的育龄夫妻免费享受国家规定的基本项目的计划生育技术服务。前款规定所需经费，按照国家有关规定列入财政预算或者由社会保险予以保障。

（三）违反法律法规规定条件生育子女的公民，应依法缴纳社会抚养费

人口与计划生育法第四十一条规定，不符合该法规定生育子女的公民，应当依法缴纳社会抚养费。未在规定的期限内足额缴纳应当缴纳的社会抚养费的，自欠缴之日起，按照国家有关规定加收滞纳金；仍不缴纳的，由作出征收决定的计划生育行政部门依法向人民法院申请强制执行。

社会抚养费征收管理办法第三条规定，社会抚养费的征收标准，分别以当地城镇居民年人均可支配收入和农村居民年人均纯收入为计征的参考基本标准，结合当事人的实际收入水平和不符合法律、法规规定生育子女的情节，确定征收数额。社会抚养费的具体征收标准由省、自治区、直辖市规定。任何单位和个人不得违反法律、法规的规定擅自增设与计划生育有关的收费项目，提高社会抚养费征收标准。该法第四条规定，社会抚养费的征收，由县级人民政府计划生育行政部门作出书面征收决定；县级人民政府计划生育行政部门可以委托乡（镇）人民政府或者街道办事处作出书面征收决定。

以案释法 28

非法限制公民生育权的行为无效

2010年5月，王某（女方）与江某（男方）结婚。2011年底王某生育一男孩。孩子出生后一家人都非常开心，王某也辞职在家专心照顾孩子。但随着孩子的逐渐长大，生活的重压使得两人之间的矛盾冲突不断。2013年初两人因感情破裂办理了离婚手续，而孩子由江某抚养。同时二人达成书面协议：为使二人的主要精力放在抚养教育孩子身上和不影响财产的继承权归他人所有，二人再婚后都不得再生育子女，违者支付对方违约金2万元。2014年初，王某与张某（未婚）结婚，并于2014年底生育一子。江某知道王某生孩子后就以王某违约为由，向其索要违约金2万元，但遭到王某拒绝。江某随后向法院起诉，请求法院判令王某承担违约金。

释解

根据人口与计划生育法的规定，公民有生育的权利，不因为与他人的协商行为而受到限制。生育权是法定的，任何限制行使这一权利的行为都是非法的、无效的。当然，公民也有权放弃这项权利，但这种放弃必须以自愿为前提，且公民即使一时放弃了这种权利，以后又想生育子女，同样可以继续行使生育权。

根据民法通则的规定，违反法律的民事行为是无效的。本案中，王某与江某所达成的禁止生育的协议因违反了法律赋予公民享有生育权的规定而无效。因此，法院不支持江某的诉讼请求。

第四节　奖励与社会保障

计划生育奖励与社会保障措施均是对相对人物质、精神或其他特别权益的激励、引导。这些措施能够保障计生法规政策的落实，引导群众自觉实行计划生育，本节的主要内容是我国现行的计划生育奖励与社会保障措施。

一、计划生育奖励

（一）计划生育奖励概述

计划生育奖励是计划生育利益导向机制的重要组成部分，它是指，国家根据各地的经济发展状况和当地人民群众的实际需要，通过制定相关的社会经济政策或者直接制定有关的政策措施，运用物质利益原则，对独生子女家庭、实行计划生育的家庭和晚婚晚育者给予各种经济补偿、奖励、优先优惠和精神鼓励，保障实行计划生育的群众及其家庭基本项目的避孕节育服务的需要，以启动实行计划生育的内在动力，引导人们主动地、自觉地实行计划生育的各项措施。

（二）计划生育奖励措施

人口与计划生育法第二十三条规定，国家对实行计划生育的夫妻，按照规定给予奖励。

人口与计划生育法第二十五、二十六条规定，符合法律、法规规定生育子女的夫妻，可以获得延长生育假的奖励或者其他福利待遇。妇女怀孕、生育和哺乳期间，按照国家有关规定享受特殊劳动保护并可以获得帮助和补偿。公民实行计划生育手术，享受国家规定的休假；地方人民政府可以给予奖励。

人口与计划生育法第二十七条规定，在国家提倡一对夫妻生育一个子女期间，自愿终身只生育一个子女的夫妻，国家发给独生子女父母光荣证。获得独生子女父母光荣证的夫妻，按照国家和省、自治区、直辖市有关规定享受独生子女父母奖励。法律、法规或者规章规定给予获得独生子女父母光荣证的夫妻奖励的措施中由其所在单位落实的，有关单位应当执行。获得独生子女父母光荣证的夫妻，独生子女发生意外伤残、死亡的，按照规定获得扶助。在国家提倡一对夫妻生育一个子女期间，按照规定应当享受计划生育家庭老年人奖励扶助的，继续享受相关奖励扶助。

人口与计划生育法第二十八条规定，地方各级人民政府对农村实行计划生育的家庭发展经济，给予资金、技术、培训等方面的支持、优惠；对实行计划生育的贫困家庭，在扶贫贷款、以工代赈、扶贫项目和社会救济等方面给予优先照顾。

二、计划生育社会保障

人口与计划生育法第二十四条规定，国家建立、健全基本养老保险、基本医疗保险、生育保险和社会福利等社会保障制度，促进计划生育。国家鼓励保险公司举办有利于计划生育的保险项目。有条件的地方可以根据政府引导、农民自愿的原则，在农村实行多种形式的养老保障办法。

计划生育社会保障体系是为解除计划生育家庭的后顾之忧而建立的各种社会保障制度和措施，我国的计划生育保障体系包括生育社会保障和老年社会保障等。计划生育保障体系的建设为公民实行计划生育提供了可靠的物质基础和保障，可以有效降低民众对多生育子女以保障其基本生活的期望，从根本上影响和转变民众的生育观念，树立民众实行计划生育的自觉性，从而达到控制人口数量和提高人口素质，实现我国人口与资源的协调发展的目的。

第五节　计划生育技术服务

落实计划生育基本国策，满足人民群众不断增长的生殖保健需求是计划生育工作的重中之重。计划生育技术服务将临床技术服务和咨询指导、术前宣传教育和术后随访紧密结合，通过面向群众，深入基层的主动服务，帮助每个公民安全、健康地度过育龄期。

一、概述

（一）计划生育技术服务的概念

计划生育技术服务是指使用手术、药物、工具、仪器、信息及其他技术手段，有目的地向育龄公民提供生育调节及其他有关的生殖保健服务的活动。计划生育技术服务网络由计划生育技术服务机构和从事计划生育技术服务的医疗、保健机构组成，并纳入区域卫生规划。人口与计划生育法第三十一、三十二条规定，各级人民政府应当采取措施，保障公民享有计划生育技术服务，提高公民的生殖健康水平。地方各级人民政府应当合理配置、综合利用卫生资源，建立、健全由计划生育技术服务机构和从事计划生育技术服务的医疗、保健机构组成的计划生育技术服务网络，改善技术服务设施和条件，提高技术服务水平。

（二）计划生育技术服务的内容

计划生育技术服务包括计划生育技术指导、咨询以及与计划生育有关的临床医疗服务。

计划生育技术服务管理条例实施细则第十一条规定，计划生育技术指导、咨询包括下列内容：

（1）避孕节育与降低出生缺陷发生风险及其他生殖健康的科普宣传、指导和咨询；（2）提供避孕药具，对服务对象进行相关的指导、咨询、随访；（3）对施行避孕、节育手术和输卵（精）管复通手术的，在手术前、后提供相关的指导、咨询和随访。

计划生育技术服务管理条例实施细则第十二条规定，与计划生育有关的临床医疗服务包括下列内容：

（1）避孕和节育的医学检查，主要指按照避孕、节育技术常规，为了排除禁忌证、掌握适应证而进行的术前健康检查以及术后康复和保证避孕安全、有效所需要的检查；（2）各种计划生育手术并发症和计划生育药具不良反应的诊断、鉴定和治疗；（3）施行各种避孕、节育手术和输卵（精）管复通术等恢复生育力的手术以及与施行手术相关的临床医学诊断和治疗；（4）根据国家计划生育委员会和卫生部共同制定的有关规定，开展围绕生育、节育、不育的其他生殖保健服务；（5）病残儿医学鉴定中必要的检查、观察、诊断、治疗活动。

（三）计划生育技术服务质量控制

计划生育技术服务质量控制主要包括：向公民提供的计划生育技术服务和药具应当安全、有效，符合国家规定的质量技术标准。从事计划生育技术服务的机构施行避孕、节育手术、特殊检查或特殊治疗时，应当征得受术者本人的同意，并保证受术者的安全。任何机构和个人不得利用超声技术和其他技术手段进行非医学需要的胎儿性别鉴定或者选择性别的人工终止妊娠。

二、计划生育技术服务的原则

计划生育技术服务实行国家指导与个人自愿相结合的原则。

公民实行计划生育时，有权了解自身的健康检查结果和常用避孕节育方法的作用机理、适应证、禁忌证、优缺点、使用方法、注意事项、可能出现的副作用及其处理方法，在计划生育技术服务人员指导下，负责任地选择适合于自己的避孕节育方法。

从事计划生育技术服务的机构和人员，在提供避孕节育技术服务时应充分考虑服务对象的健康状况、劳动强度及其所处的生理时期，指导公民选择适宜的避孕节育方法，并为其提供安全、有效、规范的技术服务。人口与计划生育法第三十四条规定，计划生育技术服务人员应当指导实行计划生育的公民选择安全、有效、适宜的避孕措施。对已生育子女的夫妻，提倡选择长效避孕措施。国家鼓励计划生育新技术、新药具的研究、应用和推广。

三、计划生育技术服务机构

从事计划生育技术服务的机构，必须符合国务院计划生育行政部门规定的设置标准，主要包括计划生育技术服务机构和从事计划生育技术服务的医疗、保健机构。

（一）计划生育技术服务机构

设立计划生育技术服务机构，由设区的市级以上地方人民政府计划生育行政部门批准，发给计划生育技术服务机构执业许可证，并在计划生育技术服务机构执业许可证上注明获准开展的计划生育技术服务项目。乡、镇已有医疗机构的，不再新设立计划生育技术服务机构；但是，医疗机构内必须设有计划生育技术服务科（室），专门从事计划生育技术服务工作。

计划生育技术服务机构从事产前诊断的，应当经省、自治区、直辖市人民政府计划生育行政部门同意后，由同级卫生行政部门审查批准，并报国务院计划生育行政部门和国务院卫生行政部门备案。

（二）从事计划生育技术服务的医疗、保健机构

从事计划生育技术服务的医疗、保健机构，由县级以上地方人民政府卫生行政部门审查批准，在其医疗机构执业许可证上注明获准开展的计划生育技术服务项目，并向同级计划生育行政部门通报。

（三）计划生育技术服务机构的执业

计划生育技术服务管理条例第二十五条规定，从事计划生育技术服务的机构的执业许可证明文件每三年由原批准机关校验一次。从事计划生育技术服务的机构的执业许可证明文件不得买卖、出借、出租，不得涂改、伪造。从事计划生育技术服务的机构的执业许可证明文件遗失的，应当自发现执业许可证明文件遗失之日起30日内向原发证机关申请补发。从事计划生育技术服务的机构应当按照批准的业务范围和服务项目执业，并遵守有关法律、行政法规和国务院卫生行政部门制定的医疗技术常规和抢救与转诊制度。

计划生育技术服务管理条例第二十六、二十七条规定，从事计划生育技术服务的机构应当按照批准的业务范围和服务项目执业，并遵守有关法律、行政法规和国务院卫生行政部门制定的医疗技术常规和抢救与转诊制度。县级以上地方人民政府

计划生育行政部门应当对本行政区域内的计划生育技术服务工作进行定期检查。

四、计划生育技术服务技术人员

计划生育技术服务人员是指依照规定，取得计划生育技术服务人员合格证并在从事计划生育技术服务的机构中从事计划生育技术指导、咨询以及与计划生育有关的临床医疗服务的人员。

计划生育技术服务人员中从事与计划生育有关的临床服务人员，应当依照执业医师法和国家有关护士管理的规定，分别取得执业医师、执业助理医师、乡村医生或者护士的资格，并在依照本条例设立的机构中执业。在计划生育技术服务机构执业的执业医师和执业助理医师应当依照执业医师法的规定向所在地县级以上地方人民政府卫生行政部门申请注册。

计划生育技术服务人员必须按照批准的服务范围、服务项目、手术术种从事计划生育技术服务，遵守与执业有关的法律、法规、规章、技术常规、职业道德规范和管理制度。

五、计划生育技术服务的监督管理

（一）监管部门及职责

计划生育技术服务管理条例实施细则第三十九条规定，国家计划生育委员会负责全国计划生育技术服务的监督管理工作，履行下列监督管理职责：

（1）对条例和本细则及其他配套文件的执行情况进行检查、监督和指导；（2）对计划生育技术服务统计工作监督、检查并负责组织全国计划生育技术服务统计数据汇总、分析和结果的发布；（3）负责全国计划生育技术服务事故、并发症、不良反应的汇总、分析和信息发布，指导不良事件的调查、处理；（4）对全国计划生育技术服务工作的其他事项进行监督管理。

计划生育技术服务管理条例实施细则第四十条规定，县级以上地方人民政府计划生育行政部门负责本行政区域内计划生育技术服务监督管理工作，履行下列监督管理职责：

（1）负责提出对本行政区域内计划生育技术服务网络的规划，报同级人民政府批准后，负责其建设和管理的具体工作；（2）负责对本行政区域内计划生育技术服务机构和人员执业许可、登记和许可证明文件的校验；（3）对本行政区域内从事计划生育技术服务的机构和人员执行条例和本细则的情况进行检查和监督；（4）负责本行政区域内计划生育技术服务统计工作；（5）对本行政区域内计划生育技术服务中出现的事故、并发症、不良反应进行调查处理；（6）负责病残儿医学鉴定和计划生育手术并发症的管理工作；（7）对在本行政区域内开展的涉及人群的计划生育科学技术项目和国际合作项目进行监督管理；（8）对违反条例及本细则的行为，依法给予行政处罚；（9）负责本行政区域内计划生育技术服务监督管理的其他事项。

（二）事故报告制度

从事计划生育技术服务的机构发生计划生育技术服务事故、发现计划生育手术并发症和计划生育药具不良反应的，应当在国务院计划生育行政部门规定的时限内同时向所在地人民政府计划生育行政部门和卫生行政部门报告；对计划生育技术服务重大事故、计划生育手术严重的并发症和计划生育药具严重的或者新出现的不良反应，应当同时逐级向上级人民政府计划生育行政部门、卫生行政部门和国务院计划生育行政部门、卫生行政部门报告。

国务院计划生育行政部门会同国务院卫生行政部门汇总、分析计划生育技术服务事故、计划生育手术并发症和计划生育药具不良反应的数据，并应当及时向有关部门通报。国务院计划生育行政部门应当按照国家有关规定及时公布计划生育技术服务重大事故、计划生育手术严重的并发症和计划生育药具严重的或者新出现的不良反应，并可以授权省、自治区、直辖市计划生育行政部门及时公布和通报本行政区域内计划生育技术服务事故、计划生育手术并发症和计划生育药具不良反应。

以案释法 29

禁止非医学需要的胎儿性别鉴定或选择性别的人工终止妊娠

宋某的妻子现已怀孕5个月了，这是他们的第二个孩子。由于第一个孩子是个女孩，宋某非常希望这一胎是个男孩，于是他带着怀孕的妻子来到医院要求检查一下腹中孩子的性别，如果是男孩就留下，如果是女孩则打掉。但医院却只告诉宋某，利用超声技术进行非医学需要的胎儿性别鉴定是严格禁止的，宋某只得带着妻子离开。

后宋某经人介绍认识了从卫校毕业的马某（无行医资质）。马某从卫校毕业后，开了个小诊所，为了更快地赚钱，他通过帮人非法选择胎儿性别来牟利。后马某帮宋某妻子做了B超，发现怀的是女孩后，马某又亲自动手，为宋某妻子做了非法引产手术，并从中非法获利5000元。而后马某的这一行为被计生部门发现，因已涉嫌犯罪，计生部门将案件移送司法机关处理。法院经审理后认为：马某未取得医生执业资格，擅自为他人非法进行选择性别的终止妊娠手术，情节严重，其行为已构成非法进行节育手术罪。根据其犯罪的社会危害性，法院一审判处其有期徒刑3年，并处罚金5000元。

释解

刑法规定，未取得医生执业资格的人擅自为他人进行节育复通手术、假节育手术、终止妊娠手术或者摘取宫内节育器，情节严重的，处3年以下有期徒刑、拘役或者管制，并处或者单处罚金；严重损害就诊人身体健康的，处3年以上10年以下有期徒刑，并处罚金；造成就诊人死亡的，处10年以上有期徒刑，并处罚金。人口与计划生育法第三十五条规定，严禁利用超声技术和其他技术手段进行非医学需要的胎儿性别鉴定；严禁非医学需要的选择性别的人工终止妊娠。

利用超声技术和其他技术手段进行非医学需要的胎儿性别鉴定，进行非医学需要的选择性别的人工终止妊娠，会导致出生人口性别比例失调，破坏计划生育工作秩序。本案中的马某无视相关法律的规定，擅自非法为他人进行非医学需要的胎儿性别鉴定及人工终止妊娠手术，符合非法进行节育手术罪的构成要件，理应承担相应的法律责任。

第六节　相关法律责任

法律责任不同于道义责任、政治责任，是指相关主体因不履行或不完全履行法定义务，或因侵犯他人的合法权利，而应当承担的法定不利后果和必须接受的法律制裁。法律责任作为法律规范的重要组成部分，对法的贯彻实施起到了积极的作用。

一、非法提供计划生育技术服务方面的法律责任

人口与计划生育法第三十六条规定，违反本法规定，有下列行为之一的，由计划生育行政部门或者卫生行政部门依据职权责令改正，给予警告，没收违法所得；违法所得1万元以上的，处违法所得二倍以上六倍以下的罚款；没有违法所得或者违法所得不足1万元的，处1万元以上3万元以下的罚款；情节严重的，由原发证机关吊销执业证书；构成犯罪的，依法追究刑事责任：（1）非法为他人施行计划生育手术的；（2）利用超声技术和其他技术手段为他人进行非医学需要的胎儿性别鉴定或者选择性别的人工终止妊娠的；（3）进行假医学鉴定、出具假计划生育证明的。

二、计划生育证明方面违法行为应承担的法律责任

人口与计划生育法第三十七条规定，伪造、变造、买卖计划生育证明，由计划生育行政部门没收违法所得，违法所得5000元以上的，处违法所得二倍以上十倍以下的罚款；没有违法所得或者违法所得不足5000元的，处5000元以上2万元以下的罚款；构成犯罪的，依法追究刑事责任。以不正当手段取得计划生育证明的，由计划生育行政部门取消其计划生育证明；出具证明的单位有过错的，对直接负责的主管人员和其他直接责任人员依法给予行政处分。

三、计划生育技术服务事故方面的法律责任

人口与计划生育法第三十八条规定，计划生育技术服务人员违章操作或者延误抢救、诊治，造成严重后果的，依照有关法律、行政法规的规定承担相应的法律责任。

四、国家工作人员违法失职行为的法律责任

人口与计划生育法第三十九条规定，国家机关工作人员在计划生育工作中，有下列行为之一，构成犯罪的，依法追究刑事责任；尚不构成犯罪的，依法给予行政处分；有违法所得的，没收违法所得：(1) 侵犯公民人身权、财产权和其他合法权益的；(2) 滥用职权、玩忽职守、徇私舞弊的；(3) 索取、收受贿赂的；(4) 截留、克扣、挪用、贪污计划生育经费或者社会抚养费的；(5) 虚报、瞒报、伪造、篡改或者拒报人口与计划生育统计数据的。

五、不履行协助计划生育管理义务的法律责任

人口与计划生育法第四十条规定，违反本法规定，不履行协助计划生育管理义务的，由有关地方人民政府责令改正，并给予通报批评；对直接负责的主管人员和其他直接责任人员依法给予行政处分。

六、违反计划生育政策生育子女的法律责任

人口与计划生育法第四十一、四十二条规定，不符合本法第十八条规定生育子女的公民，应当依法缴纳社会抚养费。未在规定的期限内足额缴纳应当缴纳的社会抚养费的，自欠缴之日起，按照国家有关规定加收滞纳金；仍不缴纳的，由作出征收决定的计划生育行政部门依法向人民法院申请强制执行。

按照本法第四十一条规定缴纳社会抚养费的人员，是国家工作人员的，还应当依法给予行政处分；其他人员还应当由其所在单位或者组织给予纪律处分。

七、拒绝、阻碍依法执行公务的法律责任

人口与计划生育法第四十三、四十四条规定，拒绝、阻碍计划生育行政部门及其工作人员依法执行公务的，由计划生育行政部门给予批评教育并予以制止；构成违反治安管理行为的，依法给予治安管理处罚；构成犯罪的，依法追究刑事责任。

公民、法人或者其他组织认为行政机关在实施计划生育管理过程中侵犯其合法权益的，可以依法申请行政复议或者提起行政诉讼。

附录

国家卫生计生委关于印发卫生计生系统法治宣传教育第七个五年规划（2016—2020年）的通知

国卫法制发〔2016〕47号

各省、自治区、直辖市卫生计生委，新疆生产建设兵团卫生局、人口计生委：

为充分发挥法治宣传教育在全面依法治国中的基础作用，全面提升卫生计生系统法治化管理水平，贯彻十二届全国人大常委会《关于开展第七个五年法治宣传教育的决议》和《中共中央国务院转发〈中央宣传部、司法部关于在公民中开展法治宣传教育的第七个五年规划（2016—2020年）的通知〉》（中发〔2016〕11号），结合卫生计生系统特点，特制定本规划。

一、指导思想、主要目标和工作原则

（一）指导思想。全面贯彻落实党的十八大和十八届三中、四中、五中全会精神，以马克思列宁主义、毛泽东思想、邓小平理论、“三个代表”重要思想、科学发展观为指导，深入贯彻习近平总书记系列重要讲话精神，坚持创新、协调、绿色、开放、共享发展理念和四个全面战略布局，围绕“十三五”卫生计生发展目标任务，深入开展法治宣传教育，全面提升卫生计生系统依法治理理念，扎实推进卫生计生系统依法治理和法治创建，为“十三五”时期卫生计生事业发展营造良好法治环境，为全面实现小康社会作出新的贡献。

（二）主要目标。卫生计生系统法治宣传教育机制进一步健全，法治宣传教育针对性和实效性进一步增强，依法治理进一步深化，依法行政、依法执业的能力和水平明显提高，广大卫生计生干部职工和从业人员的法治观念、党章党规意识明显增强，形成守法光荣、违法可耻的社会氛围。

（三）工作原则。坚持围绕中心，服务卫生计生工作改革发展大局；坚持服务群众，满足卫生计生人员和广大人民群众的法治需求；坚持学用结合，促进法治宣传教育与法治实践相结合；坚持分类指导，突出抓好重点对象的法治宣传教育工作；坚持创新发展，不断提高法治宣传教育的针对性和实效性。

二、主要任务

（一）深入学习宣传习近平总书记关于全面依法治国的重要论述。要深入学习宣传习近平总书记关于全面依法治国的重要论述，增强走中国特色社会主义道路的自觉性和坚定性。深入学习宣传以习近平同志为总书记的党中央关于全面依法治国的重要部署，认真学习《中共中央关于全面推进依法治国若干重大问题的决定》、《法治政府建设实施纲要（2015—2020年）》及国家卫生计生委贯彻落实意见，宣传科学立法、严格执法、公正司法、全民守法和党内法规建设的生动实践，使全社会了解和掌握全面依法治国的重大意义和总体要求，更好地发挥法治的引领和规范作用。

（二）突出学习宣传宪法和中国特色社会主义法律体系。坚持把学习宣传宪法摆在首要位置，在卫生计生系统普遍开展宪法教育，弘扬宪法精神，提高宪法意识，树立宪法权威。实行宪法宣誓制度，认真组织好“12·4”国家宪法日集中宣传活动。大力宣传宪法相关法、民法商法、行政法、经济法、社会法、刑法、诉讼与非诉讼程序法等法律法规，充分发挥法律在经济社会发展中的规范、引领和保障作用。进一步加强行政许可、行政处罚、行政强制、行政复议和行政诉讼、政府信息公开等依法行政领域法律法规的学习，推动各级卫生计生部门树立“法定职责必须为、法无授权不可为”的意识，促进法治政府建设。

（三）深入学习宣传卫生计生法律法规。大力宣传《执业医师法》、《医疗机构管理条例》、《护士条例》等规范医疗服务提供和服务行为的法律法规，切实维护患者合法权益和正常医疗秩序。大力宣传《传染病防治法》、《职业病防治法》、《食品安全法》、《精神卫生法》、《疫苗流通和预防接种管理条例》、《公共场所卫生管理条例》、《突发公共卫生事件应急条例》等法律法规，保障和增进人民群众健康。大力宣传《母婴保健法》及其实施办法、保障妇女儿童健康权益，促进母婴健康。大力宣传《人口与计划生育法》、地方《人口与计划生育条例》等法律法规，依法实施全面两孩政策，不断提高计划生育管理法治水平。大力宣传《献血法》，推动无偿献血，保障血液供应和安全。大力宣传《中医药条例》、《中药品种保护条例》等法律法规，保障和促进中医药事业健康发展。大力宣传卫生标准，尤其推动各项强制性卫生标准全面、正确实施。

（四）大力宣传与维护群众权益密切相关法律法规。大力宣传食品药品安全、职业病防治等法律法规，推进生产经营单位依法经营，增强广大人民群众依法维权意识。认真学习宣传行政诉讼、行政复议、仲裁、调解、信访、国家赔偿等方面法律法规，提高卫生计生部门和医疗卫生机构依法化解矛盾纠纷的能力。大力宣传侵权责任、医疗纠纷调处、疫苗异常反应和职业病诊断鉴定等相关法律法规，引导群众依法表达诉求、维护权利，促进社会和谐稳定。宣传《刑法修正案（九）》等，加大对医闹震慑力度，维持正常医疗秩序。

（五）深入学习宣传党内法规。适应全面从严治党、依规治党新形势新要求，切实加大党内法规宣传力度。结合“两学一做”学习教育，突出宣传党章，教育引导卫生计生系统广大党员尊崇党章，以党章为根本遵循，坚决维护党章权威。大力宣传《中国共产党廉洁自律准则》、《中国共产党纪律处分条例》等各项党内法规，注重党内法规宣传与国家法律宣传的衔接和协调，坚持纪在法前、纪严于法，把纪律和规矩挺在前面，教育引导卫生计生系统广大党员做党章党规党纪和国家法律的自觉尊崇者、模范遵守者、坚定捍卫者。

（六）推进社会主义法治文化建设和道德建设。以宣传法律知识、弘扬法治精神、推动法治实践为主旨，积极推进社会主义法治文化建设，推动法治文化与卫生计生行业文化融合发展。利用各种卫生计生纪念日、卫生计生法律宣传周、宣传月等契机，开展形式多样的法治文化活动。大力弘扬社会主义核心价值观和中华传统美德，践行新时期医疗卫生职业精神，倡导良好医德医风。强化规则意识，倡导契约精神，弘扬公序良俗，引导人们自觉履行法定义务、社会责任、家庭责任。积极推进卫生计生领域社会信用建设，发挥法治在解决道德领域突出问题中的作用。

（七）推进多层次多领域依法治理。坚持法治宣传教育与法治实践相结合，把法律条文变成引导、保障卫生计生事业发展的基本规则，深化卫生计生系统依法治理。认真贯彻落实《中共中央关于全面推进依法治国若干重大问题的决定》和中共中央 国务院印发的《法治政府建设实施纲要（2015—2020年）》，进一步提升卫生计生系统依法行政水平和行业管理法治化水平。支持各类卫生计生行业学（协）会发挥行业自律和专业服务功能，发挥社会组织对其成员的行为导引、规则约束、权益维护等作用。

三、对象和要求

（一）切实加强卫生计生系统国家工作人员学法用法。坚持把领导干部带头学法、模范守法作为树立法治意识的关键，把宪法法律和党内法规列入各级卫生计生部门党委（党组）中心组学习内容，切实提高领导干部运用法治思维和法治方式深化改革、推动发展、化解矛盾、维护稳定的能力。完善卫生计生系统国家工作人员学法用法制度，把法治教育纳入干部教育培训总体规划，纳入国家工作人员初任培训、任职培训的必训内容，在各级卫生计生部门组织的各类业务培训课程中融入法治教育内容，法律知识占业务培训比例不低于10%。加强各级卫生计生综合监督执法人员的法律知识培训，每年集中学习法律的时间不得少于20小时。

（二）深入开展医疗卫生人员法治宣传教育。要在新上岗人员培训、住院医师规范化培训中纳入卫生法律知识，学习掌握执业医师法、医疗机构管理条例等与其执业行为密切相关的卫生法律法规。继续开展医疗卫生机构在岗人员的卫生计生法律知识学习，进一步增强法律意识和法律素养，切实做到依法执业和依法履职。加强反腐倡廉和治理商业贿赂等有关法律法规政策的宣传学习，增强廉洁行医自觉性。加强医疗卫生机构窗口人员的法律知识培训，深化“以病人为中心”的服务理念，提高服务质量。加大对医疗卫生人员学法用法的考核评价，探索将考核成绩作为年度考核、职称晋升和竞聘上岗等的重要依据。

（三）广泛开展面向社会的卫生计生法治宣传教育。利用各类主题宣传周（日），宣传与广大人民群众生产生活密切相关的卫生计生法律法规，特别是加大食品安全、疾病预防控制和职业病防治等的宣传教育，加大遵纪守法和依法表达利益诉求等内容的宣传，增进广大人民群众对卫生计生法律法规的认识，引导其依法维权，自觉运用法律手段解决矛盾纠纷。加强民营医疗机构、相关企业单位等的法治宣传教育，引导其树立诚信守法、爱岗敬业意识，提高依法经营、依法办事、依法管理能力。

四、工作措施

（一）健全普法宣传教育机制。各级卫生计生部门要加强对普法工作的领导，健全普法工作机制。各类卫生计生行业学（协）会要在法治宣传教育中发挥积极作用，根据各自特点和实际需要，有针对性地组织开展法治宣传教育。建立健全卫生计生系统法治宣传教育工作考评指导标准和指标体系，完善考核办法和机制，注重考核结果的运用。健全激励机制，认真开展“七五”普法中期检查和总结验收，及时总结推广典型经验，并按照国家有关规定表彰先进。

（二）健全普法责任制。落实“谁主管谁负责”的普法责任，医疗、疾病防控、母婴保健、计生等领域应当结合不同领域特点和特定群体的法律需求，开展法治宣传教育。完善卫生计生执法人员的以案释法制度，在执法实践中广泛开展以案释法和警示教育，使行政执法过程成为向群众弘扬法治精神的过程。加强行政执法案例整理编辑工作，推动面向社会公众建立行政执法典型案例发布制度。各级卫生计生部门主办的各类报刊要自觉履行普法责任，针对新出台（修订）卫生计生法律法规、社会热点和典型案（事）例开展及时权威的法律解读，积极引导社会法治风尚。各级卫生计生部门党组织要坚持全面从严治党、依规治党，切实履行学习宣传党内法规的职责，把党内法规作为学习型党组织建设的重要内容，充分发挥正面典型倡导和反面案例警示作用，为党内法规的贯彻实施营造良好氛围。

（三）推进法治宣传教育工作创新。针对不同人群，创新方式方法，坚持集中法治宣传教育与经常性法治宣传教育相结合，深化法律进机关、进乡村、进社区、进学校、进企业、进单位的“法律六进”主题活动，建立长效机制。创新载体阵地，充分利用广场、公园等公共场所开展法治宣传教育，在卫生计生政务大厅或相关服务窗口增加法治宣传教育功能。积极运用公共活动场所电子显示屏、服务窗口触摸屏、公交移动电视屏、手机屏等，推送法治宣传教育内容。在充分运用报纸杂志、广播电视等传统媒体开展法治宣传教育的同时，加强新媒体新技术在普法中的运用，推进“互联网 + 法治宣传”行动，更好地运用微信、微博、客户端等开展普法活动。

五、加强组织领导

（一）切实加强领导。各级卫生计生部门要高度重视法治宣传教育，定期听取本辖区内法治宣传教育工作情况汇报，及时研究解决工作中的重大问题，把法治宣传教育纳入综合绩效考核等内容。健全法治宣传教育工作领导体制，加强各级法治宣传教育工作组织机构建设。高度重视法治宣传教育队伍建设，切实解决人员配备、基本待遇、工作条件等方面的实际问题。

（二）加强工作指导。各级卫生计生部门法治宣传教育工作组织机构加强对医疗卫生机构普法工作的指导，并每年将法治宣传教育工作情况向同级卫生计生部门党委（党组）报告。要根据不同对象的法律需求，区别对待、分类指导，不断增强卫生计生法治宣传教育的针对性。坚持问题导向，不断提高卫生计生法治宣传教育的实效性。认真总结推广开展法治宣传教育的好经验、好做法，充分发挥先进典型的示范和带动作用，推进卫生计生系统法治宣传教育不断深入。

（三）做好组织实施。本规划自2016年开始实施，到2020年结束。各地在认真总结“六五”普法工作的基础上，结合本规划并结合当地实际情况，制定“七五”普法实施意见，做好动员发动工作。各省级卫生计生部门印发的“七五”普法实施意见于2016年年底前报我委。我委将组织编辑卫生计生“七五”普法学习用书，各地也可根据实际情况编辑相关普法材料。2018年开展“七五”普法中期检查督导和评估。2020年，各级卫生计生部门组织开展“七五”普法检查验收工作，省级卫生计生部门及时将全省“七五”普法工作总结及时报我委。

（四）加强经费保障。各级卫生计生部门要把法治宣传教育相关工作经费纳入本级财政预算，切实予以保障，并建立动态调整机制。各级各类医疗卫生机构应当支持本单位普法工作的开展，保障普法工作必要的经费。积极利用社会资金开展卫生计生法治宣传教育。

国家卫生计生委

2016年9月7日